全国各地 省一级重点中学自主招生、保送生考试
中　考　压　轴　题

数学专题讲座

Shu Xue Zhuan Ti Jiang Zuo

方德懿　徐小伟　编著

厦门大学出版社　国家一级出版社
XIAMEN UNIVERSITY PRESS　全国百佳图书出版单位

编写说明

　　本书编者都是长期在课堂教学和培优辅导一线工作的教师,书中融入了他们多年的教学经验与心得体会,相信它定能对同学们熟悉省一级重点高中(简称"重高")自主招生、保送生考试数学考题的特点以及把握好中考数学命题的动向大有裨益.该书能让同学们在每天的学习中找到捷径、方法和窍门,从而提高思维能力,激活学习潜能,激发对学习的兴趣,真正做到"轻负高效".全书贯彻了冲击重高、瞄准中考、引领教学的三维目标,抛砖引玉,将为教师们提供一本优质教学宝典,为学生们提供一个重高招考、中考应试致胜法宝.

　　本书设计32个讲座,可供初中八年级下学期、九年级学生同步使用.

　　本书有三个特点:

　　1. 本书所有素材都选自近年全国各地重高自主招生、保送生的数学试题和中考数学的压轴题,具有一定的典型性、科学性、指导性、预测性和训练价值.

　　2. 例题设计合理,有助于同学们理解知识点的核心内容,发现解题规律,掌握解题技能.【分析】思考,执果索因;题【解】方法,触类旁通;【评注】点析,归纳反思.

　　3. 本书以新课标为依据,以知识板块为轴心,以真题为切入点,突出了初中数学的热点知识、热点题型.【考点扫描】描述了本讲的主要知识内容,点拨了命题思路,有利于掌握解题方法;【典例精析】应用解题的技巧和方法,揭示一般规律,拓展解题思路,提高解题水平;【学力训练】演练真题精题,尝试技能方法,巩固提升知识;【参考答案】也有全解答案,详细解题思路,便于学生自学.通过重点知识以及思想方法的针对性训练,强化学生的解题能力,培养学生数学思想意识,充分发挥学生和想象力和创造力.

　　囿于水平及时间,书中难免有不妥之处,恳请教师、家长或学生使用后予以批评指正.

目 录

第一讲	代数式的求值	1
第二讲	二次根式	6
第三讲	数列	10
第四讲	不等式	14
第五讲	方程	18
第六讲	一元二次方程根的判别式	21
第七讲	一元二次方程根与系数关系	24
第八讲	方程的整数解	28
第九讲	一次函数	31
第十讲	反比例函数	36
第十一讲	全等三角形	43
第十二讲	四边形	49
第十三讲	二次函数	54
第十四讲	抛物线与全等型几何	60
第十五讲	函数 $f(x)$ 型	66
第十六讲	函数与方程的根	71
第十七讲	代数最值问题	77
第十八讲	圆的基本性质	83
第十九讲	辅助圆	88
第二十讲	相似三角形	92
第二十一讲	几何与列函数解析式	98
第二十二讲	函数图像与几何	107
第二十三讲	三角函数	115
第二十四讲	直线与圆	120
第二十五讲	圆中比例线段	127
第二十六讲	圆与圆	133
第二十七讲	立体图形	139
第二十八讲	统计与概率	144
第二十九讲	应用题	150
第三十讲	阅读理解	156
第三十一讲	操作与探究	166
第三十二讲	函数图像与几何综合	175

参考答案	185

第一讲　代数式的求值

【考点扫描】

代数式的求值问题所涉知识面广,解题方法灵活多样,蕴含了众多的数学思想,同时也是学好方程、函数的根本.许多代数式的求值问题一般是先化简再求值,往往需要利用乘法公式与绝对值的性质、分式的基本性质、通分、约分的性质等来化简.特别是有附加条件的代数式求值问题,还需要对附加条件经过恒等变形,把隐含的条件显现出来,进而求值.因此,代数式求值中的技巧与方法主要是代数式的恒等变形的技巧与方法.

常用公式:$(a\pm b)^2=a^2\pm 2ab+b^2$,
$ab-(a+b)+1=(a-1)(b-1)$,
$(a+b+c)^2=a^2+b^2+c^2+2ab+2bc+2ca$.

完全平方因式分解公式:$a^2\pm 2ab+b^2=(a\pm b)^2$;

立方和(差)因式分解公式:$a^3\pm b^3=(a\pm b)(a^2\mp ab+b^2)$.

性质:几个非负数的和为零,则这几个数都必须为零.

【典例精析】

【例1】 已知实数 x、y 满足 $x+y=3$,及 $xy=(z-3)^2+x+1$,则 $x+2y+3z=$ _____.

【分析】 由 $x+y=3$,得 $y=3-x$,代入 $xy=(z-3)^2+x+1$,整理得 $(z-3)^2+(x-1)^2=0$,∴ $\begin{cases}x-1=0\\z-3=0\end{cases}$,解得 $\begin{cases}x=1\\y=2\\z=3\end{cases}$,∴ $x+2y+3z=1+4+9=14$.

【答案】 14.

【评注】 采用配方法,利用"几个非负数的和为零,则这几个数都必须为零"的性质解答题目,这种方法在代数式的求值中应用较广.

【例2】 已知实数 x,y,z 满足 $(x^2+2x+3)(3y^2+2y+1)+z^2-2z-\dfrac{1}{3}=0$,那么实数 x,y,z 的乘积是 _____.

【分析】 原方程可变形为 $[(x+1)^2+2][3(y+\dfrac{1}{3})^2+\dfrac{2}{3}]=-(z-1)^2+\dfrac{4}{3}$,则当 $x=-1$,$y=-\dfrac{1}{3}$,$z=1$ 时,等式成立,∴ $xyz=\dfrac{1}{3}$.

【答案】$\frac{1}{3}$.

【评注】本题是先应用配方法变形方程,然后根据方程解的意义,从而解答结果.

【例3】已知 $x^2-3x+1=0$,则 $\frac{x^2}{x^4+x^2+1}$ 的值为 _____.

【分析】由 $x^2-3x+1=0$ 变形为 $x+\frac{1}{x}=3$,则 $\frac{x^4+x^2+1}{x^2}=x^2+\frac{1}{x^2}+1=\left(x+\frac{1}{x}\right)^2-2+1=3^2-1=8$. ∴原式 $=\frac{1}{8}$.

【答案】$\frac{1}{8}$.

【评注】由 $x^2-3x+1=0$ 变形为 $x+\frac{1}{x}=3$,这种由已知等式适当变形及通过原式的倒数转化在代数式的求值中经常应用.

【例4】已知 a 是方程 $x^2-3x+1=0$ 的根,则 $2a^2-5a-2+\frac{3}{a^2+1}$ 的值为 _____.

【分析】由 $a^2-3a+1=0$ 变形为: $a^2-3a=-1$, $a^2+1=3a$, $a+\frac{1}{a}=3$;∴原式 $=2(a^2-3a)+a-2+\frac{3}{3a}=-2-2+a+\frac{1}{a}=-4+3=-1$.

【答案】-1.

【评注】有些条件中含有(或可转化为)一元二次方程相关的问题,直接求解可能有困难,此时往往不直接去解这个二次方程,而是首先对方程进行适当的变形代换,从而使问题易于解决.解题时常用到变形降次、消元、整体代入、构造零值多项式等技巧和方法.

【例5】设 x、y 为实数,且满足 $\begin{cases}(x-2)^3+2013(x-2)=-2 \\ (y-2)^3+2013(y-2)=2\end{cases}$,则 $x+y=$ _____.

【分析】两式相加,整理得, $[(x-2)+(y-2)][(x-2)^2-(x-2)(y-2)+(y-2)^2]+2013[(x-2)+(y-2)]=0$, ∴ $(x+y-4)[(x-2)^2-(x-2)(y-2)+(y-2)^2+2013]=0$, ∴ $(x+y-4)\left\{\left[(x-2)-\frac{1}{2}(y-2)\right]^2+\frac{3}{4}(y-2)^2+2013\right\}=0$,而 $\left(x-\frac{1}{2}y-1\right)^2+\frac{3}{4}(y-2)^2+2013>0$, ∴ $x+y=4$.

【答案】4.

【评注】已知方程组中含有未知数 x、y 的3次方,将两式相加,利用立方和因式分解公式求解.

【例6】已知实数 a,b,c 满足 $2|a+3|+\sqrt{4-b}=0$, $c^2+4b-4c-12=0$,则 $a+b+c$ 的值是 _____.

【分析】则题意得, $2|a+3|=\sqrt{b-4}\geqslant 0$, $(c-2)^2=16-4b\geqslant 0$, ∴ $\begin{cases}b-4\geqslant 0 \\ 16-4b\geqslant 0\end{cases}$,解得 $b=4$, ∴ $a=-3, c=2$, ∴ $a+b+c=3$.

【答案】3.

【评注】本题是从完全平方数和绝对值的非负性角度去考虑的,通过列出不等式组,求出 b 的值,再得到最后结果.

【例 7】已知 $a-b=b-c=\dfrac{3}{5}$,$a^2+b^2+c^2=1$,则 $ab+bc+ca$ 的值等于_____.

【分析】$a-c=\dfrac{6}{5}$,$ab+bc+ca=a^2+b^2+c^2-\dfrac{1}{2}[(a-b)^2+(b-c)^2+(c-a)^2]=1-\dfrac{1}{2}[\dfrac{9}{25}+\dfrac{9}{25}+\dfrac{36}{25}]=-\dfrac{2}{25}$.

【答案】$-\dfrac{2}{25}$.

【评注】利用公式:$(a-b)^2+(b-c)^2+(c-a)^2=2a^2+2b^2+2c^2-2ab-2bc-2ca$ 进行变形求解.

【例 8】已知实数 a,b,c 满足 $abc=-1$,$a+b+c=4$,$\dfrac{a}{a^2-3a-1}+\dfrac{b}{b^2-3b-1}+\dfrac{c}{c^2-3c-1}=\dfrac{4}{9}$,则 $a^2+b^2+c^2=$_____.

【分析】由 $\dfrac{a}{a^2-3a-1}=\dfrac{a}{a^2-3a+abc}=\dfrac{1}{a-3+bc}=\dfrac{1}{4-(b+c)-3+bc}=\dfrac{1}{(b-1)(c-1)}$;

同理 $\dfrac{b}{b^2-3b-1}=\dfrac{1}{(a-1)(c-1)}$,$\dfrac{c}{c^2-3c-1}=\dfrac{1}{(b-1)(a-1)}$.∴ $\dfrac{1}{(a-1)(b-1)(c-1)}=\dfrac{4}{9}$;

∴ $ab+bc+ca=-\dfrac{1}{4}$,∴ 原式 $=(a+b+c)^2-2(ab+bc+ca)=4^2-2\times(-\dfrac{1}{4})=\dfrac{33}{2}$.

【答案】$\dfrac{33}{2}$.

【评注】对条件中的常值"-1"在解题时要引起高度的重视,本题求解的关键是求 $ab+bc+ca$ 的值.利用已知条件可找出化简式子 $\dfrac{a}{a^2-3a-1}$ 的思路,同理也可找出对 $\dfrac{b}{b^2-3b-1}$ 与 $\dfrac{c}{c^2-3c-1}$ 的化简方法,在代数式的求值中,这种方法经常运用.

【例 9】已知:$a+\dfrac{1}{b}=b+\dfrac{1}{c}=c+\dfrac{1}{a}$,$a\neq b\neq c$. 求证:$a^2b^2c^2=1$

【分析】由已知条件为连等式可得出三个等式关系,对等式关系进行变形后,使右边只出现 ab,bc,ca 形式的单项式,最后可以证得结论.

【解】证明:∵ $a+\dfrac{1}{b}=b+\dfrac{1}{c}$,∴ $a-b=\dfrac{1}{c}-\dfrac{1}{b}=\dfrac{b-c}{bc}$,

∴ $bc=\dfrac{b-c}{a-b}$. 同理 $ca=\dfrac{c-a}{b-c}$,$ab=\dfrac{a-b}{c-a}$.

∴ 原式 $=\dfrac{b-c}{a-b}\cdot\dfrac{c-a}{b-c}\cdot\dfrac{a-b}{c-a}=1$.

【评注】从条件中寻找出代数式来分别表示 ab,bc,ca 是本题证明的关键.把条件等式进行适当的变形,又大大简化了证明过程.

【例10】定义:$n! = 1 \times 2 \times 3 \times \cdots \times (n-1) \times n$,例如:$4! = 1 \times 2 \times 3 \times 4$,化简 $\dfrac{1}{2!} + \dfrac{2}{3!} + \dfrac{3}{4!} + \cdots + \dfrac{n}{(n+1)!} =$ _____.

【分析】$\dfrac{n}{(n+1)!} = \dfrac{n}{(n+1)!} + \dfrac{1}{(n+1)!} - \dfrac{1}{(n+1)!} = \dfrac{1}{n!} - \dfrac{1}{(n+1)!}$,∴原式$= \dfrac{1}{1!} - \dfrac{1}{2!} + \dfrac{1}{2!} - \dfrac{1}{3!} + \dfrac{1}{3!} - \dfrac{1}{4!} + \cdots + \dfrac{1}{n!} - \dfrac{1}{(n+1)!} = 1 - \dfrac{1}{(n+1)!}$.

【答案】$1 - \dfrac{1}{(n+1)!}$

【评注】对于复杂有规律的多项式化简时,有时需要先从通项的特点开始寻找规律,再利用通项的拆分结果对原式的各项逐一变形.这体现了从一般到特殊的数学转化思想.

【学力训练】

1. 已知实数 a,b,c 满足 $a+b=6, ab=c^2+9$,则 $a^{2014} - b^{2014} =$ _____.

2. 已知 $a^2 + 4a + 1 = 0$,且 $\dfrac{a^4 + ma^2 + 1}{2a^3 + ma^2 + 2a} = 3$,则 m 的值为 _____.

3. 已知 m 是方程 $x^2 - 9x + 1 = 0$ 的一个根,则代数式 $m^2 - 7m + \dfrac{18}{m^2 + 1} =$ _____.

4. 设 α 是一元二次方程 $x^2 - 8x - 5 = 0$ 的一个正根,则 $\alpha^3 - 7\alpha^2 - 13\alpha + 6$ 的值是 _____.

5. 已知 $x = \sqrt{2} - 1$,则 $x^6 + 2x^5 + 2x^3 + 2x + 3$ 的值为 _____.

6. 已知 $\dfrac{1}{a} - \dfrac{1}{b} = 4$,则 $\dfrac{a - 2ab - b}{2a - 2b + 7ab}$ 的值等于 _____.

7. 已知 $\dfrac{ab}{a+b} = \dfrac{1}{24}, \dfrac{bc}{b+c} = \dfrac{1}{36}, \dfrac{ac}{a+c} = \dfrac{1}{44}$,则 $\dfrac{abc}{ab+bc+ac} =$ _____.

8. 已知实数 a,b 满足 $ab = 1$,那么 $\dfrac{1}{a^2+1} + \dfrac{1}{b^2+1}$ 的值为 _____.

9. 已知 $a = 2012x + 2013, b = 2012x + 2012, c = -2012x - 2011$,求 $a^2 + b^2 + c^2 - ab + bc + ca$ 的值.

10. 已知三个实数 a,b,c 的积为负数,和为正数,且 $x=\dfrac{a}{|a|}+\dfrac{b}{|b|}+\dfrac{c}{|c|}+\dfrac{ab}{|ab|}+\dfrac{bc}{|bc|}+\dfrac{ca}{|ca|}$,求 ax^3+bx^2+cx+1 的值.

11. 已知 $a+b+c=0$,求 $a\left(\dfrac{1}{b}+\dfrac{1}{c}\right)+b\left(\dfrac{1}{c}+\dfrac{1}{a}\right)+c\left(\dfrac{1}{a}+\dfrac{1}{b}\right)$ 的值.

12. 若实数 x_1,x_2,x_3 是关于 x 的三次方程 $x^3-2014x-1=0$ 的三个实数根,求 $\dfrac{2x_1^2-2014}{x_1^3+1}\cdot x_1+\dfrac{2x_2^2-2014}{x_2^3+1}\cdot x_2+\dfrac{2x_3^2-2014}{x_3^3+1}\cdot x_3$ 的值.

第二讲　二次根式

【考点扫描】

二次根式的主要性质：

(1) $(\sqrt{a})^2 = a(a \geqslant 0)$；

(2) $\sqrt{a^2} = |a| = \begin{cases} a(a \geqslant 0) \\ -a(a < 0) \end{cases}$；

(3) $\sqrt{ab} = \sqrt{a} \cdot \sqrt{b}(a \geqslant 0, b \geqslant 0)$；

(4) $\sqrt{\dfrac{a}{b}} = \dfrac{\sqrt{a}}{\sqrt{b}}(a \geqslant 0, b > 0)$．

$\sqrt{a} \geqslant 0(a \geqslant 0)$ 具有非负性，即 $\sqrt{a}$ 是表示 $a(a \geqslant 0)$ 的算术平方根，它是一个非负数．在运用二次根式性质(2)时，应考虑 a 的符号，避免与性质(1)混淆．

常用公式：$\sqrt{x+y \pm 2\sqrt{xy}} = \sqrt{(\sqrt{x} \pm \sqrt{y})^2} = |\sqrt{x} \pm \sqrt{y}|$（其中 x, y 均为正数）．

性质：几个非负数的和为零，则这几个数都必须为零．

【典例精析】

【例1】 计算 $\sqrt{11+6\sqrt{2}} - \sqrt{11-6\sqrt{2}} = $ ＿＿＿＿．

【分析】 由 $\sqrt{11-6\sqrt{2}} = \sqrt{3^2 - 2 \times 3 \times \sqrt{2} + (\sqrt{2})^2} = \sqrt{(3-\sqrt{2})^2} = |3-\sqrt{2}| = 3-\sqrt{2}$，同理 $\sqrt{11+6\sqrt{2}} = 3+\sqrt{2}$．∴原式 $= (3+\sqrt{2}) - 3 - \sqrt{2} = 2\sqrt{2}$．

【答案】 $2\sqrt{2}$．

【评注】 应用配方法，将被开方数转化为完全平方数．

【例2】 已知非零实数 a, b 满足 $|2a-4| + |b+2| + \sqrt{(a-3)b^2} + 4 = 2a$，则 $a+b = $ ＿＿＿＿．

【分析】 由 $\sqrt{(a-3)b^2}$ 有意义知 $a \geqslant 3$，∴ $|2a-4| = 2a-4$，整理条件等式后，$|b+2| + \sqrt{(a-3)b^2} = 0$，得 $a=3, b=-2$，∴ $a+b=1$．

【答案】 1．

【评注】 本题是利用"几个非负数的和为零，则这几个数都必须为零"的性质，通过列出关于 a, b 的方程组，解得 a, b 的值，得到最后结果．注意隐含条件 $a \geqslant 3$．

【例3】 实数 x, y 满足 $\sqrt{x^2-2}+\sqrt{2-x^2}+2\sqrt{6}=(\sqrt{2}-x)y$，求 $\dfrac{1}{x-y}$ 的值.

【分析】 根据二次根式的性质，构建关于 x 的不等式组，求出 x 的值，再根据条件等式，求出 y 的值，得到最后结果.

【解】 由题意得 $\begin{cases} x^2-2\geqslant 0 \\ 2-x^2\geqslant 0 \end{cases}$，$\therefore x^2-2=0$，$x_1=-\sqrt{2}$，$x_2=\sqrt{2}$（不合题意，舍去），将 x_1 代入已知等式，得 $y=\sqrt{3}$，$\therefore$ 原式 $=\dfrac{1}{-\sqrt{2}-\sqrt{3}}=\sqrt{2}-\sqrt{3}$.

【评注】 用 $\sqrt{a}$ 表示 a 的算术平方根，勿忘隐含条件 $a\geqslant 0$.

【例4】 实数 x_1, x_2, x_3 满足 $\sqrt{x_1-1}+2\sqrt{x_2-4}+3\sqrt{x_3-9}=\dfrac{1}{2}(x_1+x_2+x_3)$，求 $x_1+x_2+x_3$ 的值.

【分析】 本题有：$x_1-1-2\sqrt{x_1-1}+1=(\sqrt{x_1-1}-1)^2$，$x_2-4-4\sqrt{x_2-4}+4=(\sqrt{x_2-4}-2)^2$，$x_3-9-6\sqrt{x_3-9}+9=(\sqrt{x_3-9}-3)^2$.

【解】 由题意得 $x_1-1-2\sqrt{x_1-1}+1+x_2-4-4\sqrt{x_2-4}+4+x_3-9-6\sqrt{x_3-9}+9=0$，
$\therefore (\sqrt{x_1-1}-1)^2+(\sqrt{x_2-4}-2)^2+(\sqrt{x_3-9}-3)^2=0$.
解得 $x_1=2, x_2=8, x_3=18$，$\therefore$ 原式 $=28$.

【评注】 解答本题的思路是采用配方法：将原方程转化为几个非负数的和为零的等式.

【例5】 已知 $x=\dfrac{\sqrt{n+1}-\sqrt{n}}{\sqrt{n+1}+\sqrt{n}}$，$y=\dfrac{\sqrt{n+1}+\sqrt{n}}{\sqrt{n+1}-\sqrt{n}}$，且 $19x^2+123xy+19y^2=1985$，试求正整数 n.

【分析】 分母 $\sqrt{n+1}+\sqrt{n}$ 的有理化因式是 $\sqrt{n+1}-\sqrt{n}$，所以 $x=(\sqrt{n+1}-\sqrt{n})^2$，$y=(\sqrt{n+1}+\sqrt{n})^2$，$\therefore x+y=4n+2$，$xy=1$，从而在已知等式中构建关于 n 的方程，求解.

注：条件等式 $19x^2+123xy+19y^2=1985$ 称为关于 x、y 的对称（轮换）式.

【解】 $x+y=4n+2$，$xy=1$，且 $19(x+y)^2+85xy=1985$，$\therefore (4n+2)^2=100$，$4n+2=10$，$\therefore n=2$.

【评注】 分母有理化的目的是，将原代数式分母中的根式化去，因此，有理化因式通常是从平方差公式与原根式相同的角度去考虑.

【例6】 若某个正整数 m 满足 $\dfrac{1}{2\sqrt{1}+\sqrt{2}}+\dfrac{1}{3\sqrt{2}+2\sqrt{3}}+\dfrac{1}{4\sqrt{3}+3\sqrt{4}}+\cdots+\dfrac{1}{(m+1)\sqrt{m}+m\sqrt{m+1}}=\dfrac{3}{4}$，求 m 的值.

【分析】 本题的通项可化为：$\dfrac{1}{(m+1)\sqrt{m}+m\sqrt{m+1}}=\dfrac{1}{\sqrt{m+1}\sqrt{m}(\sqrt{m+1}+\sqrt{m})}=\dfrac{\sqrt{m+1}-\sqrt{m}}{\sqrt{m+1}\sqrt{m}}=\dfrac{1}{\sqrt{m}}-\dfrac{1}{\sqrt{m+1}}$.

【解】 由题意得 $\left(\dfrac{1}{1}-\dfrac{1}{\sqrt{2}}\right)+\left(\dfrac{1}{\sqrt{2}}-\dfrac{1}{\sqrt{3}}\right)+\left(\dfrac{1}{\sqrt{3}}-\dfrac{1}{\sqrt{4}}\right)+\cdots+\left(\dfrac{1}{\sqrt{m}}-\dfrac{1}{\sqrt{m+1}}\right)=\dfrac{3}{4}$，

∴ $1-\dfrac{1}{\sqrt{m+1}}=\dfrac{3}{4}$,解得 $m=15$.

【评注】 对于复杂的有规律的二次根式的化简,有时需要先从通项开始研究,然后利用通项的拆分结果,对各项逐一变形. 这体现了从一般到特殊的数学转化思想.

【例 7】* 已知实数 a,b 满足条件 $|a-b|=\dfrac{b}{a}<1$,化简代数式 $\left(\dfrac{1}{a}-\dfrac{1}{b}\right)\sqrt{(a-b-1)^2}$,将结果表示成为含 a 的形式.

【分析】 先由 $|a-b|<1$,得 $-1<a-b<1$ 化简原式,再由 $|a-b|=\dfrac{b}{a}<1$,得 a、b 同号,最后分类讨论化简本题.

【解】 由 $|a-b|<1$,得 $-1<a-b<1$. ∴ 原式 $=\left(\dfrac{1}{a}-\dfrac{1}{b}\right)[1-(a-b)]=\dfrac{b-a}{ab}[1-(a-b)]$. 又 $|a-b|=\dfrac{b}{a}<1$ 得 a、b 同号.

(1) 当 a、b 同为正数,∵ $\dfrac{b}{a}<1$, $a>b$, $a-b=\dfrac{b}{a}$, ∴ $b=\dfrac{a^2}{a+1}$, ∴ 原式 $=\dfrac{-\dfrac{b}{a}}{ab}\left(1-\dfrac{b}{a}\right)=-\dfrac{1}{a^2(a+1)}$.

(2) 当 a、b 同为负数,∵ $\dfrac{b}{a}<1$,得 $a<b$,则 $a-b=-\dfrac{b}{a}$, ∴ $b=\dfrac{a^2}{a-1}$. ∴ 原式 $=\dfrac{\dfrac{b}{a}}{ab}\left(1+\dfrac{b}{a}\right)=\dfrac{2a-1}{a^2(a-1)}$.

【评注】 去二次根式、绝对值符号是代数式计算、证明的关键环节.

【学力训练 1.2】

1. $\sqrt{3-2\sqrt{2}}+\sqrt{3+2\sqrt{2}}=$ _____.

2. 化简 $\dfrac{\sqrt{3+2\sqrt{2}}}{\sqrt{17+12\sqrt{2}}}-\dfrac{\sqrt{3-2\sqrt{2}}}{\sqrt{17-12\sqrt{2}}}$ 的结果是 _____.

3. 化简 $\dfrac{1}{1+\sqrt{2}}+\dfrac{1}{\sqrt{2}+\sqrt{3}}+\dfrac{1}{\sqrt{3}+\sqrt{4}}+\cdots+\dfrac{1}{\sqrt{2013}+\sqrt{2014}}=$ _____.

4. a,b,c 为自然数,且等式 $a+b\sqrt{2}+c\sqrt{3}=\sqrt{5+2\sqrt{6}}$ 成立,则 $101a+1001b+10001c$ 的值是 _____.

5. 已知实数 a 满足 $|2008-a|+\sqrt{a-2009}=a$,那么 $a-2008^2$ 的值是 _____.

6. 已知 a、b 为有理数,m、n 分别表示 $5-\sqrt{7}$ 的整数部分和小数部分,且 $amn+bn^2=1$,则 $2a+b=$ _____.

---

* 注:带有"*"的例题、学力训练题,适合参加重高自主招生、保送生考试的学生学习,以下相同.

7. 若$[x]$表示不超过x的最大整数($[3.14]=3$,$[-2.35]=-3$等),则 $\left(\dfrac{1}{2-\sqrt{1\times 2}}\right)+\left(\dfrac{1}{3-\sqrt{2\times 3}}\right)+\cdots+\left(\dfrac{1}{2012-\sqrt{2011\times 2012}}\right)$的值是_____.

8*. 已知n是正整数$\sqrt{1+\dfrac{1}{n^2}+\dfrac{1}{(n+1)^2}}=1+\dfrac{1}{n}-\dfrac{1}{n+1}$,并设$S_1=1+\dfrac{1}{1^2}+\dfrac{1}{2^2}$,$S_2=1+\dfrac{1}{2^2}+\dfrac{1}{3^2}$,$S_3=1+\dfrac{1}{3^2}+\dfrac{1}{4^2}$,$\cdots$,$S_n=1+\dfrac{1}{n^2}+\dfrac{1}{(n+1)^2}$,求$\sqrt{S_1}+\sqrt{S_2}+\sqrt{S_3}+\cdots+\sqrt{S_{100}}$的值.

数学专题讲座

第三讲 数 列

【考点扫描】

探究规律的题目,要求我们根据一列给定的数,找出这列数遵循的一般规律.通常所隐含的规律与这一列数对应的序号有关.所以,把数(变量)与对应项的序号放在一起加以比较,是发现其中奥秘的标准方法.

探究规律的方法:可以通过具体到抽象、特殊到一般的方法,有时通过类比、联想,还要充分利用已知条件或图形特征进行深入分析,从中找出隐含的规律;

探究规律的基本思路:恰当合理的联想、猜想,从简单的、局部的特殊情况到复杂、整体的一般情况,再经过归纳、提炼、加工,寻找出一般性规律,从而使问题得以解决.

【典例精析】

【例1】 从 $1=1^2, 2+3+4=3^2, 3+4+5+6+7=5^2$ 中,可得一般规律是_____.

【分析】 易见,左边第一项是 n,右边是 $(2n-1)^2$,此题关键是求左边式子尾项的一般规律,对应序列号 $1,2,3,\cdots$,每式左边的尾项是 $1,4,7,\cdots$,即后一数与前一数的公差是 3,则可得尾项的一般规律为 $3n-2$.

【答案】 $n+(n+1)+(n+2)+\cdots+(3n-2)=(2n-1)^2$.

【评注】 按数字的变化规律,把数(变量)和序列号放在一起加以比较,探究数列的一般规律,是数列题解的一种常见方法.

注. 等差数列:如果一个数列从第 2 项起,每一项与它的前一项的差等于同一个常数,这个数列就叫做等差数列.

【例2】 给你一列数:$1,1,2,6,24,(\ \ )$,请你仔细观察这列数的排列规则,则( )内的数是_____.

【分析】 观察所给数字可知,第二个数 $1=1\times1$,第三个数 $2=1\times2$,第四个数 $6=2\times3$,第五个数 $24=6\times4$,故可知第六个数 $=24\times5=120$.

【答案】 120.

【评注】 本题考查规律型问题中数字变化的问题,仔细观察题中所给数字,可知第 n 个数 $=$ 第 $(n-1)$ 个数 $\times(n-1)(n>1)$.

【例3】 按照一定顺序排列的数列,一般用 $a_1, a_2, a_3, \cdots, a_n$ 表示一个数列,可简记为 $\{a_n\}$

满足关系式：$a_{n+1}=a_n^2-na_n+1(n=1,2,3,\cdots,n)$，$a_1=2$，试猜想 $a_n=$ _____（用 n 的代数式表示）．

【分析】$a_1=2,a_2=2^2-1\times2+1=3,a_3=3^2-2\times3+1=4,\cdots$．

【答案】$n+1$．

【评注】对于这类找规律的题目，首先应找出哪些部分发生了变化，然后观察它是按照什么规律变化的．本题解题要先将前面各项逐一算出，然后归纳寻找其中的规律．

【例 4】(1)观察一列数 $2,4,8,16,32,\cdots$，发现从第二项开始，每一项与前一项之比是一个常数，这个常数是 _____；根据此规律，如果 a_n（n 为正整数）表示这个数列的第 n 项，那么 $a_{18}=$ _____，$a_n=$ _____；

(2)用由特殊到一般的方法知：若数列 $a_1,a_2,a_3,\cdots,a_n$，从第二项开始每一项与前一项之比为常数 q，则 $a_n=$ _____（用含 a_1,q,n 的代数式表示），如果这个常数 $q\neq1$，那么 $S_n=a_1+a_2+a_3+\cdots+a_n=$ _____（用含 a_1,q,n 的代数式表示）．

(3)已知数列满足(2)，且 $a_6-a_4=24$，$a_3a_5=64$，求 $S_8=a_1+a_2+a_3+\cdots+a_8$．

【分析】这个数列中，从第二项开始，每一项与前一项之比是多少？S_n 是怎样求解的．注意：第(3)小题要分两种情况讨论．

【解】(1) 2；2^{18}；2^n；(2) a_1q^{n-1}；$\dfrac{a_1(q^n-1)}{q-1}$；(3) 由题意得：$\begin{cases}a_1q^5-a_1q^3=24\\a_1q^2\cdot a_1q^4=64\end{cases}$，解得，$\begin{cases}a_1=1\\q=2\end{cases}$ 或 $\begin{cases}a_1=-1\\q=-2\end{cases}$，$\therefore S_8=255$ 或 $S_8=85$．

【评注】本题是一道找规律的题目，要求学生通过观察、分析、归纳发现其中的规律，并应用发现的规律解决问题．

注．等比数列：如果一个数列从第 2 项起，每一项与它的前一项的比等于同一个常数（不等于零），这个数列就叫做等比数列．

【例 5】观察下列图形：如果按这个规律一直排到第 n 个图形，请探究下列问题：

(1)设第 n 个图形和第 $n-1$ 个图形中所有三角形的个数分别为 a_n,a_{n-1}，问：它们之间有什么数量关系？请写出这个关系式．

(2)请你用含 n 的代数式来表示 a_n，并证明你的结论．

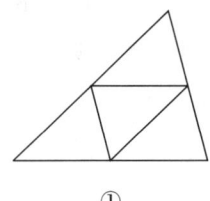
①
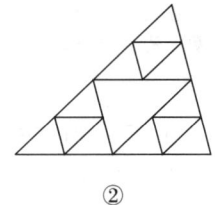
②
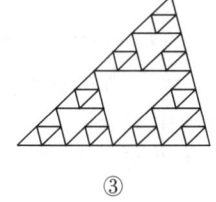
③

【分析】本题的分析有：(1)在一个三角形中，若填充入一个小三角形后，则原三角形整体含有 5 个小三角形，也即①中共有 5 个三角形，而②中共有 17 个三角形，即在①的基础上填充入三个三角形后整体变成了含有 17 个小三角形，进而可依据三角形的个数得出相邻图之间的内在关系，容易观察发现从第二个开始有：$a_n=3a_{n-1}+2$；(2)通过推理得出 a_n 的代数式，再证明结论的正确性．

【解】(1)按题中图形的排列规律可得:$a_n=3a_{n-1}+2$,

(2)由(1)得:$a_n=3a_{n-1}+2$,

$a_{n-1}=3a_{n-2}+2$,

两式相减得:$a_n-a_{n-1}=3(a_{n-1}-a_{n-2})$

当 n 分别取 3、4、5、…n 时,由上式可得下列 $n-2$ 个等式:

$a_3-a_2=3(a_2-a_1)$,

$a_4-a_3=3(a_3-a_2)$,

$a_5-a_4=3(a_4-a_3)$,…

$a_n-a_{n-1}=3(a_{n-1}-a_{n-2})$.

显然 $a_n-a_{n-1}\neq 0$,

以上 $n-2$ 个等式的左右两边分别相乘,约去相同的项后得:

$a_n-a_{n-1}=3^{n-2}(a_2-a_1)$,

$\because a_2-a_1=17-5=12$,

由(1)又可知 $a_{n-1}=\dfrac{1}{3}(a_n-2)$,

$\therefore a_n=2\times 3^n-1$.

【评注】本题主要考查图形变化的一般规律,要求学生能通过观察,掌握其内在的规律,并能证明结论的正确性.

【学力训练】

1. 如图,2014 所在位置是( )
   A. 第 62 行的第 61 个
   B. 第 63 行的第 61 个
   C. 第 63 行的第 62 个
   D. 第 64 行的第 62 个

   1
   2 3
   4 5 6
   7 8 9 10
   11 12 13 14 15

   第 1 题图

2. 为了求 $1+2+2^2+\cdots+2^{2012}$ 的值,可令 $S=1+2+2^2+\cdots+2^{2012}$,则 $2S=2+2^2+2^3+\cdots+2^{2013}$,因此 $2S-S=2^{2013}-1$,所以 $1+2+2^2+\cdots+2^{2012}=2^{2013}-1$,仿照以上推理计算 $1+3^{-1}+3^{-2}+\cdots+3^{-1009}=$ _____.

3. 计算 $5+5^2+5^3+\cdots+5^{2010}=$ _____.

4. 设 $a_1,a_2,a_3,\cdots,a_n$ 表示一个数列,若 $a_1=1,a_2=2$,并对于所有正整数 n 满足 $a_n+a_{n+1}+a_{n+2}=7$,则 $a_{2008}=$ _____.

5. 有一组数满足 $a_1=1,a_2=2,a_3-a_1=0,a_4-a_2=2,a_5-a_3=0,a_6-a_4=2,\cdots$,按此规律进行下去,求 $a_1+a_2+a_3+\cdots+a_{100}$ 的值.

6. 如图,把同样大小的黑色棋子摆放在正多边形的边上,按照这样规律摆下去,则第 n 个图形要黑色棋子的个数多少?第几个图形需要黑色棋子的个数为 80 个?

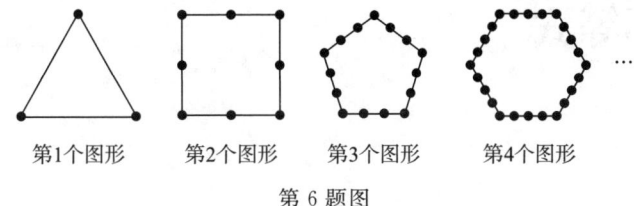

第1个图形　　第2个图形　　第3个图形　　第4个图形

第 6 题图

7*. 设有一列数 $a_1, a_2, a_3, \cdots, a_n, \cdots$,简记为 $\{a_n\}$. 若数列 $\{a_n\}$ 满足 $a_n = kn + b$(n 为正整数,$k>0$)(可以把 a_n 看作 n 的一次函数);数列 $\{b_n\}$ 定义如下:对于正整数 m,b_m 是使不等式 $a_n \leqslant m$ 成立的所有 n 中的最大值.

(1)若 $k = \dfrac{2}{5}, b = \dfrac{1}{2}$,求 b_5;

(2)若 $k = 2, b = -1$,求满足 $b_m = 2011$ 的 m 的值;

(3)是否存在 k 和 b,使得 $b_m = 3m + 2$(m 为正整数)?如果存在,求 k 和 b 的取值范围;如果不存在,请说明理由.

第四讲　不等式

【考点扫描】

形如 $ax+b>0$（或 <0，或 ≥ 0，或 ≤ 0），$a\neq 0$ 的不等式叫做一元一次不等式，如：不等式 $ax+b>0$ 它的解为：当 $a>0$ 时，$x>\dfrac{b}{a}$；当 $a<0$ 时，$x<\dfrac{b}{a}$.

形如 $ax^2+bx+c>0$（或 <0，或 ≥ 0，或 ≤ 0），$a\neq 0$ 的不等式叫做一元二次不等式．求解一元二次不等式，常运用因式分解将 ax^2+bx+c 转化为 AB 的形式，然后对 AB 的进行分类讨论，例：若 $AB>0$，则 $\begin{cases}A>0\\B>0\end{cases}$ 或 $\begin{cases}A<0\\B<0\end{cases}$；若 $AB<0$，则 $\begin{cases}A>0\\B<0\end{cases}$ 或 $\begin{cases}A<0\\B>0\end{cases}$（$AB\geq 0$，$AB\leq 0$ 形式类似讨论）分类解决．同时，正确理解不等式的解的概念，从中领会等价转化的数学思想．

比较两个数的大小关系的方法：

1. 比差法：若 $A-B>0$，则 $A>B$；

2. 比商法：$\dfrac{A}{B}>1$，当 A、B 同为正号，$A>B$；当 A、B 同为负号，$A<B$.

【典例精析】

【例1】关于 x 的不等式组 $\begin{cases}2x<3(x-3)+1\\3x+2>4(x+a)\end{cases}$ 有四个整数解，则 a 的取值范围为_____．

【分析】原不等式的解为 $\begin{cases}x>8\\x<2-4a\end{cases}$，它有四个整数解：9、10、11、12，$\therefore 12<2-4a\leq 13$，解得 $-\dfrac{11}{4}\leq a<-\dfrac{5}{2}$.

【答案】$-\dfrac{11}{4}\leq a<-\dfrac{5}{2}$.

【评注】本题考查了解不等式组（整数解）等的相关方法，要求学生能正确解出不等式组的解集，然后把解表示在数轴上，利用数轴直观地确定 a 的范围，注重数形结合思想的灵活运用．

【例2】已知 t 为正整数，关于 x 的不等式组 $\begin{cases}\dfrac{2x+5}{3}-x>-5\\\dfrac{x+3}{2}<tx\end{cases}$ 的整数解的个数不可能为

( )
A. 16　　　　B. 17　　　　C. 18　　　　D. 19

【分析】解不等式组得 $\begin{cases} x<20 \\ x>\dfrac{3}{2t-1} \end{cases}$,当 $t=1$ 时,$3<x<20$,x 取到 16 个整数;当 $t=2$ 时,$1<x<20$,x 取到 18 个整数;当 $t=3$ 时,$\dfrac{3}{5}<x<20$,x 取到 19 个整数;综上 x 不可能取到 17 个整数.

【答案】B.

【评注】由 t 为正整数,得出 x 可以取到 $16,18,19$ 个整数,但取不到含 17 个整数的情况,故选择 B.

【例 3】已知关于 x 的不等式 $ax-b>0$ 的解是 $x<1$,则关于 x 的不等式 $(ax+b)(x-2)>0$ 的解为_____.

【分析】因为关于 x 的不等式 $ax-b>0$ 的解是 $x<1$,所以由一元一次不等式解的结构可知 $a<0$,$\dfrac{a}{b}=1$,从而不等式 $(ax+b)(x-2)>0$ 可变形为:$(x+1)(x-2)<0$,即 $\begin{cases} x+1<0 \\ x-2>0 \end{cases}$ 或 $\begin{cases} x+1>0 \\ x-2<0 \end{cases}$,解得 $-1<x<2$.

【答案】$-1<x<2$.

【评注】正确理解不等式解的概念,从中体会等价转化的数学思想.

【例 4】已知 x 满足不等式 $|ax-1|>ax-1$(其中 $a\neq 0$),那么 x 的取值范围是_____.

【分析】由题意得 $ax-1<0$,$ax<1$,∴当 $a<0$ 时,$x>\dfrac{1}{a}$;当 $a>0$ 时,$x<\dfrac{1}{a}$.

【答案】当 $a<0$ 时,$x>\dfrac{1}{a}$;当 $a>0$ 时,$x<\dfrac{1}{a}$.

【评注】注意对 $ax<1$ 求解时,要对 a 进行分类讨论.

【例 5】已知不等式组 $\begin{cases} |x-2|-3a+4<0 \\ |x-1|-a+1<0 \end{cases}$ 的整数解仅有 1,则实数 a 的取值范围是___.

【分析】由 $\begin{cases} |x-2|<3a-4 \\ |x-1|<a-1 \end{cases}$,有 $\begin{cases} 0<a-1\leqslant 1 \\ 3a-4>1 \end{cases}$,故 $\dfrac{5}{3}<a\leqslant 2$.

【答案】$\dfrac{5}{3}<a\leqslant 2$.

【评注】本题是从绝对值的几何意义角度去考虑的. 对于这个答案,我们可以通过化去绝对值符号来验证.

【例 6】先解答(1),再根据结构类比解答(2)、(3).
(1)已知 a,b 为实数,且 $|a|<1$,$|b|<1$,求证 $ab+1>a+b$;
(2)已知 a,b,c 均为实数,且 $|a|<1$,$|b|<1$,$|c|<1$,求证 $abc+2>a+b+c$;
(3)已知 a,b 为实数,且 $|a_i|<1$,$i=1,2,3,\cdots,n$,请猜想有什么一般的结论?

【分析】(1)从比差法角度考虑;(2)利用(1)的结论,根据结构的特征,缩小证明;

【解】证明:(1)∵$ab+1-(a+b)=(a-1)(b-1)>0$,∴$ab+1>a+b$;

(2)∵$|a|<1,|b|<1,|c|<1$,根据(1)$abc+1=(ab)\cdot c+1>ab+c$,∴$abc+2=[(ab)\cdot c+1]+1>(ab+c)+1>a+b+c$;

(3)$a_1\cdot a_2\cdot a_3\cdots a_n+(n-1)>a_1+a_2+a_3+\cdots+a_n$.

【评注】本题的猜想,主要是从(1)、(2)两个不等式的结构特征得到的.

【例 7*】若 a,b 是两个正数,且 $\dfrac{a-1}{b}+\dfrac{b-1}{a}+1=0$,求 $a+b$ 的取值范围.

【分析】由已知条件等式转化为 $(a+b)(a+b-1)=ab$ 求解.

【解】由原式化简得 $a^2-a+b^2-b+ab=0$,∴$a^2+2ab+b^2-(a+b)=ab$.∴$(a+b)^2-(a+b)=(a+b)(a+b-1)=ab>0$,∵$a,b>0$,∴$a+b>0$,$a+b-1>0$,即 $a+b>1$,∵$ab\leqslant\dfrac{(a+b)^2}{4}$,∴$(a+b)(a+b-1)=ab\leqslant\dfrac{(a+b)^2}{4}$,∴$a+b-1\leqslant\dfrac{a+b}{4}$,解得 $a+b\leqslant\dfrac{4}{3}$.

综上可知 $1<a+b\leqslant\dfrac{4}{3}$.

【评注】利用均值不等式 $ab\leqslant\dfrac{(a+b)^2}{4}$ 灵活解决问题,是本题解答的关键;求解过程中始终将 $a+b$ 看作整体,这体现了整体求解的思想.

【学力训练】

1. 如果不等式组 $\begin{cases}x-1>0\\x-a<0\end{cases}$ 无解,则 a 的取值范围是_____.

2. 已知关于 x 的不等式组 $\begin{cases}x-a\geqslant 0\\5-2x>1\end{cases}$ 只有四个整数解,则实数 a 的取值范围是_____.

3. 若关于 x 的不等式 $(2m-n)x-m>5n$ 的解集为 $x<\dfrac{13}{4}$,则关于 x 的不等式 $(m-n)x>m+n$ 的解集为_____.

4. 已知关于 x 的不等式 $(2a-b)x>a-2b$ 的解是 $x>\dfrac{5}{2}$,则关于 x 的不等式 $ax+b<0$ 的解是_____.

5. (1)解关于 x 的不等式 $\dfrac{x+2}{k}>1+\dfrac{x-3}{k^2}(k\neq 0)$;

   (2)若(1)中的不等式的解为 $x>-\dfrac{5}{3}$,确定 k 的值.

6. 解关于 x 的不等式 $ax^2-(a+1)x+1<0$.

7*. 已知实数 a,b 满足 $a^2+ab+b^2=1$,且 $t=ab-a^2-b^2$,求 t 的取值范围.

第五讲 方 程

【考点扫描】

形如 $ax+b=0(a\neq 0)$ 的方程叫一元一次方程；

形如 $\begin{cases} ax+by=c \\ dx+ey=f \end{cases}$ (a,d 或 b,e 至少一个不为零)的方程组叫二元一次方程组；

形如 $ax^2+bx+c=0(a\neq 0)$ 的方程叫一元二次方程. 配方法、公式法、因式分解法是解一元二次方程的基本方法. 其中求根公式：$x_{1,2}=\dfrac{-b\pm\sqrt{b^2-4ac}}{2a}$.

解方程的基本思想：降次、消元.

【典例精析】

【例1】方程组 $\begin{cases} |x|+y=12 \\ x+|y|=6 \end{cases}$ 的解的个数为 _____.

【分析】分四种情况讨论：$\begin{cases} x>0 \\ y>0 \end{cases}$, $\begin{cases} x>0 \\ y<0 \end{cases}$, $\begin{cases} x<0 \\ y>0 \end{cases}$, $\begin{cases} x<0 \\ y<0 \end{cases}$.

【答案】1.

【评注】对于含有绝对值符号的方程组，要去绝对值符号进行分类讨论.

【例2】已知对于任意有理数 a,b，关于 x,y 的方程 $(a-b)x-(a+b)y=a+b$ 都有一组公共解，则公共解为 _____.

【分析】原方程变为：$(x-y-1)a-(x+y+1)b=0$，$\therefore \begin{cases} x-y-1=0 \\ -(x+y+1)=0 \end{cases}$，解得 $\begin{cases} x=0 \\ y=-1 \end{cases}$.

【答案】$\begin{cases} x=0 \\ y=-1 \end{cases}$.

【评注】参数 a,b 的值为任意有理数时，要把原方程整理成关于 a,b 的方程，使 a,b 的系数为零，再构建方程组求解. 这类问题常用上述方法解决. 参数是高中数学中常用名词，与初中数学中的系数字母类同. 对指定应用而言，它可以是赋予的常数值；在泛指时，它可以是一种变量，用来控制随其变化而变化的其他的量.

【例3】方程 $x^2-2|x+4|-27=0$ 的所有实根之和是_____.

【分析】分两种情况：$x\leqslant-4$ 或 $x>-4$ 去绝对值符号讨论求解. $x\leqslant-4$ 时，原方程为 $x^2+2x-19=0$ 解得 $x_1=-1-2\sqrt{5}$，$x_2=-1+2\sqrt{5}$（舍去）；$x>-4$ 时，原方程为 $x^2-2x-35=0$ 解得 $x_3=7$，$x_4=-5$（舍去）；所以方程的根是 $x=-1-2\sqrt{5}$ 或 $x=7$.

【答案】$6-2\sqrt{5}$.

【评注】对于含绝对值的问题一般可采用零点分段法，即去绝对值符号时候要分区域讨论解答.

【例4】方程 $\sqrt{x+3-4\sqrt{x-1}}+\sqrt{x+8-6\sqrt{x-1}}=1$ 的解的情况是（　　）.

A. 无解　　B. 恰有一解　　C. 恰有两个解　　D. 有无穷多个解

【分析】$\sqrt{x+3-4\sqrt{x-1}}=\sqrt{x-1-4\sqrt{x-1}+4}=\sqrt{(\sqrt{x-1}-2)^2}=|\sqrt{x-1}-2|$，同理得 $\sqrt{x+8-6\sqrt{x-1}}=|\sqrt{x-1}-3|$. ∴原方程整理得 $|\sqrt{x-1}-2|+|\sqrt{x-1}-3|=1$，且 $x\geqslant1$，∴当 $1\leqslant x\leqslant5$（$x\geqslant1$，$\sqrt{x-1}-2\leqslant0$，$\sqrt{x-1}-3\leqslant0$）时，解得 $x=5$；当 $5<x\leqslant10$（$\sqrt{x-1}-2>0$，$\sqrt{x-1}-3\leqslant0$）时，方程的解为全体实数；当 $x>10$（$\sqrt{x-1}-2>0$，$\sqrt{x-1}-3>0$）时，解得 $x=10$（舍去）. 所以原方程的解为：$5\leqslant x\leqslant10$.

【答案】D.

【评注】含有一个（或多个根式）的方程称为无理方程，解答这类方程的基本思想是将无理方程转化为有理方程.

【例5】代数基本定理告诉我们对于形如 $x^n+a_1x^{n-1}+a_2x^{n-2}+\cdots+a_{n-1}x+a_n=0$（其中 $a_1,a_2,\cdots,a_n$ 为整数）的方程，如果有整数根的话，那么整数根必定是 a_n 的约数. 例如方程 $x^3+8x^2-11x+2=0$ 的整数根只可能为 $\pm1,\pm2$. 代入检验得 $x=1$ 时等式成立. 故 $x^3+8x^2-11x+2$ 含有因式 $x-1$，所以原方程转化为：$(x-1)(x^2+9x-2)=0$，进而可求得方程的所有解.

根据以上阅读材料请你解 $x^3+x^2-11x-3=0$.

【分析】本题是阅读理解题，对于整系数的三次方程，先根据材料提供的方法找到一个根，确定了一个因式 $(x-3)$ 后，再根据原方程的三次项的系数和常数项，来确定另外一个二次因式的各项系数. 由恒等关系，可得另一个二次多项式因式.

【解】把 $x=\pm1,\pm3$ 代入方程，得 $x=3$ 等式成立.

则设 $(x-3)(x^2+ax+1)\equiv x^3+x^2-11x-3$，

解得 $a=4$.

∴原方程化为：$(x-3)(x^2+4x+1)=0$，

得 $x-3=0$ 或 $x^2+4x+1=0$，

解得 $x_1=3$，$x_2=-2-\sqrt{3}$，$x_3=-2+\sqrt{3}$.

【评注】确定 $(x-3)$ 为因式后，用列竖式除法方法：$x-3\overline{)x^3+x^2-11x-3}$ 也可求出另一个因式 x^2+4x+1.

【学力训练】

1. 已知：$\dfrac{3}{x^2+3x}-(x^2+3x)=2$，则 x^2+3x 为(　　).

   A. 1　　　B. -3 和 1　　　C. 3　　　D. -1 或 3

2. 方程 $(x^2+x-1)^{x+3}=1$ 的所有整数解的个数是(　　).

   A. 5　　　B. 4　　　C. 3　　　D. 2

3. 满足方程 $|x+2|+|x-3|=5$ 的 x 的取值范围是_____.

4. 方程 $x+\dfrac{x}{1+2}+\dfrac{x}{1+2+3}+\cdots+\dfrac{x}{1+2+3+\cdots+2009}=2009$ 的解是 $x=$_____.

5. 关于 x 的方程 $x^2+|x|-a^2=0$ 的所有实根之和是_____.

6. 已知三个非负实数 a,b,c 满足：$3a+2b+c=5$ 和 $2a+b-3c=1$，若 $m=3a+b-7c$，则 m 的最小值为_____.

7. 若关于 x 的方程 $(1-m^2)x^2+2mx-1=0$ 的所有根是小于 2 的正实数，求实数 m 的取值范围.

8. 解方程 $x^3+14x^2+41x-56=0$.

第六讲　一元二次方程根的判别式

【考点扫描】

一元二次方程 $ax^2+bx+c=0(a\neq 0)$ 的判别式是 $\Delta=b^2-4ac$,它与方程的根有下列关系:$\Delta>0 \Leftrightarrow$ 方程的两个不相等的实数根;$\Delta=0 \Leftrightarrow$ 方程的两个相等的实数根;$\Delta<0 \Leftrightarrow$ 方程没有的实数根.

根的判别式在以下方面有着广泛的应用:

运用判别式,判定方程实根的个数;

利用判别式,建立等式、不等式,求方程中参数的取值范围;

通过判别式,证明与方程的根相关的代数问题;

借助判别式,运用一元二次方程必定有解的代数模型,解几何存性问题、最值问题.

【典例精析】

【例1】 已知 a,b,c 是不全为零的三个实数,那么关于 x 的一元二次方程 $x^2+(a+b+c)x+a^2+b^2+c^2=0$ 的根的情况是(　　).

A.有两个负根　　B.有两个正根　　C.有两个异号的根　　D.无实根

【分析】 $\Delta=(a+b+c)^2-4(a^2+b^2+c^2)=-3a^2-3b^2-3c^2+2ab+2bc+2ca=-[(a-b)^2+(b-c)^2+(c-a)^2+a^2+b^2+c^2]$,$\because a,b,c$ 不全为零,$\therefore \Delta<0$,$\therefore$ 原方程无实数根.

【答案】 D.

【评注】 本题在判断 Δ 的正负过程中,用到了配方的技巧,这也是常用的技巧,请务必掌握.

【例2】 对于任意的有理数 a,方程 $2x^2+(a+1)x-(3a^2-4a+b)=0$ 的根总是有理数,则 b 的值为_____.

【分析】 由 $\Delta=(a+1)^2+8(3a^2-4a+b)=25a^2-30a+8b+1$ 恒为完全平方数,$\therefore 8b+1=9$,则 $b=1$.

【答案】 1.

【评注】 方程的根总是有理数,则判别式 Δ 必须恒为完全平方数.

【例3】 已知方程 $2x^2-2ax+3a-4=0$ 没有实数根,那么代数式 $\sqrt{a^2-8a+16}+$

21

$|2-a|$ 的值是多少?

【分析】$\Delta=(-2a)^2-4\times 2\times(3a-4)=4a^2-24a+32=4(a-2)(a-4)<0$, 解得 $2<a<4$, 而 $\sqrt{a^2-8a+16}+|2-a|=|a-4|+|2-a|=4-a+a-2=2$.

【答案】2.

【评注】由方程 $2x^2-2ax+3a-4=0$ 没有实数根,首先想到 $\Delta<0$, 从而确定 a 的取值范围,进而化简原式求值.

【例4】设方程 $|x^2+ax|=4$ 只有三个不相等的实数根,求 a 的值和相应的三个根.

【分析】去绝对值符号,原方程可化为两个一元二次方程,原方程只有三个不相等的实数根,则其中一个判别式大于零,另一个等于零.

【解】方程等价于如下两个方程: $x^2+ax-4=0 \quad (1)$
$$x^2+ax+4=0 \quad (2)$$

则 $\Delta_1=a^2+16$, $\Delta_2=a^2-16$, $\therefore \Delta_1>\Delta_2$, 而原方程有三个不相等的实数根, $\therefore \Delta_2=0$, 解得 $a=\pm 4$, 相应方程的根为 $-2,-2\pm 2\sqrt{2}$; $2,2\pm 2\sqrt{2}$.

【评注】运用根的判别式讨论方程根的个数是常见的题型,解这类问题常用到换元、分类讨论等思想方法.

【例5*】已知 $y=\dfrac{x^2-2x+4}{x^2-3x+3}$, 求使 y 为整数的 x 的所有实数值.

【分析】此题可以把 x 视为主元,y 视为参数,整理成一个关于 x 的一元二次方程,因为 x 是实数,则 $\Delta\geqslant 0$, 可以求出 y 的范围(这种方法称为 Δ 法),求出 y 的值,再求出 x 的值.

【解】将 $y=\dfrac{x^2-2x+4}{x^2-3x+3}$ 整理变形为 $(y-1)x^2+(2-3y)x+3y-4=0$,

当 $y=1$ 时,$x=-1$ 符合题意;

当 $y\neq 1$ 时, $\Delta=(2-3y)^2-4(y-1)(3y-4)\geqslant 0$, $\therefore 3y^2-16y+12\leqslant 0$,

解得 $\dfrac{8-2\sqrt{7}}{3}\leqslant y\leqslant \dfrac{8+2\sqrt{7}}{3}$. $\therefore y$ 是整数, $\therefore y=1,2,3,4$.

当 $y=2$ 时,方程为 $x^2-4x+2=0$, 得 $x_1=2+\sqrt{2}$, $x_2=2-\sqrt{2}$;

当 $y=3$ 时,方程为 $2x^2-7x+5=0$, 得 $x_3=\dfrac{5}{2}$, $x_4=1$;

当 $y=4$ 时,方程为 $3x^2-10x+8=0$, 得 $x_5=2$, $x_6=\dfrac{4}{3}$.

综上所述符合条件的 x 值共 7 个.

【评注】利用 Δ 法求出参数范围,进而求出待求值是处理参系数一元二次方程整数根问题的常用方法.

【例6】若关于 x 的方程 $\dfrac{2k}{x-1}-\dfrac{x}{x^2-x}=\dfrac{kx+1}{x}$ 只有一个根,试求 k 的值与方程的解.

【分析】本题首先想到把原方程化为整式方程,这个整式方程是含参系数 k 的二次方程,易解.

【解】原方程化简为 $kx^2-3kx+2x-1=0 \quad (1)$.

当 $k=0$ 时,原方程的唯一解 $x=\dfrac{1}{2}$;

当 $k\neq 0$ 时,方程(1)的判别式 $\Delta=(3k-2)^2+4k=5k^2+4(k-1)^2>0$, $\therefore$ 方程(1)总有两个不相等的实数根,但原方程只有一个解,因此,必有一个解是原方程的增根,而原方程的增根只可能是 $x^2-x=0$ 的 $x=0$ 或 1. 显然 0 不是原方程的解,故 $x=1$ 是方程(1)的根,此时 $k=\dfrac{1}{2}$,当 $k=\dfrac{1}{2}$ 时,方程(1)的另一个解 $x=-2$.

综上所述,当 $k=0$ 时,方程的解为 $x=\dfrac{1}{2}$;当 $k=\dfrac{1}{2}$ 时,方程的解为 $x=-2$.

【评注】 将分式方程化为整式方程时,常常会出现增根,本题的考点就在于此.

【学力训练】

1. 已知 $\dfrac{\sqrt{2003}b-c}{2003a}=1$,则方程 $ax^2+bx+c=0$ (   ).

   A. 无实根　　　　　　　　　B. 有两个相等的实根

   C. 有相异的两实根　　　　　D. 有实根,但不能确定一定有相等的两实根

2. 已知三个方程 $x^2-x+m=0$,$x^2+2mx+4=0$,$mx^2+mx+m-1=0$ 中至少有一个方程有实数解,则实数 m 的取值范围是_____.

3. 对于任何实数 a,关于 x 的一元二次方程 $x^2+(2a+1)x+b+4=0$ 一定有实数根,则实数 b 的取值范围是_____.

4. 如果关于 x 的一元二次方程 $(1-2k)x^2-2\sqrt{k+1}x-1=0$ 有两个不相等的实数根,那么 k 的取值范围是_____.

5. 已知关于 x 的方程 $x^3-ax^2-2ax+a^2-1=0$ 有且只有一个实根,求实数 a 的取值范围.

6. 对于 a,只有一个实数值 x 满足 $\dfrac{x+1}{x-1}+\dfrac{x-1}{x+1}+\dfrac{2x+a+2}{x^2-1}=0$,求所有 a 的值.

7. 已知关于 x 的方程 $x^2-2x+\dfrac{3k^2-9k}{x^2-2x-2k}=3-2k$ 有四个不同的实数根,求 k 的取值范围.

第七讲　一元二次方程根与系数关系

【考点扫描】

设一元二次方程 $ax^2+bx+c=0(a\neq 0)$ 的两根为 x_1,x_2，则 $x_1+x_2=-\dfrac{b}{a}$，$x_1\cdot x_2=\dfrac{c}{a}$；注意:此命题的逆命题也成立.

一元二次方程的根与系数的关系,通常称韦达定理(Veta),因为该定理是由16世纪法国杰出的数学家韦达发现的.韦达定理的简单形式中包含了丰富的数学内容,应用广泛,主要体现在:

运用韦达定理,求方程中参数的值;

运用韦达定理,求代数式的值;

利用韦达定理并结合根的判别式,讨论根的符号特征;

根据韦达定理具有对称性,设而不求、整体代入是利用韦达定理解题的基本思路.

常用到以下关系式:

(1) $x_1^2+x_2^2=(x_1+x_2)^2-2x_1x_2$；

(2) $\dfrac{x_2}{x_1}+\dfrac{x_1}{x_2}=\dfrac{x_1^2+x_2^2}{x_1x_2}=\dfrac{(x_1+x_2)^2-2x_1x_2}{x_1x_2}$；

(3) $(x_1-x_2)^2=(x_1+x_2)^2-4x_1x_2$；

(4) $|x_1-x_2|=\sqrt{(x_1-x_2)^2}=\sqrt{(x_1+x_2)^2-4x_1x_2}$.

【典例精析】

【例1】质数 p,q 是方程 $x^2-13x+m=0$ 的根,则 $\dfrac{q}{p}+\dfrac{p}{q}$ 的值是_____．

【分析】$\because p+q=13$,且 p,q 是质数,$\therefore p=2,q=11$ 或 $p=11,q=2$,得 $\dfrac{q}{p}+\dfrac{p}{q}=\dfrac{125}{22}$．

【答案】$\dfrac{125}{22}$．

【评注】本题只要注意到 p,q 是质数,且 $p+q=13$ 便容易解决了．

【例2】关于 x 的方程 $x^2-ax+4=0(a<0)$ 的实数根为 x_1,x_2,则 $\sqrt{\dfrac{x_1}{x_2}}+\sqrt{\dfrac{x_2}{x_1}}$ 的值是____．

【分析】由根与系数关系得 $x_1+x_2=a<0,x_1\cdot x_2=4>0,\therefore x_1<0,x_2<0$．

∴原式$=\dfrac{\sqrt{x_1x_2}}{|x_2|}+\dfrac{\sqrt{x_1x_2}}{|x_1|}=-2\left(\dfrac{x_1+x_2}{x_1x_2}\right)=-\dfrac{a}{2}$.

【答案】$-\dfrac{a}{2}$.

【评注】所求的代数式为 x_1,x_2 的轮换对称形式,可由根与系数关系求解,但要注意方程中隐含 $x_1<0,x_2<0$ 条件.

【例3】设 $x_1,x_2(x_1\ne x_2)$ 是关于 x 的方程 $x^2-kx+\dfrac{3}{2}k-\dfrac{5}{4}=0$ 的两实数根,则 $x_1^2+x_2^2$ 的取值范围是_____.

【分析】∵$\Delta=k^2-6k+5>0$,∴$k>5$ 或 $k<1$,由韦达定理得 $x_1+x_2=k$,$x_1\cdot x_2=\dfrac{3}{2}k-\dfrac{5}{4}$,

∴$x_1^2+x_2^2=k^2-3k+\dfrac{5}{2}>\dfrac{1}{2}$

【答案】$>\dfrac{1}{2}$

【评注】根据根与系数的关系,可得 $x_1^2+x_2^2$ 是一个关于 k 的代数式,再由完全平方式的非负性和 $\Delta\geqslant 0$ 确定参数 k 的取值范围,进而求解.

【例4】已知实数 $a\ne b$,且 $(a+1)^2=3-3(a+1)$,$(b+1)^2=3-3(b+1)$,则 $b\sqrt{\dfrac{b}{a}}+a\sqrt{\dfrac{a}{b}}$ 的值是_____.

【分析】 把条件整理得 $(a+1)^2+3(a+1)-3=0$,$(b+1)^2+3(b+1)-3=0$,可见 $a+1$,$b+1$ 是方程 $z^2+3z-3=0$ 的两实数根,则有 $\begin{cases}a+1+b+1=-3\\(a+1)(b+1)=-3\end{cases}$,∴$\begin{cases}a+b=-5\\ab=1\end{cases}$,且知 $a<0$,$b<0$. ∴原式$=\dfrac{b\sqrt{ab}}{|a|}+\dfrac{a\sqrt{ab}}{|b|}=-\dfrac{b^2+a^2}{ab}=-\dfrac{(a+b)^2-2ab}{ab}=-\dfrac{(-5)^2-2\times 1}{1}=-23$.

【答案】-23.

【评注】利用定义构造方程,在本题中发挥了重要作用,通过构造方程,我们能利用一元二次方程根与系数的关系来求得代数式的值.

【例5】若方程 $(x-1)(x^2-2x+m)=0$ 的三个根分别是三角形三边的长,则实数 m 的取值范围是_____.

【分析】设 a,b 是方程 $x^2-2x+m=0$ 的两根,由根与系数关系得 $a+b=2$,$ab=m$.

由题意得,$|a-b|<1$,即 $|a-b|=\sqrt{(a+b)^2-4ab}<1$,∴$\sqrt{2^2-4m}<1$,则 $\begin{cases}4-4m\geqslant 0\\4-4m<1\end{cases}$,解得 $\dfrac{3}{4}<m\leqslant 1$.

【答案】$\dfrac{3}{4}<m\leqslant 1$.

【评注】应用根与系数的关系的前提条件是一元二次方程有两个实数根,即满足了被开方数必须大于等于零或判别式 $\Delta\geqslant 0$ 这一隐含的限制条件.

【例 6】已知实数 a,b,c 满足:$a>0, a^2-2ab+c^2=0, bc>a^2$.

(1) 求证:$b>c>0$;

(2) 试确定实数 a,c 的大小关系.

【分析】(1) 本题要证明 $b>c>0$,考虑 $a^2-2ab+c^2=0$ 是关于 a 的方程,则应用根的判别式等知识即可;(2) 本小题可应用比商法,将 $a^2-2ab+c^2=0$ 转化为 $1-2\dfrac{b}{a}+\left(\dfrac{c}{a}\right)^2=0$ 解之.

【解】(1) 证明:由 $bc>a^2>0$,得 b,c 同号;又 $a>0$,则以 a 为未知数的方程 $a^2-2ab+c^2=0$ 至少有一个正根,且 $\Delta=4b^2-4c^2\geq 0$,即 $b^2\geq c^2$;设方程的两根为 x_1,x_2 则有 $x_1\cdot x_2=c^2$,$\therefore x_1,x_2$ 同为正数,又 $x_1+x_2=2b$,$\therefore b>0,c>0$;从而 $b\geq c>0$. 若 $b=c$,则由 $a^2-2ab+c^2=0$,得 $a=b=c$ 与 $bc>a^2$ 矛盾,$\therefore b>c>0$.

(2) 由 $b^2>bc>a^2$,得 $b>a$. 由 $a^2-2ab+c^2=0$,得 $1-2\dfrac{b}{a}+\left(\dfrac{c}{a}\right)^2=0$,$\therefore \left(\dfrac{c}{a}\right)^2=2\dfrac{b}{a}-1>2-1=1$,$\therefore c>a$.

【评注】本题比较两数的大小关系是应用比商法:$a>0,b>0$,若 $\dfrac{a}{b}>1$,则 $a>b$;若 $\dfrac{a}{b}=1$ 则 $a=b$;若 $\dfrac{a}{b}<1$ 则 $a<b$.

【学力训练】

1. 设 x_1、x_2 是方程 $x^2+x+k=0$ 的两个实根,若恰有 $x_1^2+x_1x_2+x_2^2=2k^2$ 成立,则 k 的值为( ).

   A. -1　　　　B. $\dfrac{1}{2}$ 或 -1　　　　C. $\dfrac{1}{2}$　　　　D. $-\dfrac{1}{2}$ 或 1

2. 已知关于 z 的方程 $z^2+4z+2=0$ 的实数根 x,y,则 $\sqrt{\dfrac{x}{y}}+\sqrt{\dfrac{y}{x}}$ 的值为 _____.

3. 已知关于 x,y 的方程组 $\begin{cases}2x-y+b=0\\x^2+y=4\end{cases}$ 有两不同的实数解: $\begin{cases}x=x_1\\y=y_1\end{cases}$, $\begin{cases}x=x_2\\y=y_2\end{cases}$,则(1) 实数 b 的取值范围为 _____;(2) $y_1+y_2+b(x_1+x_2)$ 的值为 _____.

4. 若 $ab\neq 1$,且有 $5a^2+2014a+9=0$ 及 $9b^2+2014b+5=0$,则 $\dfrac{a}{b}$ 的值是 _____.

5. 已知 x_1,x_2 是方程 $x^2+3x-2=0$ 的两根,则 $\dfrac{x_1^2}{x_2}+\dfrac{11}{x_1}=$ _____.

6. 关于 x 的方程 $x^2+2(k+1)x+k^2=0$ 两实数根之和为 m,且满足 $m=-2(k+1)$,关于 y 的不等式组 $\begin{cases}y>-4\\y<m\end{cases}$ 有实数解,求 k 的取值范围.

7. 已知实数 a,b,c 满足 $a^2+b^2+c^2+2ab=1, ab(a^2+b^2+c^2)=\dfrac{1}{8}$，又 α,β 为方程 $(a+b)x^2-(2a+c)x-(a+b)=0$ 的两个实根，试求 $\dfrac{\alpha^3+\beta^3}{\alpha+\beta}$ 的值.

第八讲* 方程的整数解

【考点扫描】

求方程的整数根的基本方法：

(1) 直接求解：若根可用有理式表示，则求出根，结合整除性求解；

(2) 分解因式、因数法：解二元对称的不定方程的整数解，对方程构成部分进行分解因式，出现几个因式的积或和等于常数的状态，再利用因数分解的积或和的分拆解决问题.

(3) 利用根的判别式：①在二次方程有整数根的前提下，通过判别式必须是一个完全平方数，转化为不定方程整数解问题，应用分解因式、因数法求解；②若判别式 Δ 不是二次的那么可利用 Δ 的非负性先确定范围再应用穷举法求解.

(4) 运用根与系数的关系：①由根与系数的关系得到用待定字母表示的两根和、积的形式，从中消去待定字母，利用根的整数特征解不定方程，求得根后再回代求出系数.②若根是整数，方程的系数也是整数，解这类问题也可用两根和、积的表达式直接确定字母系数的取值.

【典例精析】

【例1】使代数式 $y=\dfrac{x^2+11}{x+1}$ 的值为整数的全体自然数 x 的和是_____.

【分析】$y=\dfrac{x^2+11}{x+1}=(x+1)+\dfrac{12}{x+1}$，$y$ 为整数，则 $\dfrac{12}{x+1}$ 也是整数，所以所求的自然数 $x=0,1,2,3,5,11$.

【答案】22.

【评注】本题采用变量分离方法：把它的右边代数式转化为一个整式与一个分式（且分子的未知数次数小于分母的未知数次数）的和，再结合整除性求它的整数解.

【例2】已知方程 $x^2y+xy^2=30$，它的一组正整数解 $\begin{cases}x=a\\y=b\end{cases}$，简记为 (a,b)，则这个方程的所有正整数解 (a,b) 是_____.

【分析】$xy(x+y)=30=1\times30=2\times15=3\times10=5\times6$，得 $\begin{cases}xy=1\\x+y=30\end{cases}$ 或 $\begin{cases}xy=30\\x+y=1\end{cases}$ 或

---

* 带有 * 的讲座，适合参加重高自主招生、保送生考试的学生学习，以下相同.

$$\begin{cases} xy=2 \\ x+y=15 \end{cases} \cdots 分类解之.$$

【答案】$(2,3),(3,2),(5,1),(1,5)$.

【评注】本题已知方程左边是关于 x,y 的对称轮换式,所以可化为 xy 与 $x+y$ 的乘积的形式,然后通过因式、因数分解法,求解方程的整数解.

【例3】已知 k 为整数,关于 x 的方程 $(6-k)(9-k)x^2-(117-15k)x+54=0$ 的解为整数,求 k 的值.

【分析】本题应分 $k=6$ 或 $k=9$ 或 $k\neq 6,k\neq 9$ 三种情况讨论,解之.

【解】当 $k=6$ 时,得 $x=2$;

当 $k=9$ 时,得 $x=-3$;

当 $k\neq 6,k\neq 9$ 时,得 $x_1=\dfrac{9}{6-k},x_2=\dfrac{6}{9-k}$;

∴当 $6-k=\pm 1,\pm 3,\pm 9$,即 $k=7,5,3,15,-3$ 时,x_1 是整数;

∴当 $9-k=\pm 1,\pm 2,\pm 3,\pm 6$,即 $k=10,8,11,7,12,15,3$ 时,x_2 是整数;

综上所述 $k=3,6,7,9,15$ 时,原方程的解是整数.

【评注】系数含参数的方程问题,在没有指明是二次方程时,要注意有可能是一次方程,根据问题的题设,决定是否展开讨论.本题当二次项系数不为零时,因系数是整数,根也是整数,所以采用"直接求解",得到根的简单表达式,再结合整除性求解.

【例4】求满足以下条件的所有 k 的值:使关于 x 的方程 $kx^2+(k+1)x+(k-1)=0$ 的根都是整数.

【分析】注意到方程二次系数是参数 k,所以方程可能是一元一次方程,也可能是一元二次方程,必须分别讨论.

【解】当 $k=0$ 时,得 $x=1$;

当 $k\neq 0$ 时,令方程的两根为 α,β,

则 $\alpha+\beta=-1-\dfrac{1}{k},\alpha\beta=1-\dfrac{1}{k}$,

∴$\alpha\beta-(\alpha+\beta)-2=0,(\alpha-1)(\beta-1)=3=(\pm 1)\times(\pm 3)$.

∴$\alpha+\beta=6,k=-\dfrac{1}{7}$;

或 $\alpha+\beta=-2,k=1$.

综上所述 $k=0,-\dfrac{1}{7},1$.

【评注】本题因为系数是实数,根是整数,所以运用根与系数的关系求解,即由根与系数的关系得到用待定字母表示的两根和、积的形式,从中消去待定字母,利用根的整数特征解不定方程,求得根后再回代求出系数.这种方法称它为"韦达定理消元法".

【例5】已知 a 是正整数,求方程 $x^2+(a+18)x+56=0$ 的整数解.

【分析】一元二次方程方程的根都是整数,因此它的判别式 $\Delta=(a+18)^2-224$ 应该是一个完全平方数.由整数除法定理,构建方程组,进而求出 a 的值.

【解】因为 a 是正整数,所以关于 x 的方程 $x^2+(a+18)x+56=0,\Delta=(a+18)^2-224>0$

数学专题讲座

一定有两个不相等的实数根.

若方程的根都是整数,则它的判别式 $\Delta=(a+18)^2-224$ 应该是一个完全平方数.

设 $(a+18)^2-224=k^2$(其中 k 是非负整数),

则 $(a+18)^2-k^2=224$,即 $(a+18+k)(a+18-k)=224$,

显然 $a+18+k,a+18-k$ 的奇偶性相同,

且 $a+18+k>18,224=112\times2=56\times4=28\times8$,

所以 $\begin{cases}a+18+k=112\\a+18-k=2\end{cases}$ 或 $\begin{cases}a+18+k=56\\a+18-k=4\end{cases}$ 或 $\begin{cases}a+18+k=28\\a+18-k=8\end{cases}$;

解得 $\begin{cases}a=39\\k=35\end{cases}$ 或 $\begin{cases}a=12\\k=26\end{cases}$;

故所求方程的整数解为:当 $a=39$ 时,$x=-1$ 或 $x=-56$;当 $a=12$ 时,$x=-2$ 或 $x=-28$.

【评注】 本题因系数是整数,根也是整数,所以利用判别式 Δ 是完全平方数的特征以及分解因式、因数法等相关知识解决问题,这种方法称它为"Δ 的完全平方分析法".本题还有很多解法,另一种解法见第十三讲例 7.Δ 法在处理参数方程时,它有两个作用:一是利用它求范围;二是可令它等于一完全平方数.

【学力训练】

1. 横坐标、纵坐标都是整数的点叫做整点,函数 $y=\dfrac{6x+3}{2x-1}$ 的图像上整点的个数是( ).

    A. 3 个　　　　　B. 4 个　　　　　C. 6 个　　　　　D. 8 个

2. 方程 $\dfrac{x+3}{x+1}-y=0$ 的整数解是 _____ .

3. 方程 $xy+x=4$ 的整数解 (a,b) 是 _____ .

4. 已知方程 $xy-3x=5y+77$,x,y 为整数,则满足要求的整数对 (x,y) 的组数是 ____ .

5. 已知关于 x 的方程 $(4-k)(8-k)x^2-(80-12k)x+32=0$ 的解为整数,求整数 k 的值.

6. 试确定一切有理数 r,使得关于 x 的方程 $rx^2+(r+2)x+3r-2=0$ 有根且只有整数根.

7. k 为自然数且关于 x 的方程 $(k-1)x^2-px+k=0$ 有两个正整数解,求 p 的值.

第九讲　一次函数

【考点扫描】

形如 $y=kx+b(k\neq 0,k,b$ 是常数)的函数称为 y 关于 x 的一次函数,当 $b=0$ 时,$y=kx(k\neq 0)$ 叫正比例函数,是一次函数的特例.

一次函数的图像是一条直线,要充分理解这条直线的性质,解答与一次函数有关的问题,要注意数形结合.一次函数的解析式含有两个待定字母,这需要知道直线上的两个点坐标,构建方程组,则可求得函数解析式.

直线 $l_1:y=k_1x+b_1(k_1\neq 0)$ 与直线 $l_2:y=k_2x+b_2(k_2\neq 0)$ 的位置关系:

(1) $k_1\neq k_2 \Leftrightarrow l_1,l_2$ 相交;

(2) $k_1=k_2,b_1\neq b_2 \Leftrightarrow l_1 /\!/ l_2$;

(3) $k_1 \cdot k_2=-1 \Leftrightarrow l_1 \perp l_2$.

若方程组 $\begin{cases} y=k_1x+b_1 \\ y=k_2x+b_2 \end{cases}$ 的解是 $\begin{cases} x=m \\ y=n \end{cases} \Leftrightarrow$ 直线 $l_1:y=k_1x+b_1(k_1\neq 0)$ 与直线 $l_2:y=k_2x+b_2$ $(k_2\neq 0)$ 的交点坐标为 (m,n).

【典例精析】

【例 1】如图中的图像所表示的函数解析式是(　　).

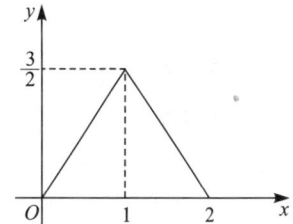

A. $y=\dfrac{3}{2}|x-1|(0\leqslant x\leqslant 2)$

B. $y=\dfrac{3}{2}-\dfrac{3}{2}|x-1|(0\leqslant x\leqslant 2)$

C. $y=\dfrac{3}{2}-|x-1|(0\leqslant x\leqslant 2)$

D. $y=1-|x-1|(0\leqslant x\leqslant 2)$

【分析】在 $0\leqslant x\leqslant 2$ 的范围内讨论 $0\leqslant x\leqslant 1$ 及 $1<x\leqslant 2$ 的函数图像.对照函数图像,可主要验证 $x=1$ 时,y 的值是否等于 $\dfrac{3}{2}$,$x=0,2$ 时,y 的值是否等于 0.

【答案】B.

【评注】本题去掉绝对值符号后,对分段的函数结合图像进行验证.

【例2】已知 $\dfrac{a+b}{c}=\dfrac{b+c}{a}=\dfrac{c+a}{b}=p$，则直线 $y=px+p$ 的图像必经过（　　）．

A. 第1、2、3象限　　B. 第2、3象限　　C. 第2、3、4象限　　D. 第2、4象限

【分析】分两种情况讨论：当 $a+b+c=0$ 时，$p=-1$；当 $a+b+c\neq 0$ 时 $p=2$．

【答案】B．

【评注】本题运用等比性质时，注意不要遗漏 $a+b+c=0$ 这种情况．

【例3】直线 $l_1:y_1=k_1x+b_1$，$l_2:y_2=k_2x+b_2$，若 $k_1=k_2$，$b_1\neq b_2$，称 l_1，l_2 互相平行，坐标中一点 $P(x_0,y_0)$ 到直线 $l:y=kx+b$ 的距离为 $d=\dfrac{|kx_0-y_0+b|}{\sqrt{k^2+1}}$，运用上述结论求直线 $y_1=\dfrac{4}{3}x+1$ 与直线 $y_2=\dfrac{4}{3}x+2$ 之间的距离为（　　）．

A. $\dfrac{4}{5}$　　B. $\dfrac{5}{4}$　　C. $\dfrac{3}{5}$　　D. $\dfrac{5}{3}$

【分析】取直线 y_1 上一点 $(0,1)$，则 $\dfrac{\left|\dfrac{4}{3}\times 0-1+2\right|}{\sqrt{\left(\dfrac{4}{3}\right)^2+1}}=\dfrac{3}{5}$．

【答案】C．

【评注】本题是利用"若两条直线平行，则一直线上的任意一点到另一直线的距离处处相等"这一性质来求解的．

【例4】设直线 $kx+(k+1)y-1=0$ 与坐标轴所构成的直角三角形的面积为 S_k，则 $S_1+S_2+\cdots+S_n=$ _____．

【分析】给定直线与 x，y 轴的交点坐标分别为 $\left(\dfrac{1}{k},0\right)$，$\left(0,\dfrac{1}{k+1}\right)$（$k>0$），$\therefore S_k=\dfrac{1}{2}\left|\dfrac{1}{k}\cdot\dfrac{1}{k+1}\right|=\dfrac{1}{2}\left(\dfrac{1}{k}-\dfrac{1}{k+1}\right)$，原式 $=\dfrac{1}{2}\left(\dfrac{1}{1}-\dfrac{1}{2}\right)+\dfrac{1}{2}\left(\dfrac{1}{2}-\dfrac{1}{3}\right)+\cdots+\dfrac{1}{2}\left(\dfrac{1}{n}-\dfrac{1}{n+1}\right)=\dfrac{1}{2}\left(1-\dfrac{1}{n+1}\right)=\dfrac{n}{2n+2}$．

【答案】$\dfrac{n}{2n+2}$．

【评注】本题是图像问题与几何问题的综合题，因与自然数 k 有关，可考虑将其转化为数列问题进行求解．所以，本题应先求一般通项下的三角形面积表达式，然后根据通项的拆分结果，逐一计算出各项的面积表达式，裂项相消寻找出规律求解．

【例5】已知一次函数 $y=ax+b$ 的图像经过点 $A(\sqrt{3},\sqrt{3}+2)$，$B(-1,\sqrt{3})$，$C(c,2-c)$．求 $a^2+b^2+c^2-ab-bc-ca$ 的值．

【分析】先求直线 AB 的解析式，再求出点 C 的坐标，从而求得 a,b,c 的值，可解得结果．

【解】一次函数 $y=ax+b$ 的图像过点 A,B 两点，所以它的解析式为 $y=(\sqrt{3}-1)x+2\sqrt{3}-1$，将点 C 坐标代入所得的一次函数解析式，得 $c=\sqrt{3}-2$．

$\therefore a-b=-\sqrt{3}$，$b-c=\sqrt{3}+1$，$c-a=1$．

∴原式 $=\dfrac{1}{2}[(a-b)^2+(b-c)^2+(c-a)^2]=4+\sqrt{3}$.

【评注】寻找到原式与公式：$(a-b)^2+(b-c)^2+(c-a)^2=2(a^2+b^2+c^2-ab-bc-ca)$ 的关系，就能很好地简化计算．

【例 6】如图，四边形 $A_1B_1C_1O$，$A_2B_2C_2C_1$，$A_3B_3C_3C_2$ 均为正方形，点 $A_1A_2A_3$ 和点 $C_1C_2C_3$ 分别在直线 $y=kx+b(k>0)$ 和 x 轴上，点 B_3 的坐标是 $(\dfrac{19}{4},\dfrac{9}{4})$，求 $k+b$ 的值．

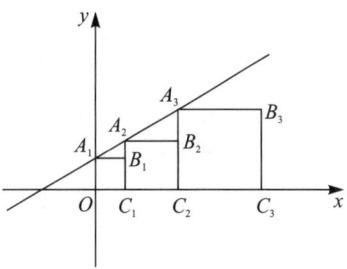

【分析】由点 B_3 的坐标，先找出点 A_3 的坐标，而 A_3 在直线 $y=kx+b$ 上，可得关于 k,b 的方程(1)，又 $OC_1+C_1C_2=OC_2$，可得关于 k,b 的方程(2)，解方程组(1)、(2)，求得 k,b 的值，可得最后结果．

【解】∵ $B_3(\dfrac{19}{4},\dfrac{9}{4})$，∴ $A_3(\dfrac{5}{2},\dfrac{9}{4})$．

将 $A_3(\dfrac{5}{2},\dfrac{9}{4})$ 代入 $y=kx+b$，得 $\dfrac{5}{2}k+b=\dfrac{9}{4}$ (1)，

而 $A_1(0,b)$，则 $A_2(b,kb+b)$，

又 $OC_1+C_1C_2=OC_2$，$C_1C_2=A_2C_1$，∴ $b+bk+b=\dfrac{5}{2}$ (2)

解方程(1)、(2)得 $b_1=1,k_1=\dfrac{1}{2}$；$b_2=\dfrac{25}{4},k_2=-\dfrac{8}{5}$（舍去）.

∴ $b+k=1+\dfrac{1}{2}=\dfrac{3}{2}$.

【评注】借助图像来分析数量之间的关系既直观又方便，充分体现了数形结合思想在解决这类问题中的优势．

【例 7】周末，小明骑自行车从家里出发到野外郊游．从家出发 0.5 小时后到达甲地，游玩一段时间后按原速前往乙地．小明离家 1 小时 20 分钟后，妈妈驾车沿相同路线前往乙地，如图是他们离家的路程 y(km) 与小明离家时间 x(h) 的函数图像．已知妈妈驾车的速度是小明骑车速度的 3 倍．

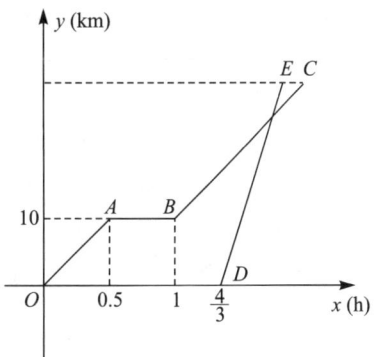

(1)求小明骑车的速度和在甲地游玩的时间；

(2)小明从家出发多少小时后被妈妈追上？此时离家多远？

(3)若妈妈比小明早 10 分钟到达乙地，求从家到乙地的路程．

【分析】本题(2)中"小明从家出发多少小时后被妈妈追上？此时离家多远？"转化为求两条直线 BC 与 DE 的交点问题，即求解直线 BC 的方程与直线 DE 的方程所联立方程组的解；(3)根据时间差为 $\dfrac{1}{6}$ 小时，由时间 $=\dfrac{路程}{速度}$ 的关系，构建方程求解．

33

【解】(1) 20 千米/时,0.5 小时;

(2) 小明的速度是 20 千米/时,妈妈的速度为 60 千米/时,
所以直线 BC 的解析式:$y=20x-10$;
直线 DE 的解析式:$y=60x-80$;

解方程组 $\begin{cases} y=20x-10 \\ y=60x-80 \end{cases}$,得 $\begin{cases} x=1\frac{3}{4} \\ y=25 \end{cases}$.

所以,小明从家出发 1 小时 45 分钟后被妈妈追上,此时离家 25 千米.

(3) 设从家到乙地的路程为 m 千米,且 $E(x_1,m)$,$C(x_2,m)$,

则,$x_1=\frac{m+80}{60}$,$x_2=\frac{m+10}{20}$,

又 $x_2-x_1=\frac{1}{6}$,即 $\frac{m+10}{20}-\frac{m+80}{60}=\frac{1}{6}$,

解得 $m=30$.

所以从家到乙地的路程为 30 千米/时.

【评注】本题为图像信息问题,在解决这类问题时要注意从图像中获取信息,理解图像所表示的实际意义.

【学力训练】

1. 点 $P(a+1,a-1)$ 不可能在( ).
   A. 第一象限   B. 第二象限   C. 第三象限   D. 第四象限

2. 在平面直角坐标系中,横坐标、纵坐标都为整数的点称为整点,观察图中每正方形(实线)四条边上的整点的个数,请你猜测由里向外第 10 个正方形(实线)四条边上的整点的个数共有( ).
   A. 35 个   B. 40 个
   C. 45 个   D. 50 个

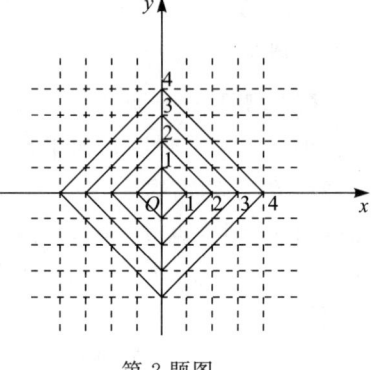

第 2 题图

3. 平面直角坐标系中,横纵坐标都是整数的点称为整点,设 k 为整数,当直线 $y=x-3$ 与 $y=kx+k$ 的交点为整点时,k 的值可以取( ).
   A. 2 个   B. 4 个
   C. 6 个   D. 8 个

4. 已知直线 $l_1:y=\frac{1}{2}x+3$ 与过点 $(1,-1)$ 的直线 l_2 垂直,则 l_2 的解析式_____.

5. 一次函数 $y=kx+b$ 的图像如图所示,则$|k|$和$|b|$大小关系是_____.

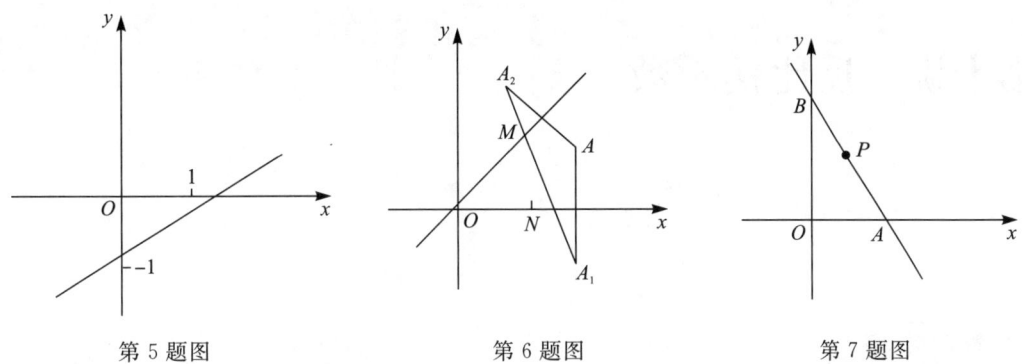

第 5 题图　　　　　第 6 题图　　　　　第 7 题图

6. 已知:定点 $A(3,2)$,动点 M 在函数 $y=x$ 的图像上运动,动点 N 在 x 轴上运动,则 $\triangle AMN$ 周长的最小值是_____.

7. 如图,一次函数的图像过点 $P(2,3)$ 交 x 轴的正半轴于点 A,交 y 轴的正半轴于点 B,求 $\triangle AOB$ 面积的最小值.

8. 在平面直角坐标系内有两点 $M(-2,0),N(4,0)$ 和直线 $l:y=\dfrac{1}{2}x+\dfrac{5}{2}$. 在直线 l 上是否存在点 P,使 $\triangle MNP$ 为直角三角形,若存在,求所有满足题意的点 P 坐标;若不存在,说明理由.

第十讲　反比例函数

【考点扫描】

形如 $y=\dfrac{k}{x}(k\neq 0,k$ 为常数)的函数称为 y 关于 x 的反比例函数.它是一种特殊的函数,其形式特征:两个变量的乘积是一个常数.在问题的求解中,通常是从现实情境和已知经验出发,讨论两个变量的相依关系,根据两个变量乘积不变或比值不变,正确区分正比例与反比例关系.求反比例函数解析式时,关键是找到一对函数对应值.

反比例函数的图像是由两个分支组成的双曲线.当 $k>0$ 时,图像在一、三象限;当 $k<0$ 时,图像在二、四象限.学习反比例函数与学习其他函数一样,要善于数形结合,由反比例函数的解析式联想到图像的位置及其性质,或由图像的性质联想到比例系数 k 的符号.

解双曲线与几何的综合题,一要注意双曲线图像的对称性及横坐标与纵坐标之间关系的特点.二应善于运用坐标,线段长度,双曲线解析式三者关系,抓住函数图像性质与几何图形性质,充分发挥形的因素,数形互动,把证明与计算相结合是解题的关键.

【典例精析】

【例1】 如图,过点 $C(1,2)$ 分别作 x 轴、y 轴的平行线,交直线 $y=-x+6$ 于 A、B 两点,若反比例函数 $y=\dfrac{k}{x}(x>0)$ 的图像与 $\triangle ABC$ 有公共点,则 k 的取值范围是(　).

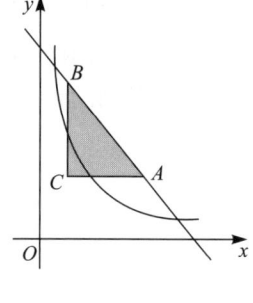

A. $2\leqslant k\leqslant 9$ 　　　　B. $2\leqslant k\leqslant 8$

C. $2\leqslant k\leqslant 5$ 　　　　D. $5\leqslant k\leqslant 8$

【分析】 双曲线经过点 C,$\therefore k=2$. 由方程组 $\begin{cases} y=-x+6 \\ y=\dfrac{k}{x} \end{cases}$ 消去 y 整理得 $x^2-6x+k=0$,令 $\Delta=36-4k=0$,解得 $k=9$.$\therefore k$ 的取值范围是 $2\leqslant k\leqslant 9$.

【答案】 A.

【评注】 直线 $AB:y=-x+6$ 与双曲线 $y=\dfrac{m-1}{x}$ 只有一个交点时,它们所联立的方程组的解只有唯一一组解.

【例2】若关于 t 的不等式组 $\begin{cases} t-a \geq 0 \\ 2t+1 \leq 4 \end{cases}$,恰有三个整数解,则关于 x 的一次函数 $y = \dfrac{1}{4}x - a$ 的图像与反比例函数 $y = \dfrac{3a+2}{x}$ 的图像的公共点的个数为_____.

【分析】由不等式组解得 $a \leq t \leq \dfrac{3}{2}$,因 t 有三个整数解:$-1,0,1$ $\therefore -2 < a \leq -1$.考虑方程组 $\begin{cases} y = \dfrac{1}{4}x - a \\ y = \dfrac{3a+2}{x} \end{cases}$ 消去 y 得 $\dfrac{1}{4}x^2 - ax - 3a - 2 = 0$,$\Delta = a^2 + 3a + 2$,$\therefore$ 当 $a = -1$ 时,$\Delta = a^2 + 3a + 2 = 0$;当 $-2 < a < -1$ 时,$\Delta = a^2 + 3a + 2 < 0$;所以两函数图像的公共点的个数为0个或1个.

【答案】0个或1个.

【评注】研究一条直线与双曲线的交点个数,即讨论由对应的这两个函数联立的方程组有几个解.另外,本题求得 $-2 < a \leq -1$ 时,应对判别式 Δ 的情况进行分类讨论.

【例3】如图,点 A 在双曲线 $y = \dfrac{k}{x}$ 的第一象限的那一支上,AB 垂直于 y 轴于点 B,点 C 在 x 轴正半轴上,且 $OC = 2AB$,点 E 在线段 AC 上,且 $AE = 3EC$,点 D 为 OB 的中点,若 $\triangle ADE$ 的面积为3,则 k 的值_____.

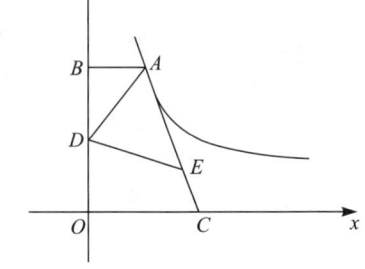

【分析】连结 DC,$\triangle ADE$ 的面积为3,且 $AE = 3EC$,$\therefore S_{\triangle ADC} = 4$,$S_{\text{梯形}ABOC} = 2S_{\triangle ADC} = 8$,设点 $A(x, \dfrac{k}{x})$,则 $AB = x$,$OC = 2x$,$OB = \dfrac{k}{x}$,$\therefore \dfrac{1}{2}(x + 2x) \cdot \dfrac{k}{x} = 8$,解得 $k = \dfrac{16}{3}$.

【答案】$k = \dfrac{16}{3}$.

【评注】本题解题的关键是运用反比例函数图像上点的坐标特点.即设函数图像上一点坐标(例含字母 x),将坐标转化为线段,然后利用几何知识,构建关于 x 的方程(或函数关系式),从而解得结果.

【例4】如图,正方形 $A_1B_1P_1P_2$ 的顶点 P_1、P_2 在反比例函数 $y = \dfrac{2}{x}(x > 0)$ 的图像上,顶点 A_1、B_1 分别在 x 轴、y 轴的正半轴上,再在其右侧作正方形 $P_2P_3A_2B_2$,顶点 P_3 在反比例函数 $y = \dfrac{2}{x}(x > 0)$ 的图像上,顶点 A_2 在 x 轴的正半轴上,则点 P_3 的坐标为_____.

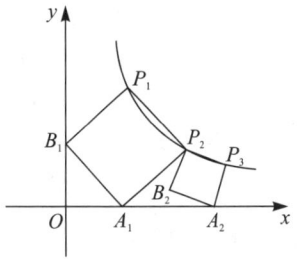

【分析】过点 P_1 作 $P_1C \perp y$ 轴于点 C、过 P_2 作 $P_2D \perp x$ 轴于点 D,过 P_3 作 $P_3E \perp x$ 轴于点 E,作 $P_3F \perp P_2D$ 于点 F,则有 $\triangle P_1B_1C \cong \triangle A_1B_1O \cong \triangle A_1P_2D$,易得 $P_1(1, 2)$,$P_2(2, 1)$.设 $P_3(c, \dfrac{2}{c})$,可证 $\triangle P_3P_2F \cong \triangle P_3A_2E$,$\therefore c - 2 = \dfrac{2}{c}$,

$c^2-2c-2=0$,解得,$c_1=1-\sqrt{3}$(舍去),$c_2=1+\sqrt{3}$,$\frac{2}{c}=\sqrt{3}-1$. $\therefore P_3(\sqrt{3}+1,\sqrt{3}-1)$.

【答案】$P_3(\sqrt{3}+1,\sqrt{3}-1)$.

【评注】本题是函数图像与几何问题,解题的关键是运用反比例函数图像上点的坐标特点,以及反比例函数图像的对称性及正方形的性质.

【例5】如图,在平面直角坐标系中,双曲线 $y=\frac{m}{x}(x>0)$ 经过点 $A(1,4),B(a,b)$,其中 $a>1$,过点 A 作 x 轴垂线,垂足为 C,过点 B 作 y 轴垂线,垂足为 D,连接 $AD、DC、CB$.

(1)若 $\triangle ABD$ 的面积为 4,求点 B 坐标;
(2)求证:$DC/\!/AB$;
(3)当 $AD=BC$ 时,求直线 AB 的函数解析式.

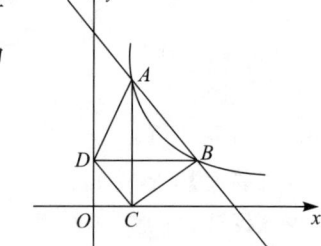

【分析】(2)求出直线 CD 的解析式与直线 AB 的解析式.(3) $AD=BC$ 时,因为 $DC/\!/AB$,所以四边形 $ABCD$ 可能是平行四边形,也可能是梯形,所以要分两种情况讨论.

【解】(1)$B(3,\frac{4}{3})$;

(2),则 $A(1,4),B(a,\frac{4}{a})C(1,0),D(0,\frac{4}{a})$.

所以直线 CD 的解析式:$y=-\frac{4}{a}x+\frac{4}{a}$;

直线 AB 的解析式:$y=-\frac{4}{a}x+\frac{4a+4}{a}$;

因为两条直线解析式的自变量 x 的系数相同,
所以 $DC/\!/AB$;

(3)因为 $DC/\!/AB$,所以 $AD=BC$ 时,有两种情况:
当 $AD/\!/BC$ 时,四边形 $ABCD$ 是平行四边形,
此时,$a=2,B(2,2)$,
$\therefore$ 直线 AB 的函数解析式为 $y=-2x+6$;
若 AD 与 BC 不平行时,四边形 $ABCD$ 是等腰梯形,
此时,$a=4,B(4,1)$,
$\therefore$ 直线 AB 的函数解析式为 $y=-x+5$.

【评注】在直角坐标系中,证明两条直线平行,只要验证这两条直线所表示的两个一次函数自变量 x 的系数相同即可.

【例6】如图,直线 AB 经过 $A(1,0),B(0,1)$ 两点,动点 P 在双曲线 $y=\frac{1}{2x}(x>0)$ 上运动,$PM\perp x$ 轴,$PN\perp y$ 轴,垂足分别为 $M、N,PN、PM$ 与线段 AB 分别交于 $F、E$.

(1)求证:$AF\cdot BE=1$;
(2)若平行于 AB 的直线与双曲线只有一个公共点,求公共

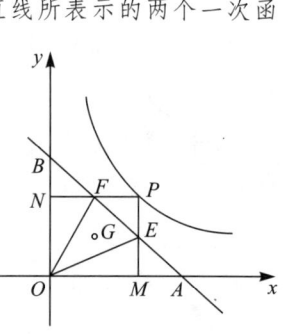

点的坐标;

【分析】(1)中设 $P(x_0,y_0)$,则线段 $PM=y_0$,$AF=\sqrt{2}PM=\sqrt{2}y_0$,同理,$BE=\sqrt{2}x_0$,可证之;(2)易求得直线 AB 的解析式为:$y=-x+1$,所以可设平行于 AB 的直线为 $y=-x+b$,由方程组 $\begin{cases} y=-x+b \\ y=\dfrac{1}{2x} \end{cases}$ 消去 y 整理得关于 x 的方程,则由 $\Delta=0$ 可求出 b 的值,进而求得方程组的解;

【解】(1)设 $P(x_0,y_0)$,则 $E(x_0,-x_0+1)$,$F(1-y_0,y_0)$,

$\therefore y_0=\dfrac{1}{2x_0}$,$x_0y_0=\dfrac{1}{2}$ $\therefore AF=\sqrt{2}y_0$,$BE=\sqrt{2}x_0$,

$\therefore AF \cdot BE=\sqrt{2}y_0\sqrt{2}x_0=1$.

(2)直线 AB 的解析式为:$y=-x+1$,设平行于 AB 的直线为 $y=-x+b$,

由方程组 $\begin{cases} y=-x+b \\ y=\dfrac{1}{2x} \end{cases}$ 消去 y 整理得 $2x^2-bx+1=0$,$\Delta=4b^2-8=0$,

解得 $b_1=\sqrt{2}$,$b_2=-\sqrt{2}$(舍去).

当 $b=\sqrt{2}$ 时,方程组的解为 $\begin{cases} x=\dfrac{\sqrt{2}}{2} \\ y=\dfrac{\sqrt{2}}{2} \end{cases}$.所以所求的公共点坐标为 $(\dfrac{\sqrt{2}}{2},\dfrac{\sqrt{2}}{2})$;

【评注】本题是函数图像与几何问题,根据反比例函数图像上点的特点,用坐标表示线段,再结合函数图像和几何图形一起计算或证明,这种方法在反比例函数图像与几何问题中经常运用.

【例7】请你利用直角坐标平面上任意两点 (x_1,y_1),(x_2,y_2) 间的距离公式 $d=\sqrt{(x_2-x_1)^2+(y_2-y_1)^2}$,解答下列问题:

已知:反比例函数 $y=\dfrac{2}{x}$ 与正比例函数 $y=x$ 的图像交于 A、B 两点(A 在第一象限),点 $F_1(-2,-2)$,$F_2(2,2)$ 在直线 $y=x$ 上,设点 $P(x_0,y_0)$ 是反比例函数 $y=\dfrac{2}{x}$ 图像上的任意一点,记 P 与 F_1,F_2 两点的距离差 $d=|PF_1-PF_2|$,

(1)试比较线段 AB 的长度与 d 的大小,并由此归纳出双曲线的一个重要定义(用简练的语言表述)

(2)现请你在反比例函数第一象限内的分支上找一点 P,使点 P 到 $F_2(2,2)$,$C(6,4)$ 的距离之和最小,求出点 P 的坐标.

【解】(1)$d=|PF_1-PF_2|=\left|\sqrt{(x_0+2)^2+(\dfrac{2}{x_0}+2)^2}-\sqrt{(x_0-2)^2+(\dfrac{2}{x_0-2})^2}\right|4=\left|\sqrt{(x_0+\dfrac{2}{x_0}+2)^2}-\sqrt{(x_0+\dfrac{2}{x_0}-2)^2}\right|=\left||x_0+\dfrac{2}{x_0}+2|-|x_0+\dfrac{2}{x_0}-2|\right|$,当 $x_0>0$ 时,$x_0+\dfrac{2}{x_0}\geqslant 2\sqrt{2}$,有 $d=4$;当 $x_0<0$ 时,$x_0+\dfrac{2}{x_0}\leqslant -2\sqrt{2}$,有 $d=4$;故 $d=4$.

定义:到两定点的距离差的绝对值为定值的点的集合叫双曲线.

(2)由条件 $PF_2=PF_1-4$,∴$PF_2+PC=PF_1+PC-4$ 当 P,F_1,C 三点共线时最小,而直线 F_1C:$y=\dfrac{3}{4}x-\dfrac{1}{2}$,则由 $\begin{cases}y=\dfrac{3}{4}x-\dfrac{1}{2}\\y=\dfrac{2}{x}\end{cases}$ 解得 $\begin{cases}x=2\\y=1\end{cases}(x>0)$,所以所求点 P 的坐标为 $(2,1)$.

【评注】本题应用完全平方公式化简时,运算较繁,要注意运算方式:
$(x_0+2)^2+(\dfrac{2}{x_0}+2)^2=x_0^2+4x_0+4+(\dfrac{2}{x_0})^2+2\times\dfrac{2}{x_0}+4=(x_0+\dfrac{2}{x_0})^2+4(x_0+\dfrac{2}{x_0})+4=(x_0+\dfrac{2}{x_0}+2)^2$.去绝对值符号时,要对绝对值内代数式符号进行讨论.

【学力训练】

1. 如图,P_1,P_2,P_3 是双曲线上的三点,过这三点分别作 y 轴的垂线,得三个三角形 P_1A_1O,P_2A_2O,P_3A_3O,设它们的面积分别为 S_1,S_2,S_3,则(　　).

   A. $S_1<S_2<S_3$　　　　B. $S_2<S_1<S_3$　　　　C. $S_1<S_3<S_2$　　　　D. $S_1=S_2=S_3$

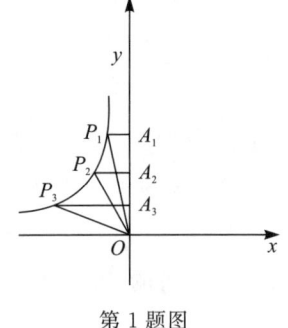

第1题图

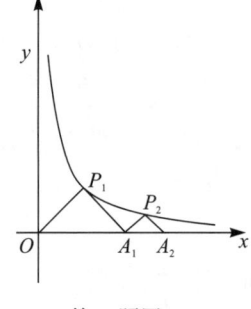

第2题图

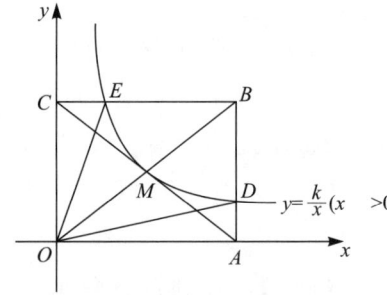

第3题图

2. 如图,$\triangle P_1OA_1$、$\triangle P_2A_1A_2$ 是等腰直角三角形,点 P_1、P_2 在函数 $y=\dfrac{4}{x}(x>0)$ 的图像上,斜边 OA_1、A_1A_2 都在 x 轴上,则点 A_2 的坐标是_____.

3. 如图,反比例函数 $y=\dfrac{k}{x}(x>0)$ 的图像经过矩形 $OABC$ 对角线的交点 M,分别与 AB、BC 交于点 D、E,若四边形 $ODBE$ 的面积为 9,则 k 的值为_____.

4. 如图,在第一象限内反比例函数 $y=\dfrac{1}{x}$ 的图像上有一点 P,过点 P 分别作 x 轴和 y 轴的垂线,垂足分别为 A、B,使四边形 $OAPB$ 为正方形,又在反比例函数的图像上有一点 P_1,过点 P_1 分别作 BP 和 y 轴的垂线,垂足分别为 A_1、B_1,使四边形 $BA_1P_1B_1$ 为正方形,则点 P_1 的坐标是_____.

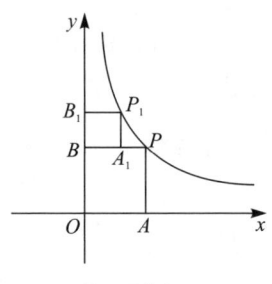

第4题图

5. 如图,双曲线 $y=\dfrac{2}{x}(x>0)$ 经过四边形 $OABC$ 的顶点 A、C,$\angle ABC=90°$,OC 平分 OA 与 x 轴正半轴的夹角,AB∥x

轴,将△ABC沿AC翻折后得△AB′C,B′点落在OA上,则四边形OABC的面积是_____.

6. 等腰 Rt△ABC 中∠C=90°,AC=BC=2√2,反比例函数 $y=\dfrac{3}{x}$ 图像与AB、BC分别交于D、E,且∠BDE=90°,则点E的坐标是_____.

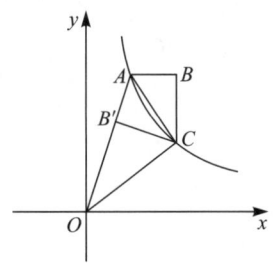
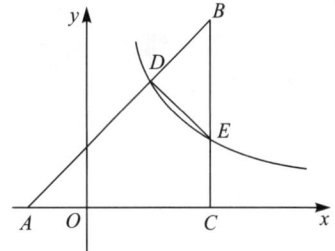

第5题图　　　　　第6题图

7. 如图,已知点A(2,2)是双曲线上一点,点B是双曲线上位于A点右下方的另一点,C是x轴上的点,且△ABC是以∠B为直角的等腰直角三角形.
(1)求点B的坐标;
(2)若直线AB与x轴、y轴分别交于M、N两点,求AN:BM的值.

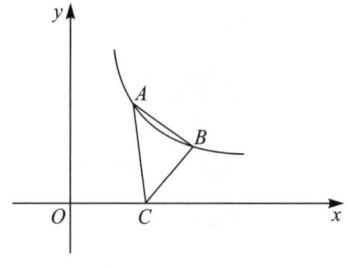

第7题图

8. 如图,双曲线 $y=\dfrac{5}{x}$ 在第一象限的一支上有一点C(1,5),过点C的直线 $y=-kx+b(k>0)$ 与x轴交于A(a,0),与y轴交于点B.
(1)求点A的横坐标a与k之间的函数关系式;
(2)当该直线与双曲线在第一象限的另一个交点D的横坐标是9时,求△COD的面积.

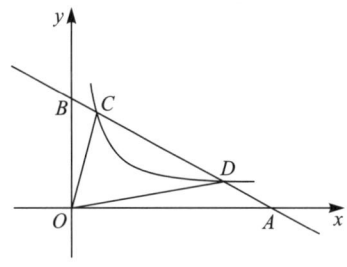

第8题图

9. 已知在矩形 $ABCD$ 中，$OB=4$，$OA=3$. 分别以 OB，OA 所在直线为 x 轴和 y 轴，建立如图所示的平面直角坐标系，F 是 BC 边上的一个动点（不与 B，C 重合），过 F 点的反比例函数 $y=\dfrac{k}{x}(k>0)$ 的图像与 AC 边交于点 E.

(1) 记 $S=S_{\triangle OEF}-S_{\triangle ECF}$，当 S 取最大值时，求 k 的值；

(2) 在(1)的条件下，若直线 EF 与 x 轴、y 轴分别交于点 M，N，求 $EM \cdot FN$ 的值.

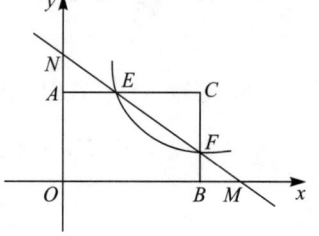

第9题图

10. 已知直线 $y=x$ 上一点 C，过 C 作 $CD \parallel y$ 轴交 x 轴于点 D，交双曲线 $y=\dfrac{k}{x}$ 于点 E，若 B 是 CD 的中点，且四边形 $OBCE$ 的面积为 $\dfrac{9}{2}$.

(1) 求 k 的值；

(2) 若 $A(3,3)$，M 是双曲线 $y=\dfrac{k}{x}$ 第一象限上任意一点，求证：$|MC|-|MA|=6$.

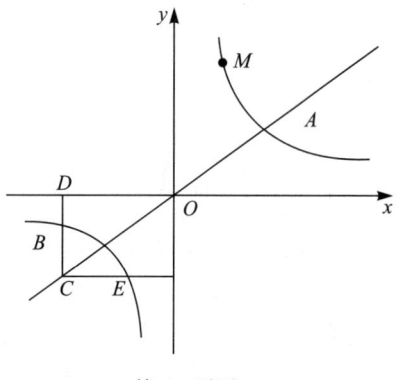

第10题图

第十一讲　全等三角形

【考点扫描】

全等三角形是平面几何内容的基础,这是因为全等三角形是研究特殊三角形、四边形等图形性质的有力工具,是解决线段、角相关问题的一个出发点,运用全等三角形,可以证明线段和差倍分、角相等、两直线位置关系等常见的几何问题.

判定两个三角形全等一般常用:边边边(SSS)、边角边(SAS)、角边角(ASA)、角角边(AAS)和直角三角形的斜边与直角边(HL)来判定.

常用定理:勾股定理、重心定理.

基本图形、基本结论:

  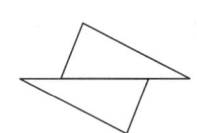 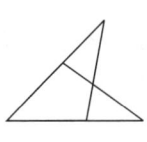 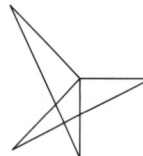

【典例精析】

【例 1】从一个等腰三角形纸片的底角顶点出发,能将其剪成两个等腰三角形纸片,则原等腰三角形纸片的底角等于_____.

【分析】设△ABC 是等腰三角形,$AB=AC$,BC 是底边,假设从 B 剪开,交 AC 于 D 点,有两种情况:(1)如图①,$AD=BD=BC$,可得 $\angle ABC=72°$;(2)如图②,$AD=DB$,$CB=CD$,则 $\angle ABC=(\frac{540}{7})°$.

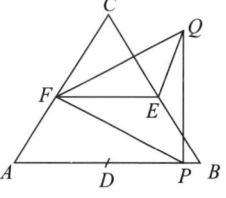

【答案】$72°$ 或 $(\frac{540}{7})°$.

【评注】本题求解的关键是添加辅助线,构造两个等腰三角形,分两种情况讨论,然后应用等腰三角形性质和"三角形内角和为 $180°$"等性质求解.

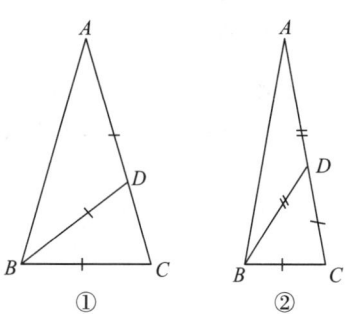

【例 2】如图,△ABC 和△FPQ 均为等边三角形,点 D,E,F 分别

是△ABC三边的中点,点P在AB边上,连接EF,QE.若AB=6,PB=1,则QE=_____.

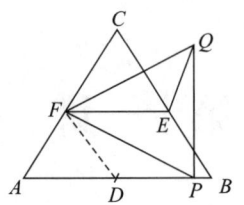

【分析】连接FD,则∠DFP=∠QFE=60°-∠EFP,∵点D,E,F分别是△ABC三边的中点,∴FD=EF,又∵△FPQ为等边三角形,∴FP=FQ,∴△FDP≌△FEQ,∴QE=DP=3-1=2.

【答案】2.

【评注】构造△FDP,得旋转三角形,即△FDP≌△FEQ,易解.

【例3】如图,已知AB=12,AB⊥BC于点B,AB⊥AD于点A,AD=5,BC=10,E是CD的中点,则AE的长是_____.

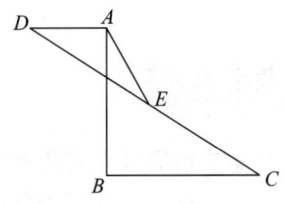

【分析】延长AE交BC于点F,易证△EAD≌△EFC.得CF=AD=5,∴BF=5,∴AE=$\frac{1}{2}$AF=$\frac{1}{2}\sqrt{AB^2+BF^2}$=$\frac{13}{2}$.

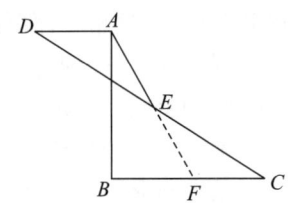

【答案】$\frac{13}{2}$.

【评注】添加辅助线,构造△EAD≌△EFC是本题求解的关键.

【例4】O为△ABC内一点,AO、BO、CO及其延长线把△ABC分成六个小三角形,它们的面积如图所示,则$S_{\triangle ABC}$=_____.

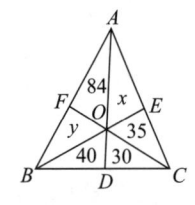

【分析】$\frac{S_{\triangle ABD}}{S_{\triangle ACD}}=\frac{BD}{CD}=\frac{S_{\triangle OBD}}{S_{\triangle OCD}}$,$\frac{S_{\triangle ABO}}{S_{\triangle AEO}}=\frac{BO}{OE}=\frac{S_{\triangle OBC}}{S_{\triangle OCE}}$.

由题意得,∵$\frac{y+84+40}{x+35+30}=\frac{40}{30}$,$\frac{y+84}{x}=\frac{40+30}{35}$,解得x=70,y=56,

∴$S_{\triangle ABC}$=84+y+40+30+35+x=315.

【答案】315.

【评注】两个等高的三角形面积的比等于它们对应边的比.

【例5】如图,已知点D为等腰直角△ABC内一点,∠CAD=∠CBD=15°,E为AD延长线上的一点,且CE=CA.

(1)求证:DE平分∠BDC;

(2)若点M在DE上,且DC=DM,求证:ME=BD.

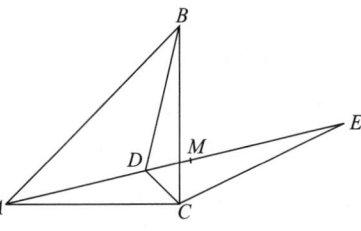

【分析】(1)易证△BDC≌△ADC,可得∠DCA=∠DCB=45°.然后证明∠BDM=∠EDC=60°即可.

(2)连接MC,要证ME=BD,只要证△ADC≌△EMC即可.

【解】证明:(1)在等腰直角△ABC中,

∵∠CAD=∠CBD=15°,∴∠BAD=∠ABD=45°-15°=30°,∴BD=AD,

∴△BDC≌△ADC,

∴∠DCA=∠DCB=45°.

由∠BDM=∠ABD+∠BAD=30°+30°=60°,∠EDC=∠DAC+∠DCA=15°+45°=60°,

∴∠BDM=∠EDC,

∴DE 平分∠BDC;

(2)如图,连接 MC,

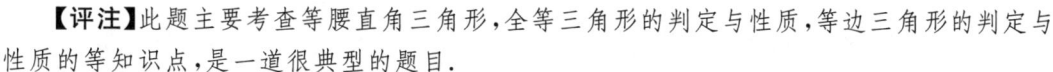

∵DC=DM,且∠MDC=60°,∴△MDC 是等边三角形,即 CM=CD.

又∵∠EMC=180°−∠DMC=180°−60°=120°,

∠ADC=180°−∠MDC=180°−60°=120°,

∴∠EMC=∠ADC.

又∵CE=CA,∴∠DAC=∠CEM=15°,

∴△ADC≌△EMC,

∴ME=AD=DB.

【评注】此题主要考查等腰直角三角形,全等三角形的判定与性质,等边三角形的判定与性质的等知识点,是一道很典型的题目.

【例 6】 如图,G 为△ABC 重心,已知 GA=5,GB=12,GC=13,求△ABC 边 AB 上的高.

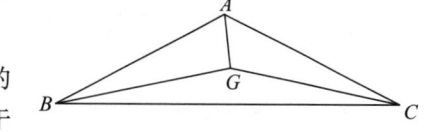

【分析】求△ABC 边 AB 上的高,关键是求△ABC 的面积,及边 AB 的长.延长 CG 至 M,使 CG=MG,交 AB 于 E,并延长 BG,交 AC 于 D,构造得△AMG 为 Rt△.这样,可求△ABG 也是 Rt△,易解.

【解】延长 CG 至 M,使 MG=CG,交 AB 与 E,并延长 BG,交 AC 于 D,

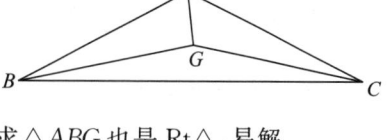

根据重心定理得,GD=6,GE=6.5,∴AM=12,GM=13,∴△AMG 为 Rt△,

∵ME=GE=6.5,

∴AE=6.5=BE,AB=13,

∴△ABG 为 Rt△,

∴$S_{\triangle ABG}=\frac{1}{2}\times 12\times 5=30$,

则 $S_{\triangle ABC}==90$.

∴△ABC 边 AB 上的高,$h=\frac{2S_{\triangle ABC}}{AB}=\frac{180}{3}$.

【评注】本题应用重心定理,构造直角三角形,再应用三角形面积公式关系,得到最后结果.

【例 7】 如图,在梯形 ABCD 中,AD∥BC,AB=CD,分别以 AB,CD 为边向外作等边三角形 ABE 和等边三角形 DCF,连接 AF,DE.

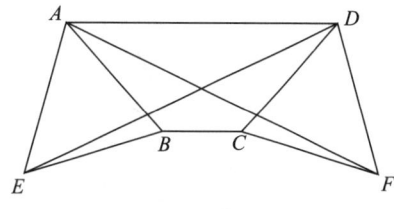

(1)求证:AF=DE;

(2)若∠BAD=45°,AB=a,△ABE 和△DCF 的面积之和等于梯形 ABCD 的面积,求 BC 的长.

【分析】本题(1)中,思考思路应从结论入手,要证 AF=DE;只要证△AED≌△DFA(SAS)即可.(2)设 BC=x,由△ABE 和△DCF 的面积之和等于梯形 ABCD 的面积的关系，构建关于 x 方程求解．

【解】(1)证明：在梯形 $ABCD$ 中，$AD \parallel BC$，$AB=CD$，

∴$\angle BAD=\angle CDA$，

而在等边三角形 ABE 和等边三角形 DCF 中，$AB=AE$，$DC=DF$，且 $\angle BAE=\angle CDF=60°$，

∴$AE=DF$，$\angle EAD=\angle FDA$，$AD=DA$，

∴$\triangle AED \cong \triangle DFA$(SAS)，

∴$AF=DE$；

(2)解：如图作 $BH \perp AD$，$CK \perp AD$，

∵$\angle BAD=45°$，

∴$BC=HK$，$\angle HAB=\angle KDC=45°$，设 $BC=x$，

∴$AB=a=\sqrt{2}AH=\sqrt{2}BH$，

同理 $CD=a=\sqrt{2}CK=\sqrt{2}KD$，

∴$AD=\dfrac{\sqrt{2}}{2}a \times 2+x$，$BH=\dfrac{\sqrt{2}}{2}a$，

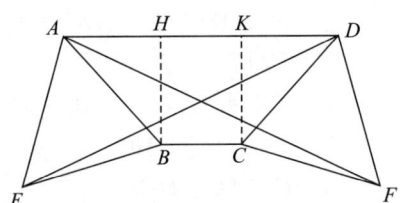

$$S_{梯形ABCD}=\dfrac{(AD+BC) \cdot HB}{2}=\dfrac{(\dfrac{\sqrt{2}}{2}a \times 2+2x) \cdot \dfrac{\sqrt{2}}{2}a}{2}=\dfrac{a^2+\sqrt{2}xa}{2}，$$

而 $S_{\triangle ABE}=S_{\triangle DCF}=\dfrac{\sqrt{3}}{4}a^2$，

∴$BC=x=(\dfrac{\sqrt{6}}{2}-\dfrac{\sqrt{2}}{2})a$．

【评注】证明两线段相等，一般常用全等三角形的判定、性质定理来证明；另外，用方程思想来解决几何问题，在几何计算或证明中经常运用．

【例8】两个大小相同且含 $30°$ 角的三角板 ABC 和 DEC 如图①摆放，使直角顶点重合．将图①中 $\triangle DEC$ 绕点 C 逆时针旋转 $30°$ 得到图②，点 F、G 分别是 CD、DE 与 AB 的交点，点 H 是 DE 与 AC 的交点．

(1)不添加辅助线，写出图②中所有与 $\triangle BCF$ 全等的三角形；

(2)将图②中的 $\triangle DEC$ 绕点 C 逆时针旋转 $45°$ 得 $\triangle D_1E_1C$，点 F、G、H 的对应点分别为 F_1、G_1、H_1，如图③．探究线段 D_1F_1 与 AH_1 之间的数量关系，并写出推理过程；

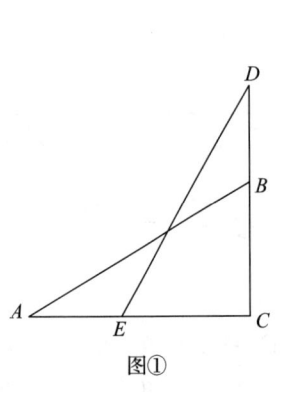

图①

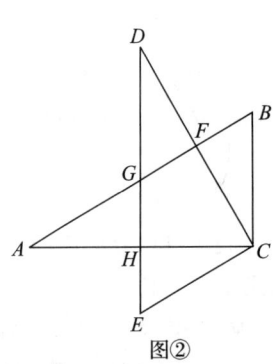

图②

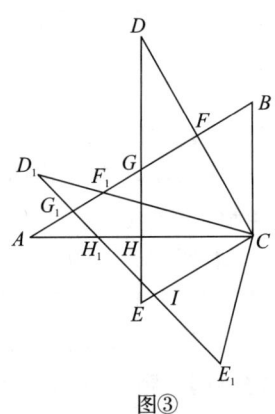

图③

(3)在(2)的条件下,若 D_1E_1 与 CE 交于点 I,求证:$G_1I=CI$.

【分析】(1)观察图形,根据全等三角形的判定定理,即可得与 $\triangle BCF$ 全等的有 $\triangle GDF$、$\triangle GAH$、$\triangle ECH$;(2)利用 SAS 即可判定 $\triangle AF_1C \cong \triangle D_1H_1C$,则可得对应线段相等,即可求得 $D_1F_1=AH_1$;(3)首先连接 CG_1,利用 AAS 即可证得 $\triangle D_1G_1F_1 \cong \triangle AG_1H_1$. 然后可证得

$\triangle CG_1F_1 \cong \triangle CG_1H_1$. 又由平行线的性质即可得证.

【解】(1)图②中与 $\triangle BCF$ 全等的有 $\triangle GDF$、$\triangle GAH$、$\triangle ECH$.

(2)$D_1F_1=AH_1$.

$\because \begin{cases} \angle A=\angle D_1=30° \\ CA=CD_1 \\ \angle F_1CH_1=\angle F_1CH_1 \end{cases}$,

$\therefore \triangle AF_1C \cong \triangle D_1H_1C$.

$\therefore F_1C=H_1C$,又 $CD_1=CA$,$\therefore CD_1-F_1C=CA-H_1C$.

即 $D_1F_1=AH_1$.

(3)连接 CG_1. 在 $\triangle D_1G_1F_1$ 和 $\triangle AG_1H_1$ 中,

$\because \begin{cases} \angle D_1=\angle A \\ \angle D_1G_1F_1=\angle AG_1H_1 \\ D_1F_1=AH_1 \end{cases}$

$\therefore \triangle D_1G_1F_1 \cong \triangle AG_1H_1$. $\therefore G_1F_1=G_1H_1$,

又 $\because H_1C=F_1C,G_1C=G_1C$,

$\therefore \triangle CG_1F_1 \cong \triangle CG_1H_1$. $\therefore \angle 1=\angle 2$.

$\because \angle B=60°$,$\angle BCF=30°$,$\therefore \angle BFC=90°$.

又 $\because \angle DCE=90°$,$\therefore \angle BFC=\angle DCE$,

$\therefore BA \parallel CE$,$\therefore \angle 1=\angle 3$,$\therefore \angle 2=\angle 3$,

$\therefore G_1I=CI$.

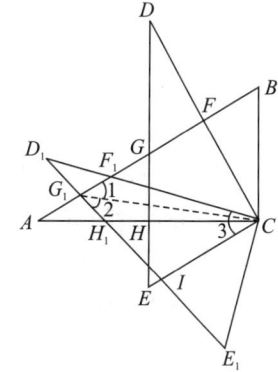

【评注】此题考查了全等三角形的判定与性质以及旋转的性质,平行线的性质等知识. 本题综合性较强,解题的关键是注意数形结合思想的应用,准确构造辅助线给解题会带来事半功倍的效果.

【学力训练】

1. 已知直角三角形的周长为14,斜边上的中线长为3,则直角三角形的面积为( ).
   A. 6　　　　　　B. 7　　　　　　C. 8　　　　　　D. 9

2. 若直角三角形的两条直角边长为 a、b,斜边长为 c,斜边上的高为 h,则有( ).
   A. $ab=h$　　B. $\dfrac{1}{a}+\dfrac{1}{b}=\dfrac{1}{h}$　　C. $\dfrac{1}{a^2}+\dfrac{1}{b^2}=\dfrac{1}{h^2}$　　D. $a^2+b^2=2h^2$

3. 已知等腰三角形 ABC 中,$AB=AC$,D 为 BC 边上一点,连接 AD,若 $\triangle ACD$ 和 $\triangle ABD$ 都是等腰三角形,则 $\angle C$ 的度数是_____.

4. 如图,四边形 $ABCD$ 中,AC,BD 是对角线,$\triangle ABC$ 是等边三角形,$\angle ADC=30°$,

$AD=3$，$BD=5$，则 CD 的长为_____.

5. 如图，在△ABC 中，$AB=AC$，CM 平分∠ACB 交于点 N，$AD⊥BC$ 于点 D，$ME⊥BC$ 于点 E，$MF⊥MC$ 与 BC 交于点 F，若 $CF=10$，则 $DE=$_____.

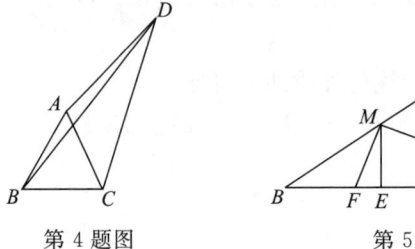

第 4 题图   第 5 题图

6. 在△ABC 中，∠ACB=90°，∠A=20°，如图，将△ABC 绕点 C 按逆时针方向旋转角 α 到△A′B′C 的位置，其中 A′、B′分别是 A、B 的对应点，B 在 A′B′上，CA′交 AB 于 D. 求∠BDC 的度数.

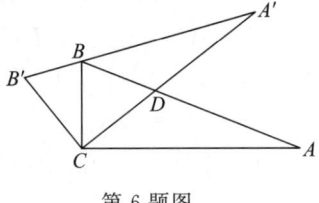

第 6 题图

7. 如图，△ABC 中，∠ACB=90°，$AB=6$，G 是△ABC 的重心，连结 AG、BG、CG.

(1) 当直角边 AC 的长度变化时，线段 AG、GG、CG 的长度是否随之变化？若有不变的求出其中长度不变的线段的长；

(2) 设 $AC=x$，$AG=y$，求 y 关于 x 的函数解析式，并求出自变量 x 的取值范围；

(3) △ACG 是否能成为等腰三角形？若能，求出此时 AC 的长，若不能请说明理由.

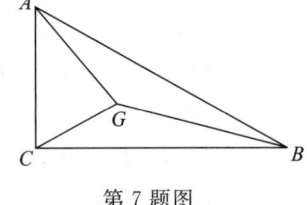

第 7 题图

8. 如图，等边△ABC 中，AO 是∠BAC 的角平分线，D 为 AO 上一点，以 CD 为一边且在 CD 下方作等边△CDE，连接 BE.

(1) 求证：△ACD≌△BCE；

(2) 延长 BE 至 Q，P 为 BQ 上一点，连接 CP、CQ 使 $CP=CQ=5$，若 $BC=8$ 时，求 PQ 的长.

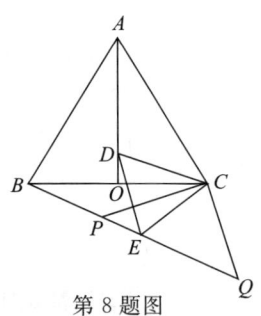

第 8 题图

第十二讲　四边形

【考点扫描】

四边形的主要研究对象是平行四边形、矩形、菱形、正方形、梯形等特殊的四边形.

由平行四边形的结构知,平行四边形可以分解为一些全等的三角形,并且包含着平行线的有关性质,因此,平行四边形是全等三角形知识和平行线性质的有机结合,平行四边形包括矩形、菱形、正方形.但要注意平行四边形、矩形、菱形、正方形的判定定理、性质定理之间联系与区别.

与平行四边形一样,梯形也是一种特殊的四边形,其中等腰梯形与直角梯形占有重要地位,通过作辅助线,把梯形转化为三角形、平行四边形,这是解梯形问题的基本思路.

梯形辅助线添法的基本图形、基本结论:

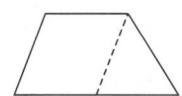 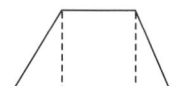  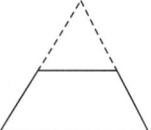 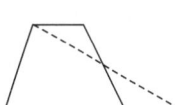

【典例精析】

【例1】 如图,直角梯形 $ABCD$ 中,$AD \parallel BC$,$AB \perp BC$,$AD=3$,$BC=5$,将腰 DC 绕点 D 方向旋转 $90°$ 至 DE,连接 AE,$\triangle ADE$ 的面积是_____.

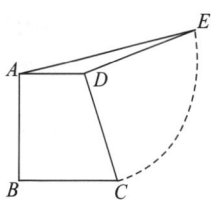

【分析】 过 E 作 $EF \perp AD$ 交 AD 的延长线于点 F,过 D 作 $DG \perp BC$,垂足为 G,则 $\triangle DCG \cong \triangle DEF$,$\therefore EF=CG=2$,$\therefore \triangle ADE$ 的面积为 3.

【答案】 3.

【评注】 本题求解的关键是添加辅助线,构造全等三角形.

【例2】 如图所示,已知 $\triangle ABC$ 的面积为 24,点 D 在线段 AC 上,点 F 在线段 BC 上,且 $BC=4CF$,四边形 $DCFE$ 是平行四边形,则图中阴影部分的面积为_____.

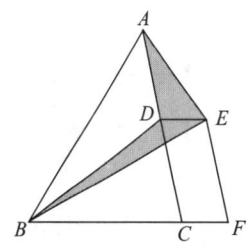

【分析】 $S_{阴影} = \dfrac{1}{4} S_{\triangle ABC} = 6$.

【答案】 6.

【评注】△ADE 与 △BDE 的 EF 边上的高的和等于 △ABC 的边 BC 的高.

【例 3】将矩形纸片 ABCD 如图那样折叠,使顶点 B 与顶点 D 重合,折痕为 EF.若 $AB=\sqrt{3}$,$AD=3$,则 △DEF 的周长为_____.

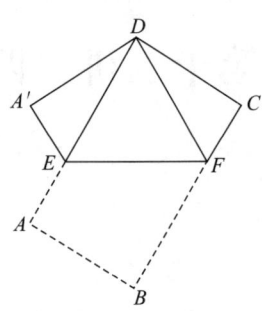

【分析】连结 BD 交 EF 于点 G,∵$AB=\sqrt{3}$,$AD=3$,∴$BD=2\sqrt{3}$,$\angle BDA=30°$,由折叠知,$A'E=AE$,$A'D=AB$,$DF=BF$,∴$\angle DBF=\angle BDF=\angle BDA=30°$,又∵$DG=BG$,$EF\perp BD$,易得 △DCF≌△DGF,△DEA'≌△DEG,∴$FG=FC$,∴$EG=A'E=AE$,

∴△DEF 的周长 $=DE+EF+DF=DA+BC=6$.

【答案】6.

【评注】利用辅助线构造全等三角形,再利用全等三角形的性质进行证明,这往往使解答过程变得简洁.

【例 4】如图,在四边形 ABCD 中,$\angle B=135°$,$\angle C=120°$,$AB=2\sqrt{3}$,$BC=4-2\sqrt{2}$,$CD=4\sqrt{2}$,则 AD 边的长为_____.

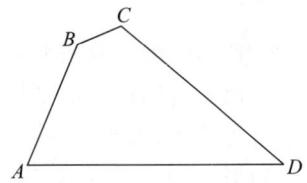

【分析】如图,过点 A,D 分别作 AE,DF 垂直于直线 BC,垂足分别为 E,F. 过点 A 作 $AG\perp DF$ 于点 G. 由已知可得 $AE=EB=\sqrt{6}$,$CF=2\sqrt{2}$,$DF=2\sqrt{6}$,∴$AG=EF=4+\sqrt{6}$,∴$AD=\sqrt{(4+\sqrt{6})^2+(\sqrt{6})^2}=2+2\sqrt{6}$.

【答案】$2+2\sqrt{6}$.

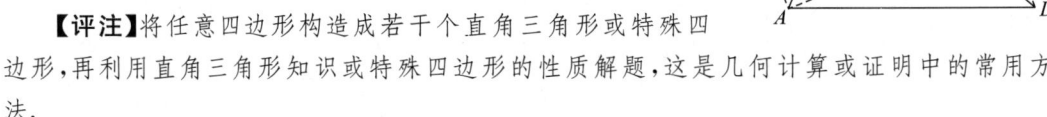

【评注】将任意四边形构造成若干个直角三角形或特殊四边形,再利用直角三角形知识或特殊四边形的性质解题,这是几何计算或证明中的常用方法.

【例 5】如图,边长为 1 的正方形 EFGH 在边长为 3 的正方形 ABCD 所在平面内移动,始终保持 $EF\parallel AB$,线段 CF、DH 的中点分别是 M、N,则线段 MN=_____.

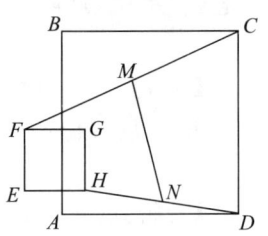

【分析】连接 CG,取 CG 的中点 P,连 MP、PN,则 MP 是 △CFG 的中位线,∴$MP=\frac{1}{2}FG=\frac{1}{2}$,PN 是梯形 GHDC 的中位线,∴$PN=\frac{1}{2}(GH+CD)=2$,且 $MP\perp PN$,∴$MN=\sqrt{(\frac{1}{2})^2+2^2}=\frac{\sqrt{17}}{2}$.

【答案】$\frac{\sqrt{17}}{2}$.

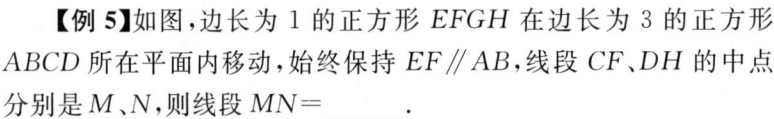
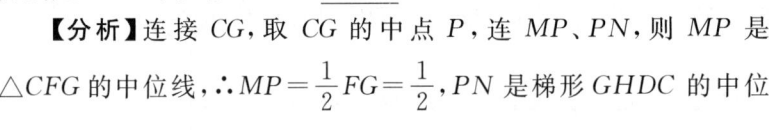

【评注】本题解答的关键是添加 △CFG 的中位线 MP 及是梯形 GHDC 的中位线 PN,构造 Rt△MNP.

【例 6】如图,在矩形 ABCD 中,E、F 分别是 BC、CD 边上的点,已知 $S_{\triangle ABE}=2$,$S_{\triangle EFC}=3$,

$S_{\triangle ADF}=4$,则△AEF 的面积为_____.

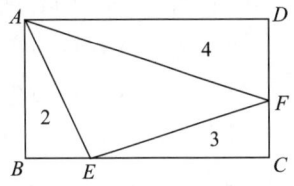

【分析】直接计算△AEF 的面积比较困难,我们可以设法求出矩形 ABCD 的面积. 设 $AB=a,AD=b$, 则 $BE=\dfrac{4}{a},DF=\dfrac{8}{b}$, 从而 $EC=b-\dfrac{4}{a},FC=a-\dfrac{8}{b}$. 利用 $S_{\triangle EFC}=3$, ∴$(b-\dfrac{4}{a})(a-\dfrac{8}{b})=6$, 则 $ab-8-4+\dfrac{32}{ab}=6$, 解得 $ab=16$ 或 $ab=2$(舍去), ∴△AEF 的面积 $=16-2-3-4=7$.

【答案】7.

【评注】为了方便,我们设了两个未知数 a,b, 但在解答过程中,并没有具体求出 a,b 的值,而是把 ab 看作一个整体,这就为问题的解决带来方便.

【例7】矩形 ABCD 中,$AB=4,AD=3$,P,Q 是对角线 BD 上不重合的两点, 点 P 关于直线 AD,AB 的对称点分别是点 E,F, 点 Q 关于直线 BC,CD 的对称点分别是点 G,H. 若由点 E,F,G,H 构成的四边形恰好为菱形,则 PQ 的长为_____.

【分析】由矩形 ABCD 中,$AB=4,AD=3$, 可得对角线 $AC=BD=5$. 依题意画出图形,如右图所示. 由轴对称性质可知, $\angle PAF+\angle PAE=2\angle PAB+2\angle PAD=2(\angle PAB+\angle PAD)=180°$, ∴点 A 在菱形 EFGH 的边 EF 上. 同理可知, 点 B、C、D 均在菱形 EFGH 的边上. ∵$AP=AE=AF$, ∴点 A 为 EF 中点. 同理可知, 点 C 为 GH 中点. 连接 AC, 交 BD 于点 O, 则有 $AF=CG$, 且 $AF\parallel CG$, ∴四边形 ACGF 为平行四边形, ∴$FG=AC=5$, 即菱形 EFGH 的边长等于矩形 ABCD 的对角线长. ∴$EF=FG=5$, ∵$AP=AE=AF$, ∴$AP=\dfrac{1}{2}EF=2.5$, ∴$OA=\dfrac{1}{2}AC=2.5$, ∴$AP=AO$, 即△APO 为等

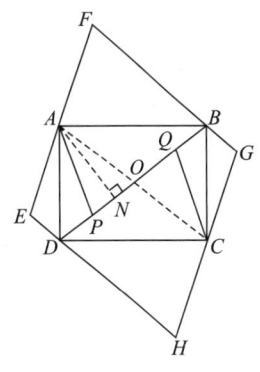

腰三角形. 过点 A 作 $AN\perp BD$ 交 BD 于点 N, 则点 N 为 OP 的中点. 由∴$OP=2ON=1.4$; 由 $S_{\triangle ABD}=\dfrac{1}{2}AB\cdot AD=\dfrac{1}{2}BD\cdot AN$, 可求得 $AN=2.4$. 在 Rt△AON 中, 由勾股定理, 得 $ON=\sqrt{OA^2-AN^2}=\sqrt{2.5^2-2.4^2}=0.7$, ∴$OP=2ON=1.4$, 同理可求得: $OQ=1.4$, ∴$PQ=OP+OQ=1.4+1.4=2.8$.

【答案】2.8.

【评注】本题解答的要点如下:(1)证明矩形的四个顶点 $A、B、C、D$ 均在菱形 EFGH 的边上, 且点 $A、C$ 分别为各自边的中点;(2)证明菱形的边长等于矩形的对角线长;(3)求出线段 AP 的长度, 证明△AOP 为等腰三角形;(4)利用勾股定理求出线段 OP 的长度;(5)同理求出 OQ 的长度, 从而得到 PQ 的长度.

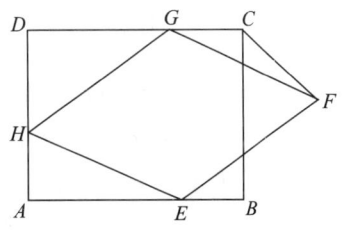

【例8】已知, 如图, 在矩形 ABCD 中, $AD=6,DC=7$, 菱形 EFGH 有三个顶点 E,G,H 分别在矩形 ABCD 的边 AB, CD, DA 上, $AH=2$, 连接 CF.

(1)当四边形 EFGH 为正方形时,求 DG 的长;

(2)当△FCG 的面积为 1 时,求 DG 的长;

(3)当△FCG 的面积最小时,求 DG 的长.

【分析】(1)证△AHE≌△DGH 即可;(2)由面积公式知,本小题的关键求出△GFC 的 GC 边上的高;(3)由(2)知 CG 边上的高不变为 2,要使△FCG 的面积最小,只要使 CG 最短,即使 DG 最长即可.

【解】(1)由△AHE≌△DGH,得 DG=AH=2.

(2)作 FM⊥DC,交 DC 的延长线于点 M,连接 GE,

又∵∠HEG=∠FGE,∵AB∥CD,∴∠AEH=∠MGF,EH=GF,

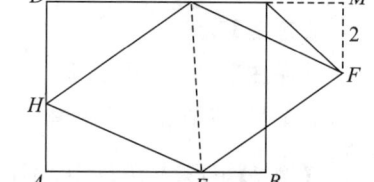

∴Rt△AHE≌Rt△MFG,

∴FM=HA=2.

即无论菱形 EFGH 如何变化,点 F 到直线 CD 的距离始终为定值 2.

因此 $S_{\triangle FCG}=\frac{1}{2}\times 2\times GC=1$,解得 GC=1,

∴DG=6;

(3)设 DG=x,则由(2)得 $S_{\triangle FCG}=7-x$,

又△AHE 中,AE≤AB=7,

∴$HE^2\leq 53, x^2+16\leq 53, x\leq\sqrt{37}$,

∴$S_{\triangle FCG}$ 的最小值为 $7-\sqrt{37}$,此时 $DG=\sqrt{37}$.

【评注】第(3)小题中,这种转化思想在几何计算或证明中经常运用.

【学力训练】

1. 用三种边长相等的正多边形地砖铺地,其顶点拼在一起,刚好能完全铺满地面.已知正多边形的边数为 x、y、z,则 $\frac{1}{x}+\frac{1}{y}+\frac{1}{z}$ 的值为_____.

2. 如图,边长为 1 的正方形 ABCD 绕点 A 逆时针旋转 30°到正方形 AB'C'D',图中阴影部分的面积为( ).

A. $1-\frac{\sqrt{3}}{3}$ B. $\frac{\sqrt{3}}{3}$

C. $1-\frac{\sqrt{3}}{4}$ D. $\frac{1}{2}$

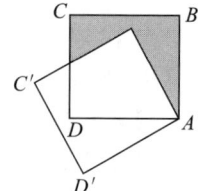

第 2 题图

3. 如图,正方形 ABCD 的边长为 4 cm,E 是 AD 中点,F 是 EC 中点,BD 是对角线,那么△BDF 的面积为_____cm.

4. 如图,梯形 ABCD 中,AD∥BC,E 为 BC 上任意一点,连接 AE、DE,G_1、G_2、G_3 分别为△ABE、△ADE、△DEC 的重心,BC=2AD=12,梯形的高是 6,则△$G_1G_2G_3$ 的面积是_____.

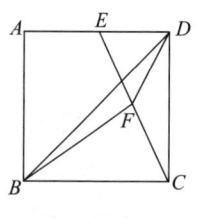

第 3 题图

5. 如图所示,正方形 $ABCD$ 的面积为 12,$\triangle ABE$ 是等边三角形,点 E 在正方形 $ABCD$ 内,在对角线 AC 上有一点 P,使 $PD+PE$ 的值最小,则这个最小值为_____.

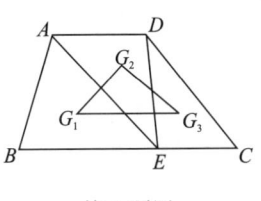

第 4 题图

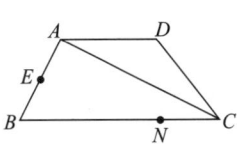

第 5 题图

第 6 题图

6. 如图,已知梯形 $ABCD,AD\parallel BC,AD=DC=4,BC=8$,点 N 在 BC 上,$CN=2$,E 是 AB 中点,在 AC 上找一点 M 使 $EM+MN$ 的值最小,此时其最小值一定等于_____.

7. 如图所示,正方形 $ABCD$ 与正三角形 AEF 的顶点 A 重合,将 $\triangle AEF$ 绕顶点 A 旋转(可以在正方形的内部也可以在正方形的外部),在旋转过程中,当 $BE=DF$ 时,$\angle BAE$ 的大小可以是_____.

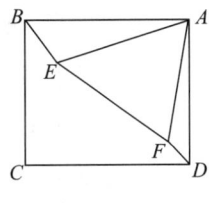

第 7 题图

8. 四边形 $ABCD$ 中,设 $AB=a,BC=b,CD=c,DA=d$,若 $a^4+b^4+c^4+d^4=4abcd$

(1) 判断四边形 $ABCD$ 形状,并说明理由;
(2) 若 $a=2$,求四边形 $ABCD$ 面积的最大值,并指出此时四边形 $ABCD$ 的形状.

9. 如图,在菱形 $ABCD$ 中,E 为边 BC 的中点,DE 与对角线 AC 交于点 M,过点 M 作 $MF\perp CD$ 于点 F,$\angle 1=\angle 2$. 求证:(1) $DE\perp BC$;(2) $AM=DE+MF$.

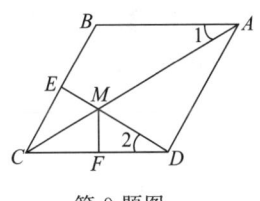

第 9 题图

10. 如图,梯形 $ABCD$ 中,$AD\parallel BC,AB=BC=DC$,点 E、F 分别在 AD、AB 上,且 $\angle FCE=\dfrac{1}{2}\angle BCD$.

(1) 求证:$BF=EF-ED$;
(2) 连结 AC,若 $\angle B=80°$,$\angle DEC=70°$,求 $\angle ACF$ 的度数.

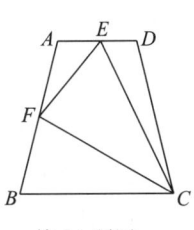

第 10 题图

第十三讲　二次函数

【考点扫描】

抛物线的解析式有下列三种形式：

1. 一般式：$y = ax^2 + bx + c (a \neq 0)$；
2. 顶点式：$y = a\left(x + \dfrac{b}{2a}\right)^2 + \dfrac{4ac - b^2}{4a}$，它的顶点坐标($-\dfrac{b}{2a}, \dfrac{4ac-b^2}{4a}$)；
3. 交点式：$y = a(x - x_1)(x - x_2)$，这里 x_1, x_2 是抛物线与 x 轴交点的横坐标.

二次函数 $y = ax^2 + bx + c$ 的图像与 x 轴的交点为 $A(x_1, 0), B(x_2, 0)$，则 $|AB| = |x_2 - x_1| = \dfrac{\sqrt{\Delta}}{|a|}$（判别式 $\Delta = b^2 - 4ac$）；两点间的距离公式：若 $A(x_1, y_1), B(x_2, y_2)$ 为平面直角坐标系中的两个点，则 $|AB| = \sqrt{(x_2 - x_1)^2 + (y_2 - y_1)^2}$.

【典例精析】

【例1】已知二次函数 $y = ax^2 + bx + c$ 的图像如图所示，则下列5个代数式：abc、$a+b+c$、$a-b+c$、$2a+b$、$2a-b$ 中，其值为正的式子的个数是(　　).

A. 2个　　　　B. 3个　　　　C. 4个　　　　D. 5个

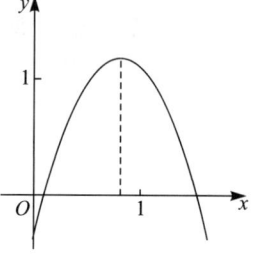

【分析】由图像知，抛物线的开口下，则 $a < 0$ 确定，对称轴直线 $x = -\dfrac{b}{2a}$ 在 y 的右侧且 $a < 0$，所以 $b > 0$；抛物线与 y 轴的交点在 x 轴下方，则 $c < 0$；所以 $abc > 0$. 当 $x = 1$ 时，图像在 x 轴上方，所以 $y = a + b + c > 0$. 当 $x = -1$ 时，图像在 x 轴下方，所以 $y = a - b + c < 0$. 因为 $x = -\dfrac{b}{2a} < 1, a < 0$，所以 $-b > 2a, 2a + b < 0$. 因为 $a < 0, b > 0$，所以 $2a - b < 0$.

【答案】A.

【评注】由抛物线 $y = ax^2 + bx + c$ 的图像特征确定一些特殊代数式的符号常用以下判别程序：由抛物线的开口方向确定 a 的符号，由对称轴直线 $x = -\dfrac{b}{2a}$ 的位置及开口方向确定 b 的符号，由抛物线与 y 轴的交点确定 c 的符号，常令 $x = 1$ 确定 $a + b + c$ 的符号，令 $x = -1$ 确定 $a - b + c$ 的符号，由抛物线与 x 轴的交点个数确定 $b^2 - 4ac$ 的符号.

【例2】已知二次函数 $y=ax^2+bx+c$ 的图像过点 $A(1,2),B(3,2),C(5,7)$.若点 $M(-2,y_1),N(-1,y_2),K(8,y_3)$ 也在二次函数 $y=ax^2+bx+c$ 的图像上,则 y_1,y_2,y_3 从小到大的顺序为_____.

【分析】由两点 $A(1,2),B(3,2)$ 的纵坐标相同,结合图像可得对称轴是直线 $x=2$,画出过点 A,B,C 三点的二次函数图像不难发现抛物线 $y=ax^2+bx+c$ 的图像开口向上,且离直线 $x=2$ 的距离越近函数值越小.

【答案】$y_2<y_1<y_3$

【评注】作出函数图像,根据图像性质解题是求这类问题的常见方法,注意数形结合思想在函数问题中的灵活运用.

【例3】已知关于 x 的二次函数 $y=x^2-(m-1)x+m^2+3m+4$.

(1)探究 m 满足不同条件时,二次函数的图像与 x 轴的交点个数情况;

(2)设二次函数的图像与 x 轴的交点为 $A(x_1,0),B(x_2,0)$ 且 $x_1^2+x_2^2=5$,与 y 轴的交点为 C,它的顶点为 M,求直线 CM 的解析式.

【分析】(1)对判别式进行分类讨论;(2)应用根与系数的关系,构建关于参数 m 的方程,求解.

【解】(1)$\Delta=-16m-15$,

当 $m<-\dfrac{15}{16}$ 时,函数图像与 x 轴有两个交点;

当 $m=-\dfrac{15}{16}$ 时,函数图像与 x 轴只有一个交点;

当 $m>-\dfrac{15}{16}$ 时,函数图像与 x 轴没有交点.

(2)由根与系数的关系得

$x_1+x_2=2m-1,x_1x_2=m^2+3m+4,x_1^2+x_2^2=(x_1+x_2)^2-2x_1x_2$

$=(2m-1)^2-2(m^2+3m+4)=2m^2-10m-7$.

$\because x_1^2+x_2^2=5,\therefore 2m^2-10m-7=5$.

解得 $m_1=6,m_2=-1$.

$\because m<-\dfrac{15}{16},\therefore y=x^2+3x+2$.

令 $x=0$ 得 $y=2$,二次函数的图像与 y 轴的交点为 $C(0,2)$,

又 $y=x^2+3x+2=\left(x+\dfrac{3}{2}\right)^2-\dfrac{1}{4}$,

$\therefore$ 顶点为 $M\left(-\dfrac{3}{2},-\dfrac{1}{4}\right)$.

故直线 CM 的解析式为 $y=\dfrac{3}{2}x+2$.

【评注】(1)本题是利用二次函数与 x 轴的交点是所对应的二次方程的根,结合根判别式的符号得出结果;(2)式子 $x_1^2+x_2^2=5$ 是关于 x_1,x_2 的轮换对称式,可由根与系数的关系来构建关于参数 m 的方程,进而求解.

【例4】已知抛物线 $y=ax^2+bx+c$ 过点 $(-1,1)$,且对于任意的实数 x,有 $4x-4\leqslant ax^2$

$+bx+c \leqslant 2x^2-4x+4$ 恒成立.

(1)求 $4a+2b+c$ 的值;

(2)求 $y=ax^2+bx+c$ 的解析式;

(3)设点 $M(x,y)$ 是抛物线上任一点,点 $B(0,2)$,求线段 MB 的长度的最小值.

【分析】(1) $x=2$ 时, $y_1=4x-4|_{x=2}=4$, $y_2=ax^2+bx+c|_{x=2}=4a+2b+c$, $y_3=2x^2-4x+4|_{x=2}=4$; (2)由 $y=ax^2+bx+c$ 过点 $(-1,1)$,且 $x=2$ 时 $y=4$,根据题意 $y_1=4x-4$ 与 $y_2=ax^2+bx+c$ 只有一个交点,则 $\Delta=0$,由这三个条件构建方程组,可以解得结果; (3)利用两点间距离公式进行求解.

【解】(1) $\because 4x-4 \leqslant ax^2+bx+c \leqslant 2x^2-4x+4$,

当 $x=2$ 时,有 $4 \leqslant 4a+2b+c \leqslant 4$,

$\therefore 4a+2b+c=4$.

(2)由题意得:直线 $y=4x-4$ 与抛物线 $y=ax^2+bx+c$ 只有一个交点,

联立方程组 $\begin{cases} y=4x-4 \\ y=ax^2+bx+c \end{cases}$ 消去 y,

整理得 $ax^2+(b-4)x+c+4=0$,

此时 $\Delta=(b-4)^2-4a(c+4)=0$,

$\therefore \begin{cases} a-b+c=1 \\ 4a+2b+c=4 \\ (b-4)^2-4a(c+4)=0 \end{cases}$

解得 $a=1, b=c=0$,

$\therefore$ 所求的函数解析式为 $y=x^2$.

(3)设 $M(x,x^2)$,则 $MB=\sqrt{(x-0)^2+(x^2-2)^2}=\sqrt{\left(x^2-\frac{3}{2}\right)^2+\frac{7}{4}}$,

故当 $x^2=y=\frac{3}{2}$ 时,线段 MB 的长度的最小值为 $\frac{\sqrt{7}}{2}$.

【评注】在(2)中,由题意得出直线 $y=4x-4$ 与抛物线 $y=ax^2+bx+c$ 只有一个交点这一隐含条件是本小题解答的关键.

【例5】设 $a>b>c$ 且 $a+b+c=0$,抛物线 $y=ax^2+2bx+c$ 被 x 轴截得的弦长为 l,求 l 的取值范围.

【分析】根据公式 $l=\frac{\sqrt{\Delta}}{|a|}=\sqrt{\frac{4b^2-4ac}{a^2}}$ 求解.

【解】$\because b=-a-c$,

$\therefore l=\frac{\sqrt{\Delta}}{|a|}=\sqrt{\frac{4b^2-4ac}{a^2}}=2\sqrt{\frac{a^2+c^2+ac}{a^2}}=2\sqrt{\left(\frac{c}{a}\right)^2+\left(\frac{c}{a}\right)+1}$,

$\because a>b>c$ 且 $b=-a-c, \therefore$ 有 $a>-a-c>c$,

得: $-2<\frac{c}{a}<-\frac{1}{2}$,令 $\frac{c}{a}=x$,

则 $y=x^2+x+1$ 在 $x=-\frac{1}{2}$ 的左边随 x 的增大而减小,故 $\sqrt{3}<l<2\sqrt{3}$.

【评注】本题利用抛物线 $y=ax^2+bx+c$ 与 x 轴的两个交点距离是对应的二次方程两根差的绝对值的关系,构建函数关系式,再转化为根式内关于 a 的二次函数,进而求得最后结果.

【例6*】证明:无论 p 取何实数,抛物线 $y=x^2+(p+1)x+\dfrac{1}{2}p+\dfrac{1}{4}$ 都通过一定点,而且这些抛物线的顶点在一条确定的抛物线上.

【分析】可转换主元将抛物线方程中的 x 看作参数,理解为以 p 为变量的函数关系式,再令 p 的系数为零,可求得定点坐标;用 p 表示顶点坐标,得参数方程,消去 p 可证得结论.

【解】整理抛物线方程得 $y=x^2+(p+1)x+\dfrac{1}{2}p+\dfrac{1}{4}=\left(x+\dfrac{1}{2}\right)p+x^2+x+\dfrac{1}{4}$,

∴取 $x+\dfrac{1}{2}=0$ 即 $x=-\dfrac{1}{2}$,$y=0$,得抛物线过定点 $\left(-\dfrac{1}{2},0\right)$.

顶点 $\left[-\dfrac{p+1}{2},\dfrac{4(\dfrac{1}{2}p+\dfrac{1}{4})-(p+1)^2}{4}\right]=\left(-\dfrac{p+1}{2},-\dfrac{p^2}{4}\right)$,

∴ $\begin{cases} x=-\dfrac{1}{2}(p+1) \\ y=-\dfrac{p^2}{4} \end{cases}$ 消去 p 得 $y=-x^2-x-\dfrac{1}{4}$.

故其顶点在抛物线 $y=-x^2-x-\dfrac{1}{4}$ 上.

【评注】含参数的函数关系可通过转换主元的方法转换为以参数为变量的函数,再令新变量的系数为零(消去新变量对函数的影响),求得定点.另外,因本题中抛物线的顶点坐标含有参数 p,横纵坐标分别用 x,y 表示后,所得方程组称为参数方程,直接消去 p 可将它转化为普通方程.

【例7】已知二次函数 $y=x^2+(a+17)x+38-a$ 与反比例函数 $y=\dfrac{56}{x}$.

(1)当 $a=-3$ 时,求这两个函数图像的交点坐标;

(2)当 a 是正整数时,且这两个函数图像的交点都是整点(横坐标与纵坐标都是整数点)时,求二次函数的解析式.

【分析】(1)解二次函数与反比例函数的联立方程组;(2)类同(1)可得 $x_1=1,y_1=56$ 是二次函数与反比例函数组成的方程组的一组解,从而由联立方程组消去 y 所得关于 x 的方程的一个因式方程是 $x^2+(a+18)x+56=0$,由它的根都是整数,从而可求出 a 的值,得所求的二次函数的解析式.

【解】(1)联立方程组 $\begin{cases} y=x^2+14x+41 \\ y=\dfrac{56}{x} \end{cases}$ 消去 y,

整理得 $x^3+14x^2+41x-56=0$,

分解因式得 $(x-1)(x^2+15x+56)=0$,

解得 $x_1=1,x_2=-7,x_3=-8$.

所求这两个函数图像的交点坐标为:$(1,56),(-7,-8),(-8,-7)$.

(2)联立方程组 $\begin{cases} y = x^2 + (a+17)x + 38 - a \\ y = \dfrac{56}{x} \end{cases}$ 消去 y,

整理得 $x^3 + (a+17)x^2 + (38-a)x - 56 = 0$,

分解因式得 $(x-1)[x^2 + (a+18)x + 56] = 0$,

显然,$x = 1$ 是方程的一个根,

$(1, 56)$ 是这两个函数图像的交点坐标.

因为 a 是正整数,设关于 x 的方程 $x^2 + (a+18)x + 56 = 0$ 的两根为 x_1, x_2,则 $x_1 + x_2 = -(a+18) \leqslant -19$,$x_1 x_2 = 56$,将 56 分解负因数仅有 $-56, -1$ 或 $-28, -2$ 两组符合条件,解得相应 $a = 39, 12$.

故所求的函数解析式为:$y = x^2 + 56x - 1$ 或 $y = x^2 + 29x + 26$.

【评注】 (1)简单的整系数一元三次方程的求解方法,参照第五讲方程例 5 题解,(2)可以参照第八讲方程的整数解例 5 题解.

【学力训练】

1. 已知三条抛物线 $y_1 = x^2 - x + m$,$y_2 = x^2 + 2mx + 4$,$y_3 = mx^2 + mx + m - 1$ 中至少有一条与 x 轴相交,则实数 m 的取值范围是( ).

   A. $\dfrac{4}{3} < m < 2$

   B. $m \leqslant \dfrac{3}{4}$ 且 $m \neq 0$

   C. $m \geqslant 2$

   D. $m \leqslant \dfrac{3}{4}$ 且 $m \neq 0$ 或 $m \geqslant 2$

2. 如图,直线 $x = 1$ 是二次函数 $y = ax^2 + bx + c$ 的图像的对称轴,则 ①$a+b+c > 0$,②$b < a+c$,③$abc < 0$,④$2a = b$ 中正确的是_____.(请把正确的序号填上)

3. 已知 a、b 为抛物线 $y = (x-c)(x-c-d) - 2$ 与 x 轴交点的横坐标,若 $a < b$,则 $|a-c| + |c-b|$ 的值为_____.

4. 若 $y = ax^2 + bx + c$ 是关于 x 的二次函数且 a 为整数,不等式 $4x \leqslant ax^2 + bx + c \leqslant 2(x^2 + 1)$ 在实数范围内恒成立,则二次函数的解析式为_____.

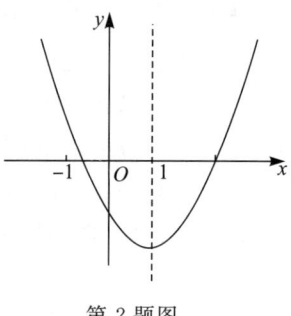

第 2 题图

5. 在平面直角坐标系中,横坐标与纵坐标都是整数的点 (x, y) 称为整点,如果将二次函数 $y = -x^2 + 8x - \dfrac{39}{4}$ 的图像与 x 轴所围成的封闭图形染成红色,则此红色区域内部及其边界上的整点个数有_____个.

6. 已知二次函数 $y = ax^2 + bx + c(a \neq 0)$ 的图像与直线 $y = 3$ 的交点横坐标为 1 与 5,且与直线 $y = 1$ 只有一个交点,则函数的表达式为_____.

7. 已知两个二次函数 y_1, y_2,当 $x = m(m > 0)$ 时,y_1 取最小值 6,且此时 $y_2 = 5$,又 y_2 的

最小值为 $\frac{5}{6}$，$y_1+y_2=2x^2-3x+9$.

(1)求 m 的值；(2)求二次函数 y_1,y_2 表达式.

8. 已知二次函数 $y=x^2+bx+c$ 的图像与 x 轴的两个交点的横坐标分别为 x_1,x_2. 一元二次方程 $x^2+b^2x+20=0$ 的两根为 x_3,x_4 且 $x_2-x_3=x_1-x_4=3$，求二次函数的解析式，并写出顶点坐标.

9*. 已知二次函数 $y=x^2+(b-1)x+c(b,c$ 为常数) 这个函数的图像与 x 轴交于两不同的点 $A(x_1,0)$ 和 $B(x_2,0)$，若 x_1,x_2 满足 $x_2-x_1>1$.
(1)求证：$b^2>2(b+2c)$；
(2)若 $t<x_1$，试比较 t^2+bt+c 与 x_1 的大小，并加以证明.

10*. 三次函数 $y=5x^3-5(p+1)x^2+(71p-1)x+1-66p$，问：
(1)判断 y 能否被 $x-1$ 整除，并说明理由；
(2)若 $y=0$ 的三个根均为自然数，求符合要求的一切实数 p.

第十四讲　抛物线与全等型几何

【考点扫描】

全等型几何主要涉及全等三角形、四边形(平行四边形、矩形、菱形和正方形)等内容.

解抛物线与全等型几何的综合问题,一定要注意以下几个方法的灵活运用:一是要善于运用坐标,线段长度,抛物线解析式三者之间的关系,充分发挥形的因素,数形互动,凸显证明与计算相结合的解题关键环节;二是解题时必须在充分利用几何图形性质及抛物线性质的基础上挖掘几何图形与函数图像中隐含的数量关系和位置关系,在复杂的"背景"下辨认、分解基本图形,并善于联想所学知识,突破思维障碍,合理运用方程等各种数学思想方法加以解决.

【典例精析】

【例1】 设二次函数 $y=ax^2+bx+c$ 的图像开口向下,顶点落在第二象限.

(1)确定 a,b,b^2-4ac 的符号,简述理由;

(2)若此二次函数图像经过原点,且顶点在直线 $x+y=0$ 上,顶点与原点的距离为 $3\sqrt{2}$,求抛物线的解析式.

【分析】 (2)根据条件:二次函数图像经过原点,顶点在直线 $x+y=0$ 上,顶点与原点的距离为 $3\sqrt{2}$ 这三个已知条件,构建关于待定系数 a,b,c 的方程组,进而解答.

【解】 (1)由函数图像易得 $a<0,b<0,b^2-4ac>0$;

(2)由题意得 $c=0$,

顶点 $(-\dfrac{b}{2a},-\dfrac{b^2}{4a})$ 在直线 $x+y=0$ 上,得 $-\dfrac{b}{2a}-\dfrac{b^2}{4a}=0$,

$\because b\neq 0, \therefore b=-2$,

则顶点为 $(\dfrac{1}{a},-\dfrac{1}{a})$,而顶点与原点的距离为 $3\sqrt{2}$,

$\therefore (-\dfrac{1}{a})^2+(-\dfrac{1}{a})^2=(3\sqrt{2})^2$,

解得 $a=-\dfrac{1}{3}$(舍正),

$\therefore$ 所求的抛物线的解析式为 $y=-\dfrac{1}{3}x^2-2x$.

【评注】抛物线 $y=ax^2+bx+c$ 与 x 轴交点的个数由 b^2-4ac 符号确定：$b^2-4ac>0\Leftrightarrow$ 有两个交点；$b^2-4ac=0\Leftrightarrow$ 只有一个交点；$b^2-4ac<0\Leftrightarrow$ 没有交点.

【例2】(1)设 a 为实数,求证：函数 $y=x^2+(a+2)x-2a+1$ 的图像都经过一个定点,并求出这个定点 A 的坐标；

(2)设 a 为实数,求证：函数 $y=x^2+(a+2)x-2a+1$ 的图像与 x 轴有两个不同交点 B、C,且 $\triangle ABC$ 的面积为 18,求 a 的值(A 是(1)的定点).

【分析】(1)参照第十三讲例 6 方法求解；(2)由面积关系构建关于 a 的方程解答.

【解】(1)将函数 $y=x^2+(a+2)x-2a+1$ 变形为：
$y=x^2+(x-2)a+2x+1$ 得 $x=2,y=9$,所以定点 A 的坐标为 $(2,9)$.

(2) $\Delta=(a+2)^2-4\times(-2a+1)=a^2+12a$,

$\therefore |BC|=\dfrac{\sqrt{\Delta}}{|a|}=\sqrt{a^2+12a}$,则 $\dfrac{1}{2}\sqrt{a^2+12a}\times 9=18$,

解得 $a_1=-6-\sqrt{13},a_2=-6+\sqrt{13}$.

【评注】含参数的函数关系式可整理成参数为自变量的函数关系式(变换主元法).因参数 a 为任意实数,可知参数前面的系数必为零(消除参数对整个函数的作用),求得定点.

【例3】已知抛物线 $l_1:y=ax^2-2amx+am^2+2m+1(a>0,m>0)$ 的顶点为 A,抛物线 l_2 的顶点 B 在 y 轴上,且抛物线 l_1 和 l_2 关于 $P(1,3)$ 成中心对称.

(1)当 $a=1$ 时,求 l_2 的解析式和 m 的值；

(2)设 l_2 与 x 轴正半轴的交点是 C,当 $\triangle ABC$ 为等腰三角形时,求 a 的值.

【分析】(1)先画出草图,抛物线 l_1 和 l_2 关于 $P(1,3)$ 成中心对称,则有它们的顶点 A,B 关于 $P(1,3)$ 成中心对称,由此抛物线 l_2 的顶点 B 在 y 轴上,$\therefore x_B=0$,由对称性构建方程,可求出 m 的值；(2)先求出点 C 坐标,分三种情况讨论,解之.

【解】(1)当 $a=1$ 时,$l_1:y=x^2-2mx+m^2+2m+1=(x-m)^2+2m+1$,

$\therefore A(m,2m+1)$,又 A,B 关于 $P(1,3)$ 成中心对称且 $x_B=0$,得 $m=2$.

$\therefore A(2,5),B(0,1)$.故 l_2 的解析式为 $y=-x^2+1$.

(2) $l_2:y=-ax^2+1$,令 $y=0$ 得 $x=\pm\dfrac{\sqrt{a}}{a}$,故 $C(\dfrac{\sqrt{a}}{a},0)$.

当 $AB=BC$ 时,$1+\dfrac{1}{a}=20$,$\therefore a=\dfrac{1}{19}$；

当 $BC=CA$ 时,$1+\dfrac{1}{a}=(2-\dfrac{\sqrt{a}}{a})^2+5^2$,$\therefore a=\dfrac{1}{49}$；

当 $CA=AB$ 时,$AB=2\sqrt{5},y_A=5>AB$,故不可能.

$\therefore a=\dfrac{1}{19}$ 或 $a=\dfrac{1}{49}$.

【评注】(1)由抛物线 l_1 和 l_2 关于 $P(1,3)$ 成中心对称,得它们的顶点 A,B 关于 $P(1,3)$ 成中心对称是本小题求解的关键；(2)将两个点的坐标转化为线段长,再分类讨论(本题讨论哪两边为两等腰),是解决这类问题的常用方法.

【例4】已知点 P 是抛物线 $y=\dfrac{1}{4}x^2$ 上的任意一点,设点 P 到直线 $l:y=-1$ 的距离为

d_1,点 P 与点 $F(0,1)$ 的距离为 d_2,过点 P 的直线交抛物线于 P、Q 两点,点 M 为线段 PQ 的中点.

(1)猜想 d_1、d_2 的关系并证明;

(2)如果线段 PQ 的长度为 6,求点 M 到 x 轴的最短距离.

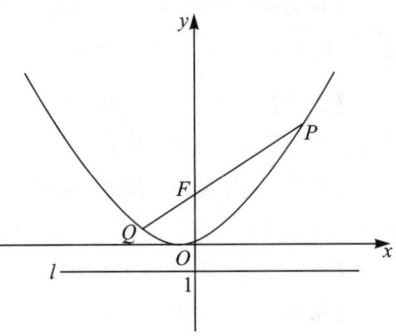

【分析】(1)应用直角平面坐标系中两点间的距离公式:若 $A(x_1,y_1)$,$B(x_2,y_2)$ 为平面坐标系中的两个点,则运用 $|AB|=\sqrt{(x_2-x_1)^2+(y_2-y_1)^2}$ 加以解答;

(2)分别过 P,Q,M 作 $PG\perp l$ 于 G,$QH\perp l$ 于 H,$MN\perp l$ 于 N,得 MN 是梯形 $PQHG$ 的中位线,应用几何知识及(1)的结论,解答.

【解】(1)猜想:$d_1=d_2$.

证明:设 $P(x,\frac{1}{4}x^2)$ 是抛物线上任意一点,

$d_1=\frac{1}{4}x^2-(-1)=\frac{1}{4}x^2+1$,

$d_2=\sqrt{x^2+(\frac{1}{4}x^2-1)^2}=\sqrt{(\frac{1}{4}x^2)^2+\frac{1}{2}x^2+1}=\frac{1}{4}x^2+1$,

$\therefore d_1=d_2$.

(2)记直线 $y=-1$ 为直线 l,分别过 P,Q,M 作 $PG\perp l$ 于 G,$QH\perp l$ 于 H,$MN\perp l$ 于 N,则当且仅 $MN=\frac{1}{2}(PG+QH)=\frac{1}{2}(PF+QF)\geqslant\frac{1}{2}PQ$,

当点 P,F,Q 在同一直线上时,

MN 取最小值 $\frac{1}{2}PQ=3$,此点 M 到 x 轴的最短距离为 3.

【评注】将(点 M 到 x 轴的最短)距离问题转化为几何问题加以解决,是解决这类问题的常用方法.

【例 5*】点 P 为抛物线 $y=x^2-2mx+m^2$(m 为常数,$m>0$)上任一点,将抛物线绕顶点逆时针旋转 $90°$ 后得到新图像与 y 轴交于 A、B 两点(点 A 在点 B 上方),点 Q 为 P 点旋转后的对应点.

(1)当 $m=2$,点 P 横坐标为 4 时,求点 Q 的坐标;

(2)设点 $Q(a,b)$,用含 m、b 的代数式表示 a;

(3)点 Q 在第一象限内,点 D 在 x 轴正半轴,点 C 为 OD 的中点,QO 平分 $\angle AQC$,$AQ=2QC$,$QD=m$ 时,求 m 的值.

【分析】(1)$\triangle GQF\cong\triangle PGE$;(2)由 $Q(a,b)$,找出用 m、b 表示的 P 点坐标,因为点 P 在抛物线上,不难求用 m、b 表示 a 的表达式;(3)延长 QC 到点 E,使 $CE=CQ$,连接 OE;证 $\triangle ECO\cong\triangle QCD$,$\triangle AQO\cong\triangle EQO$,及点 A 在新图形上,构建关于 m 的方程,进而解答结果.

【解】(1)当 $m=2$ 时,$y=(x-2)^2$,

则 $G(2,0)$,$P(4,4)$,

如图,连接 QG、PG,过点 Q 作 $QF \perp x$ 轴于 F,过点 P 作 $PE \perp x$ 轴于 E,

依题意,可得 $\triangle GQF \cong \triangle PGE$;则 $FQ = EG = 2$,$FG = EP = 4$,

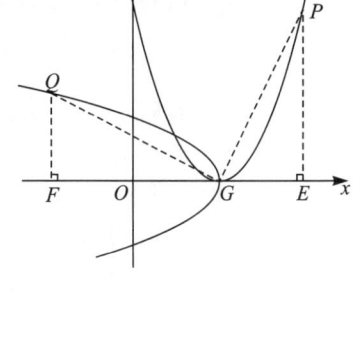

$\therefore FO = 2$,$\therefore Q(-2, 2)$;

(2)已知 $Q(a, b)$,则 $QF = b$,$FG = m - a$;

由(1)知:$PE = FG = m - a$,$GE = QF = a$,

即 $P(m + b, m - a)$,代入原抛物线的解析式中,

得 $m - a = (m + b - m)^2$,即 $a = m - b^2$,

故用含 m, b 的代数式表示 a:$a = m - b^2$.

(3)如图,延长 QC 到点 E,使 $CE = CQ$,连接 OE;

$\because C$ 为 OD 中点,$\therefore OC = CD$,

$\because \angle ECO = \angle QCD$,$\therefore \triangle ECO \cong \triangle QCD$,

$\therefore OE = DQ = m$;

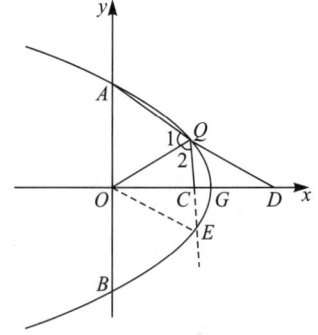

$\because AQ = 2QC$,$\therefore AQ = QE$,

$\because QO$ 平分 $\angle AQC$,$\therefore \angle 1 = \angle 2$,

$\therefore \triangle AQO \cong \triangle EQO$,

$\therefore AO = EO = m$,$\therefore A(0, m)$

$\because A(0, m)$ 在新的图像上,$\therefore 0 = m - m^2$,

解得 $m = 1$ 或 $m = 0$(舍去),$\therefore m = 1$.

【评注】 本题虽然不易求出抛物线绕顶点逆时针旋转 90° 后得到新抛物线的解析式,但我们可利用旋转后的三角形全等相关知识解决所求问题.

【学力训练】

1. 已知抛物线 $y = k(x + 1)\left(x - \dfrac{3}{k}\right)$ 与 x 轴交于点 A,B,与 y 轴交于点 C,则能使 $\triangle ABC$ 为等腰三角形的抛物线的条数是( ).
   A. 2　　　　B. 3　　　　C. 4　　　　D. 5

2. 若二次函数 $y = x^2 - (2b + 2)x + b^2 + 2b$ 的图像与 x 轴交于 A、B 两点,一次函数 $y = ax + 2(a + 1)$ 的图像恒过定点 C.
   (1)求点 C 的坐标及 $|AB|$ 的值;
   (2)若 $\triangle ABC$ 为等腰三角形,求 b 的值.

3. 如图所示,在平面直角坐标系中有一抛物线 $y_1 = ax^2$,且抛物线经过点 $(2a-1,1)$,y 轴上有一定点 F,其坐标为 $(0, \frac{1}{4})$,直线 l 的解析式为 $y_2 = -\frac{1}{4}$,在抛物线上有一动点 P. 连接 PF,并过点 P 作 $PN \perp$ 直线 l.

(1) 求抛物线的函数解析式;

(2) 求证: $PF = PN$;

(3) 直角坐标系中有一点 $E(2,5)$,试问当动点 P 位于何处时,$PE + PF$ 有最小值,并求出最小值.

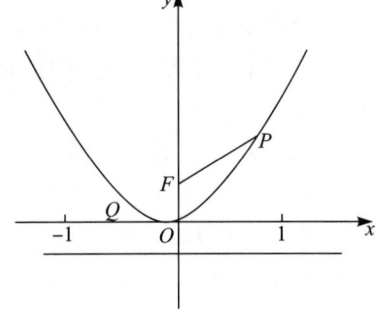

第 3 题图

4. 如图,Rt△ABO 的两直角边 OA、OB 分别在 x 轴的负半轴和 y 轴的正半轴上,O 为坐标原点,A、B 两点的坐标分别为 $(0,4)$、$(-3,0)$,抛物线 $y = \frac{2}{3}x^2 + bx + c$ 经过点 A,且顶点在直线 $x = \frac{5}{2}$ 上.

(1) 求抛物线对应的函数关系式;

(2) 若把△ABO 沿 x 轴向右平移得到△DCE,点 A、B、O 的对应点分别是 D、C、E,当四边形 ABCD 是菱形时,试判断点 C 和点 D 是否在该抛物线上,并说明理由;

(3) 在(2)的条件下,连接 BD,已知对称轴上存在一点 P 使得△PBD 的周长最小,求出 P 点的坐标.

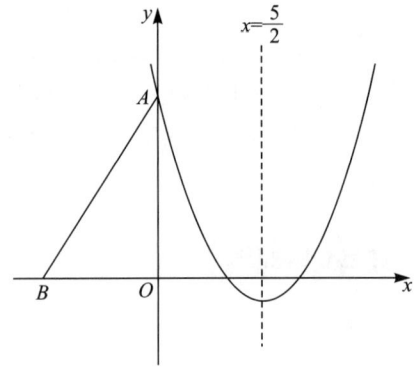

第 4 题图

5. 如图所示,函数 $y=\dfrac{1}{3}|2x^2-x-6|$ 对应的曲线依次交 x 轴正、负半轴于 A、B 两点.

(1)求直线 $y=\dfrac{4}{3}$ 与该曲线所有交点的坐标;

(2)过点 A 作两条直线互相垂直的直线分别交该曲线于 C、D 两点,且 C 点落在 A 点右侧,D 点落在 A、B 之间.若 $AD=AC$,求 $\triangle ADC$ 的面积.

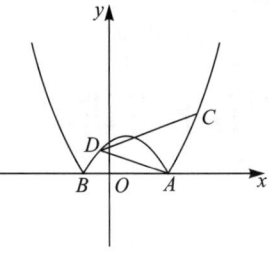

第 5 题图

6. 如图,抛物线 $y=ax^2+bx+c(a<0)$ 与双曲线 $y=\dfrac{k}{x}$ 相交于点 A,B,且抛物线经过坐标原点,点 A 的坐标为 $(-2,2)$,点 B 在第四象限内,过点 B 作直线 $BC\parallel x$ 轴,点 C 为直线 BC 与抛物线的另一交点,已知直线 BC 与 x 轴之间的距离是点 B 到 y 轴的距离的 4 倍,记抛物线顶点为 E.

(1)求双曲线和抛物线的解析式;
(2)计算 $\triangle ABC$ 与 $\triangle ABE$ 的面积.

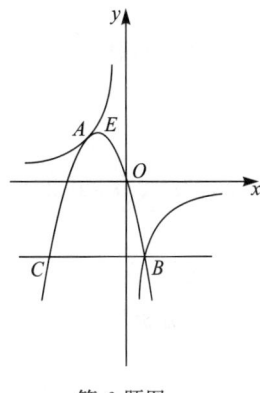

第 6 题图

第十五讲　函数 $f(x)$ 型

【考点扫描】

$f(x)$ 是函数的符号,它代表函数图像上横坐标为 x 的点对应纵坐标的值.函数符号 $f(x)$ 是高中数学的一种常见数学符号,近年重高招生的试卷中已引入了这种函数符号.它与初中数学中 y 关于 x 的函数关系没有本质区别,只是函数表示的符号形式不一样而已.

例:函数 $y=3x^2-x+1$,可将此函数记作 $f(x)=3x^2-x+1$,当 $x=3$ 时,$f(3)=3^2-3+1=7$;当 $x=2a+1$ 时 $f(2a+1)=3(2a+1)^2-(2a+1)+1$.

【典例精析】

【例1】 已知 $f(x)$ 是一次函数,且 $f(f(x))=9x+8$,则 $f(x)=$ _____.

【分析】 设 $f(x)=kx+b$,则 $f(f(x))=f(kx+b)=k(kx+b)+b=k^2x+kb+b=9x+8$.

∴ $\begin{cases} k^2=9 \\ kb+b=8 \end{cases}$,解得 $\begin{cases} k_1=3 \\ b_1=2 \end{cases}$,$\begin{cases} k_2=-3 \\ b_2=-4 \end{cases}$,故 $f(x)=3x+2$ 或 $f(x)=-3x-4$.

【答案】 $f(x)=3x+2$ 或 $f(x)=-3x-4$.

【评注】 本题中 $f(f(x))$ 是一种复合函数,解题时要注意函数 $f(f(x))$ 与 $f(x)$ 的联系与区别.

【例2】 若 $f(x)>0$,符号 $\int_a^b f(x)dx$ 表示函数 $y=f(x)$ 的图像与过点 $(a,0)$,$(b,0)$ 且和 x 轴垂直的直线与 x 轴围成的面积,如图 $\int_1^2 (x+1)dx$ 表示梯形 $ABCD$ 的面积.设 $A=\int_1^2 \dfrac{2}{x}dx$,$B=\int_1^2(-x+3)dx$,$C=\int_1^2\left(-\dfrac{3}{2}x^2+\dfrac{7}{2}x\right)dx$,则 A,B,C 的大小关系为 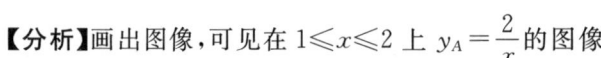.

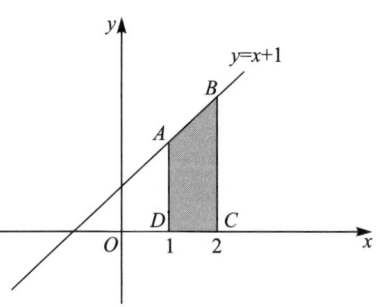

【分析】 画出图像,可见在 $1\leqslant x\leqslant 2$ 上 $y_A=\dfrac{2}{x}$ 的图像

下凹, $y_B = -x + 3$ 的图像是线段, $y_C = -\frac{3}{2}x^2 + \frac{7}{2}x$ 的图像上凸.

【答案】$C > B > A$.

【评注】这类题目是阅读理解题,理解符号 $\int_a^b f(x)dx$ 及函数 $y = f(x)$ 的涵义,运用数形结合思想,本题就不难解决了.

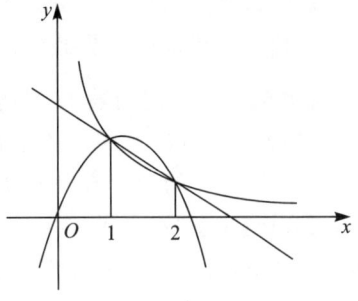

【例 3】设函数 $f(x)$ 对于所有非零实数 x,有 $f(x) + 2f(\frac{1}{x}) = 3x$,求方程 $f(x) = f(-x)$ 的解.

【分析】因为 x 与 $\frac{1}{x}$ 为互为倒数,把 $\frac{1}{x}$ 换成 x 后可以得到关于 $f(x)$ 和 $f(\frac{1}{x})$ 的另一个方程,可联立方程组求解.

【解】由 $f(x) + 2f(\frac{1}{x}) = 3x$,把 $\frac{1}{x}$ 换成 x 后得 $f(\frac{1}{x}) + 2f(x) = \frac{3}{x}$,联立两式,消去 $f(\frac{1}{x})$,得 $3f(x) = \frac{6}{x} - 3x$,所以 $f(x) = \frac{2}{x} - x$.

由 $f(x) = f(-x)$,即 $\frac{2}{x} - x = -\frac{2}{x} + x$,解得 $x = \pm\sqrt{2}$.

经检验:$x = \pm\sqrt{2}$ 是方程的解.

【评注】本题由于方程比较特殊,抓住 x 与 $\frac{1}{x}$ 为互为倒数的特点是解题的关键,本题体现函数与方程的思想.

【例 4】已知函数 $y = \frac{x+2}{4x-2}$,将此函数记作 $f(x) = \frac{x+2}{4x-2}$,如 $f(1) = \frac{1+2}{4\times1-2} = \frac{3}{2}$,$f(2) = \frac{2+2}{4\times2-2} = \frac{2}{3}$. 请计算 $f(-2008) + f(-2007) + \cdots f(-1) + f(0) + \cdots + f(2008) + f(2009)$.

【分析】把 $f(x) = \frac{x+2}{4x-2}$,变形为 $f(x) = \frac{1}{4} + \frac{5}{4} \cdot \frac{1}{2x-1}$,列表:

x	$\cdots$	-2	-1	0	1	2	3	$\cdots$
$\frac{1}{2x-1}$	$\cdots$	$-\frac{1}{5}$	$-\frac{1}{3}$	-1	1	$\frac{1}{3}$	$\frac{1}{5}$	$\cdots$

从上表不难发现规律:x 取值的和为 1 的两个数对应的 $\frac{1}{2x-1}$ 的值是互为相反数,$\cdots$

【解】原式 $= 4018 \times \frac{1}{4} = \frac{2009}{2}$.

【评注】对于这种 x 取整值连续增加,对应的多个函数值求和问题,一般不能"死算",灵活地对函数表达式进行变形,找到其中的规律,可简便运算.

【例5】已知二次函数 $f(x)$ 的二次项系数为 a,且不等式 $f(x)>-2x$ 的解为 $1<x<3$.

(1)若方程 $f(x)+6a=0$ 有两个相等的实数根,求 $f(x)$ 的表达式;

(2)若 $f(x)$ 的最大值为正数,求 a 的取值范围.

【分析】注意"不等式 $f(x)>-2x$ 的解 $1<x<3$"等价于"1、3 是方程是 $f(x)+2x=0$ 的两个实数根,且 $a<0$",搞清楚它们的关系,本题就不难解答了,(1)利用判别式构建方程,求出 a 的值,进而得到 $f(x)$ 的表达式;(2)在 $a<0$ 情况下,构建关于 $f(x)$ 的最大值的代数式大于零的不等式,则可以求出 a 的取值范围.

【解】设二次函数 $f(x)=ax^2+bx+c$,由题意得 1、3 是方程是 $ax^2+(b+2)x+c=0$ 的两个实数根,且 $a<0$.

则由 $ax^2+(b+2)x+c=a(x-1)(x-3)$,得 $\begin{cases} b=-4a-2 \\ c=3a \end{cases}$,

$\therefore f(x)=ax^2-(4a+2)x+3a$.

(1)方程 $f(x)+6a=0$ 有两个相等的实数根,

则方程 $ax^2-(4a+2)x+9a=0$ 的判别式 $[-(4a+2)]^2-4a\times 9a=0$,

得 $5a^2-4a-1=0$,解得 $a_1=-\dfrac{1}{5}, a_2=1$(舍去),

$\therefore f(x)=-\dfrac{1}{5}x^2-\dfrac{6}{5}x-\dfrac{3}{5}$;

(2)$\because a<0$,由 $\dfrac{4\times 3a-(4a+2)^2}{4a}=\dfrac{-a^2-4a-1}{a}>0$,

$\therefore a^2+4a+1>0$,解得 $a<-2-\sqrt{3}$ 或 $a>-2+\sqrt{3}$ 但 $a<0$

$\therefore a<-2-\sqrt{3}$ 或 $-2+\sqrt{3}<a<0$.

【评注】理解一元二次不等式解与一元二次方程根及二次项系数的关系,是求解本题的关键.

【例6*】若 $f(n)$ 为 n^2+1(n 是任意正整数)的各位数字之和,如 $14^2+1=197, 1+9+7=17$ 则 $f(14)=17$. 记 $f_1(n)=f(n), f_2(n)=f(f_1(n))\cdots, f_{k+1}(n)=f(f_k(n)), k$ 是正整数,求 $f_{2008}(8)$ 的值.

【分析】先计算出 $f_1(8)=f(8), f_2(8)=f(f_1(8)), f_3(8)=f(f_2(8)), \cdots$,寻找其规律.

【解】$\because 8^2+1=65, 6+5=11, \therefore f_1(8)=f(8)=11$,

$\because 11^2+1=122, 1+2+2=5, \therefore f_2(8)=f(f_1(8))=f(11)=5$;

$\because 5^2+1=26, 2+6=8, \therefore f_3(8)=f(f_2(8))=f(5)=8; \cdots$

而 $2008\div 3=669$ 余 1,

$\therefore f_{2008}(8)=11$.

【评注】正确理解本题中 $f(n)$ 及 $f_{k+1}(n)=f(f_k(n))$ 的涵义,逐一计算.$\because f_1(8)=11$, $f_2(8)=5, f_3(8)=8, f_4(8)=11, \cdots$,找出 $f_n(8)$ 与下标 n 关系的规律(呈现周期性),这体现了从特殊到一般的数学转化思想.

【例7】令 $f(n)=\dfrac{1}{1+2+3+\cdots+n}$.

(1) 求证: $f(n)=\dfrac{2}{n(n+1)}$;

(2) 求 $f(1)+f(2)+f(3)+\cdots+f(2013)$ 的值;

(3) 求证: $\dfrac{3}{2}<\dfrac{1}{1^2}+\dfrac{1}{2^2}+\dfrac{1}{3^2}+\cdots+\dfrac{1}{2013^2}<2$.

【分析】(1) 略; (2) 拆分通项: $\dfrac{1}{n(n+1)}=\dfrac{1}{n}-\dfrac{1}{n+1}$; (3) "不等式放缩", 上限:

从第二项开始, $\dfrac{1}{2^2}+\dfrac{1}{3^2}+\cdots<\dfrac{1}{1\times 2}+\dfrac{1}{2\times 3}+\cdots=\cdots$ 放大, 下限: 从第三项开始 $\dfrac{1}{3^2}+\dfrac{1}{4^2}+$
$\cdots>\dfrac{1}{3\times 4}+\dfrac{1}{4\times 5}+\cdots=\cdots$ 缩小.

【解】(1) $f(n)=\dfrac{1}{1+2+3+\cdots+n}=\dfrac{1}{\frac{n(n+1)}{2}}=\dfrac{2}{n(n+1)}$;

(2) 原式 $=2(\dfrac{1}{1}-\dfrac{1}{2}+\dfrac{1}{2}-\dfrac{1}{3}+\dfrac{1}{3}-\dfrac{1}{4}+\cdots+\dfrac{1}{2013}-\dfrac{1}{2014})=2(1-\dfrac{1}{2014})=\dfrac{2013}{1007}$;

(3) "不等式放缩" 先证上限:

$\dfrac{1}{1^2}+\dfrac{1}{2^2}+\cdots+\dfrac{1}{2013^2}<1+\dfrac{1}{1\times 2}+\dfrac{1}{2\times 3}+\cdots+\dfrac{1}{2012\times 2013}=1+1-\dfrac{1}{2013}<2$;

再证下限:

$\dfrac{1}{1^2}+\dfrac{1}{2^2}+\dfrac{1}{3^2}+\cdots+\dfrac{1}{2013^2}>1+\dfrac{1}{4}+\dfrac{1}{3\times 4}+\dfrac{1}{4\times 5}+\cdots+\dfrac{1}{2013\times 2014}=1+\dfrac{1}{4}+\dfrac{1}{3}-\dfrac{1}{2014}$
$>\dfrac{19}{12}-\dfrac{1}{2014}=\dfrac{18}{12}+\dfrac{1}{12}-\dfrac{1}{2014}>\dfrac{3}{2}$.

【评注】(3) 中通项放大为 $\dfrac{1}{n^2}<\dfrac{1}{(n-1)n}$, 通项缩小为 $\dfrac{1}{n^2}>\dfrac{1}{n(n+1)}$. 能产生拆分项的关键是第一步的"放大"或"缩小"要把握好度, 本小题中证下限, 从第二项开始缩小就不能成功, 原式多保留几项再进行缩小精确度会更高.

【学力训练】

1. 已知 $y=f(x)$ 的图像与 $y=-f(-x)$ 图像为关于 (　　).
   A. x 轴对称　　B. y 轴对称　　C. 原点对称　　D. 以上都不是

2. $f(x)=\dfrac{1}{\sqrt{x+1}+\sqrt{x}}$, 记 $S(n)=f(1)+f(2)+\cdots+f(n)$, 其中 n 为正整数, 则使 $S(n)<9$ 成立的 n 最大值为 (　　).
   A. 96　　　　B. 97　　　　C. 98　　　　D. 99

3. 设函数 $s(x)=4x^2-4tx+3t^2+t-1$ 的最小值为 $g(t)$, 函数 $f(t)=3t^2-t+1$, 则 $g(t)$ 与 $f(t)$ 的大小关系是 (　　).
   A. $g(t)<f(t)$　　B. $g(t)\leqslant f(t)$　　C. $g(t)=f(t)$　　D. $g(t)>f(t)$

4. 对于二次函数 $y=ax^2+bx+c$，令 $f(x)=ax^2+bx+c$，则 $f(x_0)$ 表示当自变量 $x=x_0$ 时的函数值，若 $f(5)=f(-3)$，且 $f(-2007)=2009$，则 $f(2009)=$ _____ .

5. 对于任意实数 x、y，函数 $f(x)$ 恒满足：$f(x+y)=2f(y)+(x+1)(x+2y+1)$，求 $f(x)$ 的值.

6. 已知函数 $f(x)=\dfrac{x^2}{x^2+1}$，若 $M=f(1)+f(2)+f(3)+\cdots+f(2013)+f(2014)$，$M=f(\dfrac{1}{2})+f(\dfrac{1}{3})+f(\dfrac{1}{4})+\cdots+f(\dfrac{1}{2013})+f(\dfrac{1}{2014})$，求 $M+N$ 的值.

7*. 若有正整数 p,q 为 n 的因数，即 $n=p\times q$，则 $f(n)=\dfrac{q}{p}$（此时 $p\geqslant q$，且 p 与 q 的差在所有 n 的因数差是最小），如 $f(12)=\dfrac{3}{4}$，$f(16)=\dfrac{4}{4}=1$，$f(15)=\dfrac{3}{5}$，$[f(n)]$ 表示不大于 $f(n)$ 的最大整数.

(1) 求 $f(2013)$ 的值；

(2) ① 求 $[f(1)]+[f(2)]+[f(3)]+\cdots[f(6)]$ 的值；

② 求 $[f(1)]+[f(2)]+[f(3)]+\cdots[f(2013)]$ 的值.

第十六讲　函数与方程的根

【考点扫描】

函数与方程根的关系涉及的主要问题有：

(1)已知函数解析式,借助于函数图像研究函数与方程根之间的关系；

(2)已知方程,将求原方程的根的个数问题转化为求函数图像与直线(或双曲线等)的交点个数问题.

用函数观点讨论复杂的方程实根分布问题的基本步骤:在直角坐标系中作出对应函数图像,由确定函数图像大致位置的约束条件建立不等式组或方程.

一元二次方程根的分布有这样一个基本结论："对于二次函数 $y=ax^2+bx+c$,若 $f(m) \cdot f(n) < 0 (m<n)$,则在 m 与 n 之间,必有一个 x_0,使得 $f(x_0)=0$,即方程 $f(x)=0$ 在 m 与 n 之间必有一个实数根 x_0".

【典例精析】

【例 1】方程 $x^3+x-1=0$ 的实数所在的范围是(　　).

A. $-\dfrac{1}{2}<x<0$ 　　　　B. $0<x<\dfrac{1}{2}$

C. $\dfrac{1}{2}<x<1$ 　　　　D. $1<x<\dfrac{3}{2}$

【分析】变形为 $x^2+1=\dfrac{1}{x}$,∴方程的解可看作二次函数 $y=x^2+1$ 的图像与反比例函数 $y=\dfrac{1}{x}$ 的图像交点的横坐标的值,作图,显然交点的横坐标在 $\dfrac{1}{2}<x<1$ 范围内.

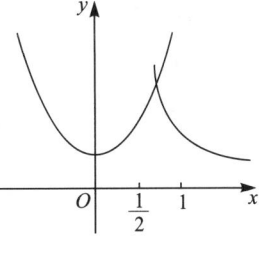

【答案】C.

【评注】把求方程的解的问题常转化为求函数图像的交点坐标问题,是解这类问题的常用方法.

【例 2】关于 x 的方程 $|x^2-4x+3|=a$ 有且仅有两个实数根,求实数 a 的取值范围.

【分析】作出函数 $y=|x^2-4x+3|$ 的图像,易解.

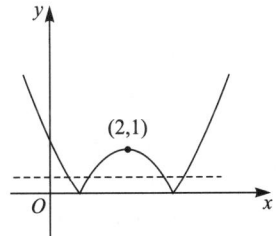

【解】如图,函数 $y=|x^2-4x+3|$ 的图像与直线 $y=a$ 只有两个交点,则 a 的取值范围是 $a=0$ 或 $a>1$.

【评注】求方程的解常常转化为函数图像的交点问题解决.

【例3】方程 $\dfrac{|x|}{x+2}=kx^2$ 有四个实数解,求实数 k 的取值范围.

【分析】当 $x=0$ 时,原方程成立,则 $x<0$ 或 $x>0$ 原方程还有三个解,变形原方程,转化为求函数图像交点问题,若作出函数图像,本题就不难解答了.

【解】当 $x=0$ 时,原方程成立;

$x<0$ 时,原方程化为 $-x(x+2)=\dfrac{1}{k}$;

$x>0$ 时,原方程化为 $x(x+2)=\dfrac{1}{k}$;

所以,令 $y_1=\begin{cases}x(x+2)\ (x>0)\\-x(x+2)\ (x<0)\end{cases}$, $y_2=\dfrac{1}{k}$,

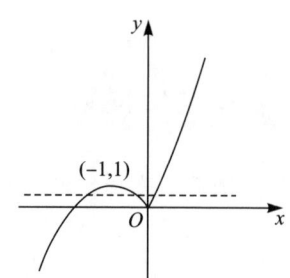

在同一坐标系中作出这两个函数图像如右图:

可知这两个函数图像有三个不同交点时,适合题意.

故 $0<\dfrac{1}{k}<1$,得 $k>1$.

【评注】在 $x=0$ 时,原方程成立的提前下,经过分类讨论,把解原方程问题转化为研究一个分段函数图像与一条直线只有三个交点的问题,这样根据作出的图像,不难得出 $k>1$ 的结论.

【例4】若 $ax^2+(a+2)x+9a=0$ 有两个不同实根 x_1,x_2,且 $x_1<1<x_2$,求 a 的取值范围.

【分析】$a\neq 0$,$y=x^2+(1+\dfrac{2}{a})x+9$,则此抛物线开口向上,∵ $x_1<1<x_2$,故当 $x=1$ 时 $y<0$,即 $1+(1+\dfrac{2}{a})+9<0$,解得 $-\dfrac{2}{11}<a<0$.

【评注】因根的表达式复杂,所以把原问题转化为二次函数问题来解决,即解决对应的二次函数图像与 x 轴的交点问题,可求得在满足 $x_1<1<x_2$ 的情况下 a 的取值范围.

本题也可由根与系数的关系来求解:∵ $x_1+x_2=-\dfrac{a+2}{a}$,$x_1x_2=9$,

∴ $(x_1-1)(x_2-1)=x_1x_2-(x_1+x_2)+1=9+\dfrac{a+2}{a}+1=\dfrac{11a+2}{a}<0$,解得 $-\dfrac{2}{11}<a<0$.

【例5】已知方程 $x^2-kx-k+3=0$ 有两个不相等的实数根 α,β.

(1)设 $T=\alpha^2+\beta^2+4\alpha\beta$,试用含 k 的式子表示 T,并求出 T 的取值范围;

(2)若 $0<\alpha<1<\beta<2$,求出 k 的取值范围.

【分析】(1)由一元二次方程根与系数的关系,可得 T 关于 k 的二次函数的解析式,结合判别式,然后画图,求出 T 的取值范围;(2)根据函数图像及一元二次方程的根的分布的基本结论求解.

【解】(1)由条件得 $\alpha+\beta=k$,$\alpha\beta=-k+3$,

∴ $T=(\alpha+\beta)^2+2\alpha\beta=k^2-2k+6$,
又 ∵ $\Delta=k^2-4(-k+3)>0$,解得 $k<-6$ 或 $k>2$,
由图像知 $T>6$;

(2)由题意得 $\begin{cases} f(0)=-k+3>0 \\ f(1)=-2k+4<0 \\ f(2)=-3k+7>0 \end{cases}$,解得 $2<k<\dfrac{7}{3}$.

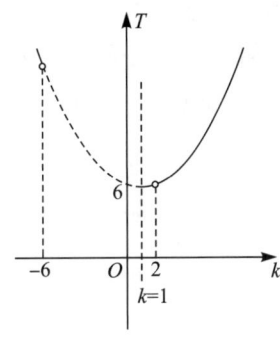

【评注】根据一元二次方程的根的分布的基本结论来求解问题时,应根据数形结合由函数图像的性质构建不等式组来解答这类问题.

【例 6】已知抛物线 $y=3ax^2+2bx+c$,
(1)若 $a=b=1,c=-1$,求抛物线与 x 轴公共点的坐标;
(2)若 $a=b=1$,且当 $-1<x<1$ 时,抛物线与 x 轴有且只有一个公共点,求 c 的取值范围.

【分析】(1)只要求出方程 $3x^2+2x-1=0$ 的解即可;(2)要分三种情况讨论:对称轴直线 $x=-\dfrac{1}{3}$ 在①$-1<x<1$ 内;②$x=-1$ 的左侧;③$x=1$ 的右侧.这类问题要结合图像思考.

【解】(1)当 $a=b=1,c=-1$ 时,抛物线为 $y=3x^2+2x-1$,
令 $y=0$,得 $3x^2+2x-1=0$ 解得 $x_1=\dfrac{1}{3},x_2=-1$.

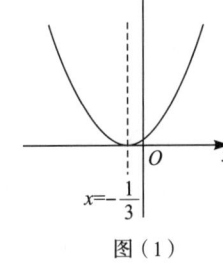

图(1)

∴ 抛物线与 x 轴公共点的坐标为 $(\dfrac{1}{3},0),(-1,0)$.

(2)当 $a=b=1$ 时,抛物线为 $y=3x^2+2x+c$,

①如图(1)对称轴直线 $x=-\dfrac{1}{3}$ 满足 $-1<x<1$ 条件,则
$\Delta=b^2-4ac=4-12c=0$,解得 $c=\dfrac{1}{3}$.

②如图(2)当 $x=-1$ 时,$y=1+c<0$,
$x=1$ 时,$y=5+c>0$ 解得 $-5<c<-1$;

③如图(3)当 $x=-1$ 时,$y=1+c>0$,
$x=1$ 时,$y=5+c<0$ 无解.

另外分别测算两端点 $c=-1$ 也可.

综合上述 c 的取值范围为 $-5<c\leqslant-1$ 或 $c=\dfrac{1}{3}$.

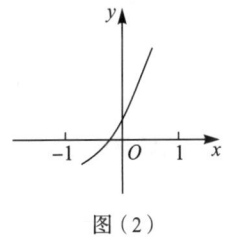

图(2)

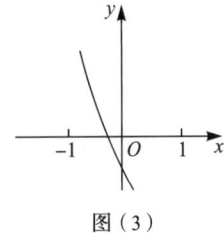

图(3)

【评注】由函数图像(2)(3)可知:当取 $x=-1,x=1$ 时对应的 y 值为异号,由此本小题(2)中解的步骤②③,可以根据一元二次方程根的分布的基本结论,构建不等式 $f(1)\cdot f(-1)=(5+c)(1+c)<0$,进而求得 c 的取值范围.

【例 7*】已知 a 是实数,函数 $y=2ax^2+2x-3-a$.若存在 $x_0(-1\leqslant x_0\leqslant 1)$ 满足 $2ax_0^2+2x_0-3-a=0$,求实数 a 的取值范围.

【分析】对 a 分两种情况讨论:$a=0$ 或 $a\neq 0$.当 $a=0$ 时,易解;当 $a\neq 0$ 时,求实数 a 的取

值范围时,对方程 $2ax_0^2+2x_0-3-a=0$ 的解要分两种讨论:①在 $-1\leqslant x\leqslant 1$ 上,有且只有一个解,②在 $-1\leqslant x\leqslant 1$ 上,有两个解.

【解】当 $a=0$ 时,$y=2x_0-3=0$,解得 $x_0=\dfrac{3}{2}$,不满足 $-1\leqslant x\leqslant 1$ 的条件,舍去;

当 $a\neq 0$ 时,

①方程 $2ax_0^2+2x_0-3-a=0$ 在 $-1\leqslant x\leqslant 1$ 上,有且只有一个解时,

当顶点在 x 轴上时,$\Delta=8a^2+24a+4=0$,解得 $a=\dfrac{-3\pm\sqrt{7}}{2}$,因为对称轴直线 $x=-\dfrac{1}{2a}$

满足 $-1\leqslant x\leqslant 1$ 的条件,所以取 $a=\dfrac{-3-\sqrt{7}}{2}$;

当顶点不在 x 轴上时,$f(-1)f(1)=(a-5)(a-1)<0$,解得 $1<a<5$ 时,$y=f(x)$ 也恰有一个 $x_0(-1\leqslant x_0\leqslant 1)$ 满足条件;再测算抛物线过两端点的状态,$a=1$ 成立,故 $1\leqslant a<5$.

②方程 $2ax_0^2+2x_0-3-a=0$ 在 $-1\leqslant x\leqslant 1$ 上,有两个解时,

即当 $y=f(x)$ 有两个 $x_0(-1\leqslant x_0\leqslant 1)$ 满足条件时,

则 $\begin{cases}a>0\\\Delta=8a^2+24a+4>0\\-1<-\dfrac{1}{2a}<1\\f(1)\geqslant 0\\f(-1)\geqslant 0\end{cases}$ 或 $\begin{cases}a<0\\\Delta=8a^2+24a+4>0\\-1<-\dfrac{1}{2a}<1\\f(1)\leqslant 0\\f(-1)\leqslant 0\end{cases}$,

解得 $a\geqslant 5$ 或 $a<\dfrac{-3-\sqrt{7}}{2}$.

所以,所求实数 a 的取值范围: $a\geqslant 1$ 或 $a\leqslant\dfrac{-3-\sqrt{7}}{2}$.

【评注】(1)中二次项系数含有字母,在没有表明是二次函数的情况下,应分类讨论;(2)"若存在 $x_0(-1\leqslant x_0\leqslant 1)$ 满足 $2ax_0^2+2x_0-3-a=0$",即方程 $2ax^2+2x-3-a=0$ 在 $-1\leqslant x\leqslant 1$ 区域上的解有两种可能:一个解或有两个解.

【例8*】已知函数 $y=3ax^2+2bx+c$,若 $a+b+c=0$,当 $x=0$ 和 $x=1$ 时,y 都大于 0. 求证:

(1) $a>0$;

(2) $-2<\dfrac{b}{a}<-1$;

(3)抛物线 $y=3ax^2+2bx+c$ 与 x 轴的两个交点的横坐标都大于 0 且小于 1.

【分析】(1)由 $f(0)>0,f(1)>0$ 构建不等式组求解;(2)构造不等式 $f(0)\cdot f(1)>0$,转化为含 $\dfrac{b}{a}$ 形式的不等式,求解;(3)根据图像可知,抛物线开口向上,它符合下列条件:①它的对称轴必须大于 0 且小于 1;②它与 x 轴必有两个交点;③应有 $f(0)>0,f(1)>0$.则可得抛物线 $y=3ax^2+2bx+c$ 与 x 轴的两个交点的横坐标都大于 0 且小于 1 的结论.

【解】(1) $f(0)=c>0$,$f(1)=3a+2b+c>0$,$b=-a-c$,

∴ $3a+2(-a-c)+c=a-c>0$,

∴ $a > c > 0$;

(2) 由 $c(3a+2b+c) > 0, c = -a-b$,

∴ $(-a-b)(2a+b) > 0$,

得 $(\frac{b}{a}+1)(\frac{b}{a}+2) < 0$,

解得 $-2 < \frac{b}{a} < -1$;

(3) ∵ $f(0) > 0, f(1) > 0$,

对称轴直线 $x = -\frac{b}{3a}$ 满足 $\frac{1}{3} < -\frac{b}{3a} < \frac{2}{3}$,

又 $\Delta = 4b^2 - 12ac = 4(a^2 - ac + c^2) = 4(a - \frac{1}{2}c)^2 + 3c^2 > 0$,

∴ 抛物线 $y = 3ax^2 + 2bx + c$ 与 x 轴的两个交点的横坐标都大于 0 且小于 1.

【评注】(2) 中构造不等式 $f(0) \cdot f(1) > 0$, 再转化为含 $\frac{b}{a}$ 的不等式(齐次式的常用方法),是本小题的难点;(3) 充分利用函数的图像,根据数形结合的思想得出结论,是本小题证明的关键.

【学力训练】

1. 若直线 $y = b$ (b 为实数) 与函数 $y = |x^2 - 4x + 3|$ 的图像至少有三个公共点,则实数 b 的取值范围是_____.

2. 方程 $2x - x^2 = \frac{2}{x}$ 的正根有_____个.

3. 如果函数 $y = b$ 的图像与函数 $y = x^2 - 3|x-1| - 4x - 3$ 的图像恰有三个交点,则 b 可能值是_____.

4. 已知关于 x 的方程 $|x|(x+2)t = 2t - 4$ 恰好有两个不同的实数根,则 t 的值和相应的根为_____.

5. A, B 的坐标分别为 $(1,0), (2,0)$. 若二次函数 $y = x^2 + (a-3)x + 3$ 的图像与线段 AB 只有一个交点,则 a 的取值范围是_____.

6. 方程 $x^2 - 4x + 3a^2 - 2 = 0$ 在区间 $-1 \leqslant x \leqslant 1$ 内有实数根,则实数 a 的取值范围___.

7. 一元二次方程 $7x^2 - (m+13)x + m^2 - m - 2 = 0$ 的两根 x_1, x_2,满足 $0 < x_1 < 1 < x_2 < 2$,则 m 的取值范围是_____.

8. 已知函数 $y = 3x^2 + 2(1-a)x - a(a+2)$

(1) 求证:函数的图像与 x 轴一定有交点;

(2)若函数与 x 轴的交点的两个横坐标的值均大于 -1 且小于 1,求 a 的取值范围.

9. 已知 a 是方程 $x^3-3x+q=0$ 的一个实数根(q 是实数).
(1)当 q 是何值时,上述方程恰好有两个不相等的实数根?
(2)证明:当上述方程仅有一个实数根时,$|q|>2$.

第十七讲　代数最值问题

【考点扫描】

求最值问题的方法归纳起来有以下几种：
(1)利用几何知识求最值；
(2)运用配方法求最值；
(3)构造一元二次方程，在方程有解的条件下利用判别式非负求最值；
(4)利用二次函数求最值；
(5)在自变量取值范围有条件限制下，求函数的最值.

对二次函数 $y=ax^2+bx+c=a\left(x+\dfrac{b}{2a}\right)^2+\dfrac{4ac-b^2}{4a}(a\neq 0)$，

(1)若 $a>0$，当 $x=-\dfrac{b}{2a}$ 时，$y_{\min}=\dfrac{4ac-b^2}{4a}$；

(2)若 $a<0$，当 $x=-\dfrac{b}{2a}$ 时，$y_{\max}=\dfrac{4ac-b^2}{4a}$.

【典例精析】

【例1】代数式 $\sqrt{x^2+4}+\sqrt{(12-x)^2+9}$ 的最小值为(　　).
A. 12　　B. 13　　C. 14　　D. 11

【分析】直角坐标系上作出点 $A(0,2),B(12,3)$，再作出点 $A(0,2)$ 关于 x 轴的对称点 $A'(0,2)$，连接 $A'B$，则 $A'B$ 的长就是所求代数式的最小值.由两点间距离公式得 $A'B=\sqrt{12^2+5^2}=13$.

【答案】B.

【评注】将本问题转化为在 x 轴上求一点到同侧的两点 $(0,2),(12,3)$ 距离之和的最小值问题，运用"饮水问题"原理解决.

【例2】函数 $y=\sqrt{x^2-6x+13}-\sqrt{x^2-2x+2}$ 的最大值为_____.

【分析】原函数变形为 $y=\sqrt{(x-3)^2+2^2}-\sqrt{(x-1)^2+1^2}$，在直角坐标系中作出点 $A(3,2),B(1,1)$，再在 x 轴上作一点 P，由图像可知，总有 $|PA-PB|\leqslant|AB|$，只有当 P、A、B 在同一直线上时才有 $|PA-PB|=|AB|$，此时取到最大值，即原问题转化为在 x 轴上找一点 P，使得点 P 到两点 $A(3,2),B(1,1)$ 间距离差的绝对值取到最大值的问题，此时原

函数的最大值是线段 AB 的长.最后由两点间距离公式得 $AB=\sqrt{2^2+1^2}=\sqrt{5}$.

【答案】$\sqrt{5}$.

【评注】把求函数最值问题转化为几何最值问题,将代数问题几何化,数形结合,这是此类问题的常用方法.

【例3*】已知 x 是正实数,则 $|x-1|+|2x-1|+|3x-1|+|4x-1|+|5x-1|$ 的最小值是_____.

【分析】原式$=|x-1|+2\left|x-\dfrac{1}{2}\right|+3\left|x-\dfrac{1}{3}\right|+4\left|x-\dfrac{1}{4}\right|+5\left|x-\dfrac{1}{5}\right|$ 有奇数个绝对值,故当 $x=\dfrac{1}{4}$ 时,原式有最小值 $\dfrac{7}{4}$.

【答案】$\dfrac{7}{4}$.

【评注】对于含绝对值的问题一般可采用零点分段法,但过程往往比较复杂.从零点分布我们可以得出一个重要结论:若有偶数个零点,则最小值在中间两个零点之中间值取到;若有奇数个零点,则最小值在中间零点取到.

【例4】若实数 x,y 满足条件 $2x^2-6x+y^2=0$. 则 x^2+y^2+2x 的最大值是_____.

【分析】由题意得 $y^2=6x-2x^2\geqslant 0$ ∴ $0\leqslant x\leqslant 3$. 令 $s=x^2+y^2+2x=-x^2+8x$, 可见, s 是关于 x 的二次函数, 它的对称轴是直线 $x=4$, 而在直线 $x=4$ 的左侧 s 随 x 的增大而增大. 故当 $x=3$ 时, $s_{\max}=15$.

【答案】15.

【评注】当原式 s 转化为关于 x 的二次函数后, 由隐含条件 $0\leqslant x\leqslant 3$ 知, 对称轴直线 $x=4$ 不在 $0\leqslant x\leqslant 3$ 内, 所以在限制区间上求最值问题, 要结合图像求解.

【例5*】已知 $a、b$ 是实数, 且满足 $16a^2+2a+8ab+b^2-1=0$, 求 $3a+b$ 的最小值.

【分析】求 $3a+b$ 的最值问题, 可以设 $3a+b=t$, 即 $b=t-3a$, 代入已知等式得关于 a 的一元二次方程, 由 a 是实数, 利用根的判别式非否可求得 t 的取值范围, 进而求出结果.

【解】设 $3a+b=t$, 即 $b=t-3a$ 代入原等式,

整理后得 $a^2+(2+2t)a+(t^2-1)=0$,

因为这个方程中 a 是实数,

则这个方程的判别式 $\Delta=(2+2t)^2-4(t^2-1)\geqslant 0$,

得 $t\geqslant -1$, 即 t 的最小值是 -1,

所以, $3a+b$ 的最小值是 -1.

【评注】利用一元二次方程有实根即根的判别式 $\Delta\geqslant 0$ 的特点, 构建关于参数的不等式, 求得参数的取值范围, 即得最值. 判别式法在"含参一元二次方程求参数范围问题中"中经常运用.

【例6】对于 x 的二次三项式 $ax^2+bx+c(a>0)$,

(1)当 $c<0$ 时, 求函数 $y=-2|ax^2+bx+c|-1$ 的最大值;

(2)若不论 k 为任何实数,直线 $y=k(x-1)-\dfrac{k^2}{4}$ 与抛物线 $y=ax^2+bx+c$ 有且只有一个公共点,求 a、b、c 的值.

【分析】(1)∵$a>0$,则 $g(x)=ax^2+bx+c$ 是开口向上的抛物线,又 $c<0$,∴$\Delta=b^2-4ac>0$,$g(x)$ 与 x 轴必有两个交点,∴$|ax^2+bx+c|$ 的最小值为零.(2)直线与抛物线有且只有一个公共点,则直线方程与抛物线方程组成的方程组只有一组解.

【解】(1)∵$a>0$,$c<0$,∴$\Delta=b^2-4ac>0$,

由 $g(x)=ax^2+bx+c$ 与 x 轴必有两个交点,

∴$|ax^2+bx+c|$ 的最小值为零,

则函数 $y=-2|ax^2+bx+c|-1$ 的最大值为 -1;

(2)由 $\begin{cases} y=k(x-1)-\dfrac{k^2}{4}, \\ y=ax^2+bx+c \end{cases}$

消去 y 得 $ax^2+(b-k)x+\dfrac{k^2}{4}+k+c=0$,

∴$\Delta=(b-k)^2-4a\cdot(\dfrac{k^2}{4}+k+c)=0$,

关于 k 的方程整理后,得 $(1-a)k^2-2(2a+b)k+b^2-4ac=0$,

∴$\begin{cases} 1-a=0 \\ -2(2a+b)=0, \\ b^2-4ac=0 \end{cases}$ 解得 $\begin{cases} a=1 \\ b=-2. \\ c=1 \end{cases}$

【评注】对于任意实数 k 都成立,说明整理成关于 k 的方程后,k 的各项系数都应为 0,这实际上是恒等式的特点.

【例7*】设二次函数 $y=-4x^2-4ax-a^2+2a$($-\dfrac{1}{2}\leqslant x\leqslant\dfrac{1}{2}$)有最大值 -2,求实数 a 的值.

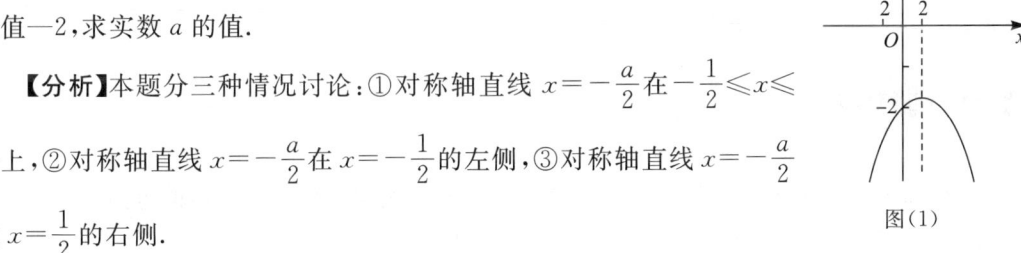

图(1)

【分析】本题分三种情况讨论:①对称轴直线 $x=-\dfrac{a}{2}$ 在 $-\dfrac{1}{2}\leqslant x\leqslant\dfrac{1}{2}$ 上,②对称轴直线 $x=-\dfrac{a}{2}$ 在 $x=-\dfrac{1}{2}$ 的左侧,③对称轴直线 $x=-\dfrac{a}{2}$ 在 $x=\dfrac{1}{2}$ 的右侧.

【解】原二次函数变形为 $y=-4\left(x+\dfrac{a}{2}\right)^2+2a$,

①对称轴直线 $x=-\dfrac{a}{2}$ 在 $-\dfrac{1}{2}\leqslant x\leqslant\dfrac{1}{2}$ 上,

∵$-4<0$,∴$y_{\max}=2a=-2$.

解得 $a=-1$,此时对称轴直线 $x=\dfrac{1}{2}$,满足条件.

②当对称轴直线 $x=-\dfrac{a}{2}$ 在直线 $x=-\dfrac{1}{2}$ 的左侧时,$-\dfrac{a}{2}<-\dfrac{1}{2}$,

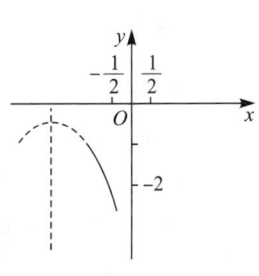

图(2)

即 $a>1$ 时，x 取 $-\dfrac{1}{2}$ 时，y 有最大值 -2，

此时 a 满足 $a^2-4a-1=0$，

解得 $a_1=2+\sqrt{5}$，$a_2=2-\sqrt{5}$（舍去）.

③当对称轴直线 $x=-\dfrac{a}{2}$ 在直线 $x=\dfrac{1}{2}$ 的右侧时 $-\dfrac{a}{2}>\dfrac{1}{2}$，即

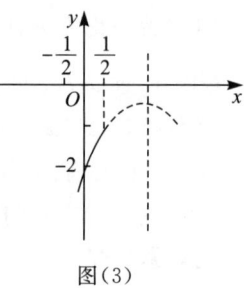

图(3)

$a<-1$ 时，x 取 $\dfrac{1}{2}$ 时，y 有最大值 -2，

此时 a 满足 $a^2-1=0$，

解得 $a=\pm 1$（舍去）.

综合上述实数 a 的值为 $a=2+\sqrt{5}$ 或 $a=-1$.

【评注】画出简图，根据图像求解，这是解决此类求二次函数最值问题的关键.

【例8】结论（柯西不等式）：$(x_1x_2+y_1y_2)^2\leqslant(x_1^2+y_1^2)(x_2^2+y_2^2)$.

(1)请证明结论；

(2)运用这个结论求函数 $y=\sqrt{2}\cdot\sqrt{5-x}+\sqrt{3}\cdot\sqrt{x-3}$ 的最大值.

【分析】(1)两边展开，易证；(2)两边平方，应用结论求解.

【解】(1) $(x_1x_2+y_1y_2)^2=x_1^2x_2^2+2x_1x_2y_1y_2+y_1^2y_2^2\leqslant x_1^2x_2^2+x_1^2y_2^2+y_1^2x_2^2+y_1^2y_2^2=(x_1^2+y_1^2)(x_2^2+y_2^2)$；

(2) $y^2=(\sqrt{2}\cdot\sqrt{5-x}+\sqrt{3}\cdot\sqrt{x-3})^2\leqslant[(\sqrt{2})^2+(\sqrt{3})^2][(\sqrt{5-x})^2+(\sqrt{x-3})^2]=10$，

故 $y\leqslant\sqrt{10}$，

当且仅当 $\dfrac{2}{3}=\dfrac{5-x}{x-3}$，即 $x=\dfrac{21}{5}$ 时等号成立.

【评注】(1)本小题利用基本不等式"$2ab\leqslant a^2+b^2$，当且仅当 $a=b$ 时等号成立"性质来求解的；(2)本小题求解的关键是找到字母 x_1,x_2,y_1,y_2 所对应的式子 $\sqrt{2},\sqrt{5-x},\sqrt{3},\sqrt{x-3}$ 后怎样应用(1)结论解决问题.

【学力训练】

1. 已知 $y=\sqrt{x-1}+\sqrt{5-x}$（$x、y$ 均为实数），则 y 的最大值与最小值的差为_____.

2. 如果多项式 $p=a^2+2b^2+2a+4b+2016$，则 p 的最小值是_____.

3. 函数 $y=\sqrt{x^2+4x+6}-\sqrt{x^2-2x+9}$ 的最大值为_____.

4. 若 $x-1=\dfrac{y+1}{2}=\dfrac{x-2}{3}$，则 $x^2+y^2+z^2$ 可取得的最小值为_____.

5. 已知 a,b 是不为零的实数，对于任意实数 x,y 都有 $(a^2+b^2)(x^2+y^2)+8bx+8ay-k^2+k+28\geqslant 0$，其中 k 是实数，则 k 的最大值为_____.

6. 已知 $0\leqslant a\leqslant 4$，那么 $|a-2|+|3-a|$ 的最小值等于_____.

7. 对于全体 x，不等式 $|x-1|+|x-9|+|x-9|+|x-2|+|x-10|+|x-11|\geqslant m$，则 m 的最大值为_____.

8. 已知函数 $y = x^2 + 2ax + a^2 - 1$ 在 $0 \leqslant x \leqslant 3$ 范围内有最大值 24 最小值 3,求实数 a 的值.

9. 已知 x, y, z 均为非负实数,但 $x = y + z - 1 = 4 - y - 2z$.
(1)用 x 表示 y, z;
(2)求 $w = 4x^2 + yz$ 的最大值.

10. 设 x_1, x_2 是方程 $2x^2 - 4mx + 2m^2 + 3m - 2 = 0$ 的两个实数根,当 m 为何值时,$x_1^2 + x_2^2$ 有最小值?并求出这个最小值.

11. 令函数 $f(x) = x^2 + ax + a - \dfrac{3}{a}(a \neq 0)$ 且 $-1 \leqslant x \leqslant 1$,
(1)当 $a = 1$ 时,求 $f(x)$ 的取值范围;
(2)对于任意实数 x,在 $-1 \leqslant x \leqslant 1$ 内始终有 $f(x) \leqslant 0$,求 a 的取值范围;
(3)当 $a \geqslant 2$ 时,有实数 x 使得 $f(x) \leqslant 0$,求 a 的取值范围.

12. 已知关于 x 的二次函数 $y_1 = ax^2 + 4ax + 4a - 1$ 的图像是 M.

(1) 求 M 关于点 $R(1,0)$ 中心对称的图像 N 的解析式 y_2;

(2) 当 $2 \leqslant x \leqslant 5$ 时, y_2 的最大值为 $\sqrt{5}$, 求 a 的值.

13. 如图, 正三角形 ABC 的边长为 1, 点 M、N、P 分别在 BC、CA、AB 上, 设 $BM = x$, $CN = y$, $AP = z$, 且 $x + y + z = 1$.

(1) 试用 x、y、z 表示 △MNP 的面积;

(2) 求 △MNP 面积的最大值.

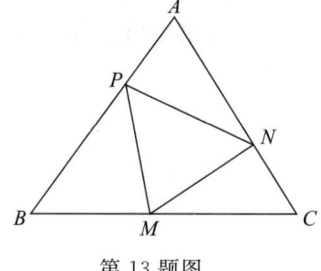

第 13 题图

第十八讲　圆的基本性质

【考点扫描】

圆是一种"完美"的图形.其完美性不仅体现在它既是轴对称图形又是中心对称图形,而且体现在它的旋转不变性,即一个圆绕着它的圆心旋转任意一个角度,都能与自身重合.

由圆的对称性引出了许多重要定理:垂径定理及推论;在同圆或等圆中,圆心角、圆周角、弦、弦心距、弧之间的关系定理及推论.这些性质在计算和证明等方面应用广泛,一般是通过作辅助线构造直角三角形,应用勾股定理或解直角三角形方法解决问题.

常见辅助线添法:半径想直径,直径想直角.

基本图形,基本结论:

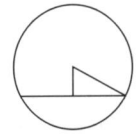 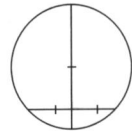  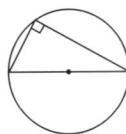  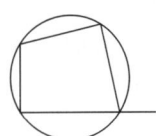

【典例精析】

【例1】如图所示:在平面直角坐标系中,△ABO 的外接圆与 y 轴交于 $C(0,\sqrt{2})$,∠BAO=60°,∠AOB=45°,则 $OA=$ _____.

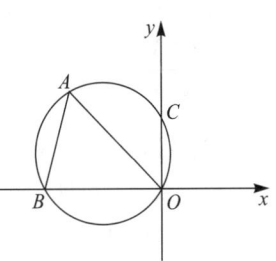

【分析】连接 BC,则∠BCO=∠BAO=60°,∴$OB=\sqrt{6}$,过 B 作 $BD\perp OA$ 于点 D,得含 60°角的 Rt△ABD 与等腰 Rt△OBD,则 $BD=OD=\sqrt{3}$,∴$AD=1$,故 $OA=1+\sqrt{3}$.

【答案】$1+\sqrt{3}$.

【评注】在同圆中,常利用同弧所对的圆周角相等定理,对相关的角进行转化来解决问题.

【例2】如图,已知 ABCD 是⊙O 的内接四边形,$AB=BD$,$BM\perp AC$,求证:$AM=DC+CM$.

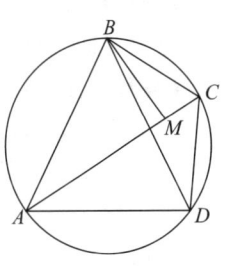

【分析】要证明 $AM=DC+CM$,可在 AM 上截取 $AE=DC$,则只要证明 $ME=CM$ 即可.

【解】证明:在 MA 上截取 $AE=DC$,连接 BE,

∵ $AB=BD$, $\angle BAC=\angle BDC$, $AE=DC$,

∴ $\triangle ABE \cong \triangle DBC$,

∴ $BE=BC$,

∵ $BM \perp AC$,

∴ $ME=CM$,

∴ $AM=AE+EM=CD+CM$.

【评注】用截长(截 AM)或补短(延长 DC),将待证问题转化为证明线段相等的问题.而证明两条线段相等常用全等三角形的判定、性质定理来解决.

【例3】如图,已知锐角 $\triangle ABC$ 的外心为 O,线段 OA 和 BC 的中点分别为点 M、N,若 $\angle ABC=4\angle OMN$, $\angle ACB=6\angle OMN$.求 $\angle OMN$ 的大小.

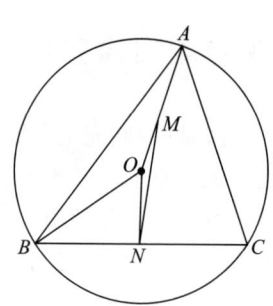

【分析】连接 OC,令 $\angle OMN=x$,要求 $\angle OMN$ 的值,只要在 $Rt\triangle CON$ 中构建关于 x 的方程即可.因为应用圆周角与圆心角的关系,可得 $\angle ONM=\angle OMN$,得 $ON=OM=\frac{1}{2}OC$,求得 $\angle OCN=30°$.

【解】连接 OC,令 $\angle OMN=x$,

$\angle BAC=\frac{1}{2}\angle BOC=\angle CON=180°-10x$.

而 $\angle AOC=8x$,故 $\angle AON==180°-2x$,

从而 $\angle ONM=\angle OMN=x$,

有 $ON=OM=\frac{1}{2}OA=\frac{1}{2}OC$,

∴ $\angle OCN=30°$,则 $\angle NOC=180°-10x=60°$,

解得 $x=12°$,∴ $\angle OMN=12°$.

【评注】圆周角与圆心角数量之间的互相转换,是解决这类问题的常用方法.求 $\angle OCN=30°$ 是解答本题的难点.

【例4】如图,$\triangle ABC$ 是 $\odot O$ 的内接三角形,$AC=BC$,D 为 $\odot O$ 上一点,延长 DA 至点 E,使 $CE=CD$.

(1)求证:$AE=BD$;

(2)若 $AC \perp BC$,求证:$AD+BD=\sqrt{2}CD$.

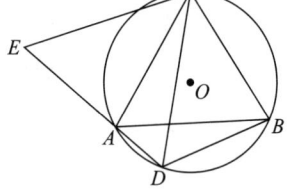

【分析】(1)要证 $AE=BD$,只要证 $\triangle DCB \cong \triangle ECA$ 即可;(2)本小题只要证 $\triangle DEC$ 是等腰直角三角形即可.

【解】(1)证明:由 $AC=BC$,∴ $\angle CAB=\angle CBA$;

由 $CE=CD$,∴ $\angle CED=\angle CDE$,又 $\angle CDE=\angle CBA$,

故 $\angle ACB=\angle ECD$,得 $\angle DCB=\angle ECA$,

∴ $\triangle DCB \cong \triangle ECA$(SAS),

从而 $AE=BD$.

(2)证明:∵ $\angle DCB=\angle ECA$,

又 $AC \perp BC$,

∴ $\angle ACB = \angle ECD = \text{Rt}\angle$,

而 $CE = CD$,

∴ $DE = \sqrt{2}CD$,

由(1)得 $AE = BD$,

∴ $AD + BD = EA + AD = DE = \sqrt{2}CD$.

【评注】在几何证明的结论中出现线段与线段的 $\sqrt{2}$ 倍关系,通常把这些线段转化到一个等腰直角三角形内去解决.

【例5】如图,已知圆 O 的半径为 3,点 M 为圆 O 内一定点. $OM = \sqrt{5}$, AB, CD 是圆 O 的两条相互垂直的弦,垂足为 M.

(1)当 $AB = 4$ 时,求四边形 $ABCD$ 的面积;

(2)当 AB 变化时,求四边形 $ABCD$ 的面积的最大值.

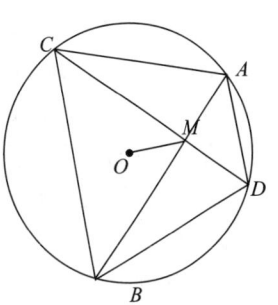

【分析】∵ $AB \perp CD$,∴ $S_{四边形ADBC} = \frac{1}{2}AB \cdot CD$,(1)∵ $AB = 4$,

∴本小题解答的关键是求 CD 的长;(2)过点 O 作 $OE \perp AB$ 于 E, $OF \perp CD$ 于 F,设 $OE = x$,则可用 x 的代数式分别表示 AB、CD 的长,这样可构建关于 x 的函数,进而用二次函数的最值求法解得结果.

【解】(1)分别过点 O 作 $OE \perp AB$ 于 E, $OF \perp CD$ 于 F,连接 OB, OC,

则 $AB = 2\sqrt{9 - OE^2} = 4$,

∴ $OE = \sqrt{5}$,

又∵ $OE^2 + OF^2 = OM^2 = 5$,

∴ $OF = 0$, $CD = 6$,

∴ $S_{四边形ADBC} = \frac{1}{2}AB \cdot CD = 12$.

(2)设 $OE = x$, $OF = y$,

则 $x^2 + y^2 = 5$,

∴ $AB = 2\sqrt{9 - x^2}$, $CD = 2\sqrt{9 - y^2} = 2\sqrt{4 + x^2}$,

∴ $S_{四边形ADBC} = \frac{1}{2}AB \cdot CD = 2\sqrt{9 - x^2} \times \sqrt{4 + x^2} = 2\sqrt{-x^4 + 5x^2 + 36}$

$= 2\sqrt{-(x^2 - \frac{5}{2})^2 + \frac{169}{4}}$,

∴当 $x^2 = \frac{5}{2}$ 时,四边形 $ABCD$ 的面积的最大值为 13.

【评注】求弦的长,通常构造由弦心距、弦、半径构成的直角三角形,再应用勾股定理解决.

【例6】四边形 $ABCD$ 内接于圆 O, BC 为 $\odot O$ 的直径, E 为 DC 边上一点,若 $AE \parallel BC$, $AE = EC = 5$, $AB = 4$.

(1)求 AD 的长;

(2) 求△ABE 的面积.

【分析】(1)猜想 $AD=AB$,应用同圆中等圆周角所对的弦长相等验证;(2)要求 △ABE 的面积,只要求 △ABE 边 AE 上的高.过点 A 作 $AF\perp BC$ 于 F,易知若知道 ⊙O 的半径,则在 △ABO 中不难求得 AF 的长,可见求出 ⊙O 的半径是本小题求解的关键.

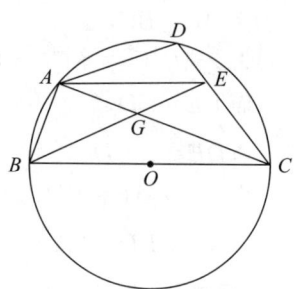

【解】(1) ∵ $AE\parallel BC$, $AE=CE$,
∴ ∠ECA=∠EAC=∠ACB,
∴ $AD=AB=4$.

(2) 如图,连接 OE,OA,过点 A 作 $AF\perp BC$ 交于 F.
∵ $EA=EC,OA=OC$,
∴ O、E 都在线段 AC 的中垂线上,
∴ OE 垂直平分 AC,
∵ ∠ECA=∠OCA,
∴ $OC=EC=5=OB=OA$.

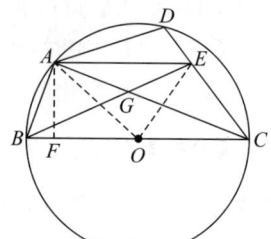

设 $BF=x$,则 $OF=5-x$,
∴ $AF^2=4^2-x^2=5^2-(5-x)^2$,
∴ $x=1\frac{3}{5}$, $AF=\sqrt{4^2-(1\frac{3}{5})^2}=\frac{4}{5}\sqrt{21}$.
∴ $S=\frac{1}{2}AE\cdot AF=\frac{1}{2}\times 5\times\frac{4}{5}\sqrt{21}=2\sqrt{21}$.

【评注】已知三角形三边的长,求其中一条边上的高线长,常用勾股定理构建方程来解决这类问题.

【学力训练】

1. 在甲组图形的 4 个图中,每个图是由 4 种简单图形 A、B、C、D(不同的线段或圆)中的某两个图形组成的,例如由 A、B 组成的图形记为 $A\cdot B$.在乙组图形的 (a)、(b)、(c)、(d)4 个图中,表示"$A\cdot D$"和"$A\cdot C$"的是(   ).

   A.(a),(b)   B.(b),(c)   C.(c),(d)   D.(b),(d)

第1题图   第2题图   第3题图

2. 如图,△ABC 内接于 ⊙O,$BC=a$,$AC=b$,∠A-∠B=90°,则 ⊙O 的面积为_____.

3. 如图,AE 是半圆 O 的直径,弦 $AB=BC=4\sqrt{2}$,弦 $CD=DE=4$,连结 OB,OD,则图

中两个阴影部分的面积和为_____.

4. 已知,$A(-1-\sqrt{2},0),B(0,1+\sqrt{2})$,过点 A、B 两点作直线 l,以点 $C(0,\sqrt{2})$ 为圆心 $\sqrt{2}$ 为半径作圆 C,直线 l 与圆 C 相交于 M、N 两点.
  (1)求线段 MN 的长度;
  (2)求 $\angle MON$ 的大小(O 为坐标原点).

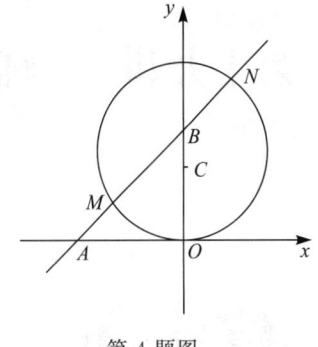

第 4 题图

5. 如图,四边形 $ABCD$ 内接于圆,$AB=AD$,且其对角线交于点 E,点 F 在线段 AC 上,使得 $\angle BFC=\angle BAD=2\angle DFC$,
  (1)求 $\angle CDF$ 的大小;
  (2)求 $\dfrac{BE}{DE}$ 的值.

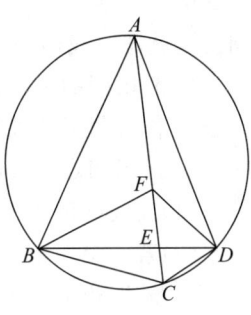

第 5 题图

6. 四边形 $ABCD$ 内接于圆 O,BC 为圆 O 的直径,E 为 DC 边上一点,若 $AE/\!/BC$,$AE=EC=7$,$AD=6$.
  (1)求 AB 的长;
  (2)求 EB 的长.

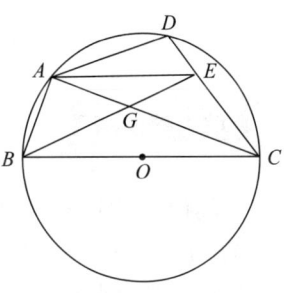

第 6 题图

第十九讲* 辅助圆

【考点扫描】

在处理平面几何中的许多问题时,常需要借助于圆的性质,问题才得以解决.而我们需要的圆并不存在(有时题设中没有涉及圆;有时虽然涉及到圆,但此圆并不是我们需要的圆),这就需要我们利用已知条件,借助图像把需要的圆找出来.添加辅助圆的常见方法有:

1. 利用圆的定义添补辅助圆;
2. 作三角形的外接圆;
3. 运用四点共圆的判定方法:

(1)同底同侧张等角的三角形,各顶点共圆;

(2)若一个四边形的一组对角互补,则它的四个顶点共圆;

(3)若四边形一个外角等于它的内对角,则它的四个顶点共圆.

基本图形,基本结论:

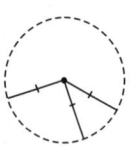  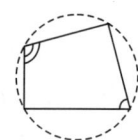 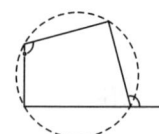

【典例精析】

【例1】如图,AB 是 $\odot O$ 的直径,C 在 $\odot O$ 上,并且 $OC \perp AB$,P 为 $\odot O$ 上一点,位于 B、C 之间,直线 CP 与 AB 的延长线交于点 Q,过点 Q 作直线与 AB 垂直,交直线 AP 于 R. 求证:$BQ = QR$.

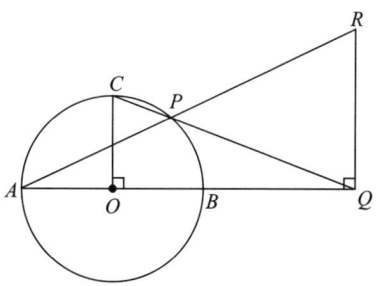

【分析】连接 BR,要证 $BQ = QR$,只要证 $\angle RBQ = \angle BRQ = 45°$ 即可.

【解】连接 BP,BR,得 $\angle APB = 90° = \angle RQA$,

∴ R、Q、B、P 四点共圆,

∴ $\angle RBQ = \angle RPQ = \angle CPA = \dfrac{1}{2} \angle AOC = 45°$,

∴ $\angle RBQ = \angle BRQ$,故 $BQ = QR$.

【评注】构造辅助圆后,利用圆周角的性质定理沟通角与角之间的关系.

【例2】如图,四边形 $ABCD$ 为圆内接四边形,对角线 AC、BD 交于点 E,延长 DA、CB 交于点 F,且 $\angle CAD=60°$,$DC=DE$,
求证:(1)$AB=AF$;
(2)A 为 $\triangle BEF$ 的外心(即 $\triangle BEF$ 外接圆的圆心).

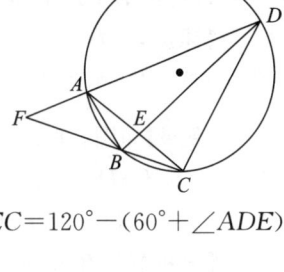

【分析】(1)证 $AB=AF$,只要证 $\angle ABF=\angle F$;(2)证 A 为 $\triangle BEF$ 的外心,只要证 $AB=AF=AE$ 即可.

【解】证明:(1)$\angle ABF=\angle ADC=120°-\angle ACD=120°-\angle DEC=120°-(60°+\angle ADE)$
$=60°-\angle ADE$,
而 $\angle F=60°-\angle ACF$,
$\because \angle ACF=\angle ADE$,
$\therefore \angle ABF=\angle F$,
$\therefore AB=AF$.

(2)四边形 $ABCD$ 内接于圆,
$\therefore \angle ABD=\angle ACD$,又 $DE=DC$,
$\therefore \angle DCE=\angle DEC=\angle AEB$,
$\therefore \angle ABD=\angle AEB$,$AB=AE$;
$\therefore AB=AF=AE$,
即 A 是三角形 BEF 的外心.

【评注】利用圆的定义来证明共圆问题.

【例3】如图五边形 $ABCDE$ 中,AD 是外接圆的直径,$BE \perp AD$ 垂足为 H,过 H 作平行于 CE 的直线,与直线 AC、DC 分别交于点 F、G.证明
(1)点 A、B、F、H 共圆;
(2)四边形 $BFCG$ 是矩形.

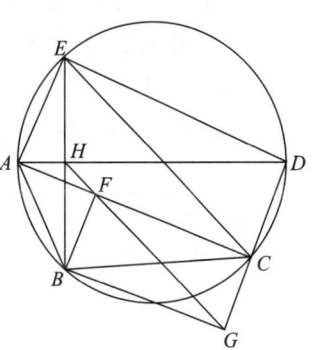

【分析】(1)证点 A、B、F、H 共圆,只要证 BF 同侧的两个张角相等,即 $\angle BAC=\angle BHG$ 即可;(2)证四边形 $BFCG$ 是矩形,只要证四边形 $BGCF$ 中有三个角是直角即可.

【解】(1)证明:$\because HG \parallel EC$,$\therefore \angle BHG=\angle BEC$,
而 $\angle BEC=\angle BAC$,$\therefore \angle BAC=\angle BHG$,
$\therefore$ 点 A、B、F、H 四点共圆;

(2)$\because$ 点 A、B、F、H 共圆,
$\therefore \angle BFC=\angle BHA=Rt\angle$,$\angle BFG=\angle BAH$,
又 AD 是外接圆的直径,$\therefore \angle GCF=\angle ACD=Rt\angle$,
而点 A、B、C、D 四点共圆,
$\therefore \angle BCG=\angle BAH$,
$\therefore \angle BCG=\angle BFG$,
$\therefore B$、G、C、F 四点共圆,

∴∠FBG=∠ACD=Rt∠,
则∠FBG=∠BFC=∠FCG=Rt∠,
∴四边形BFCG是矩形.

【评注】(1)中要善于运用四点共圆的判定定理;(2)中要充分运用已知圆及辅助圆的"对角互补"或"一个外角等到于它的内对角"等定理.

【例4】如图,在正方形ABCD中,从点A引两条射线l_1,l_2,分别过点B、D作l_1,l_2的垂线,垂足为B_1,B_2,D_1,D_2,连接B_1B_2,D_1D_2,试探究B_1B_2与D_1D_2之间的关系,并说明理由.

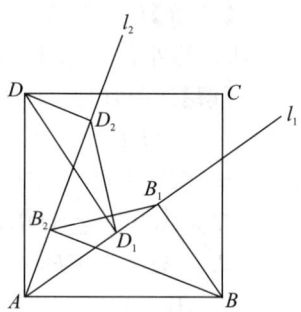

【分析】(1)$B_1B_2=D_1D_2$;(2)$B_1B_2\perp D_1D_2$.分析:(1 易证A,B,B_1,B_2四点共圆,A,D,D_1,D_2四点共圆,且它们是等圆.所以要证$B_1B_2=D_1D_2$.只要应用同圆或等圆中相等的圆周角所对的弦相等性质定理即可,事实上,在等圆中这两条弦所对的圆周角是同一个角;(2)要证$B_1B_2\perp D_1D_2$,只要证$\angle B_1B_2D_2+\angle D_1D_2B_2=90°$,而A,B,$B_1$,$B_2$四点共圆,A,D,$D_1$,$D_2$四点共圆,∴$\angle B_1BA=\angle B_1B_2D_2$,$\angle D_1DA=\angle AD_2D_1$,而$\angle B_1AB+\angle B_1BA=90°$,则只要证$\angle B_1AB=\angle D_1DA$即可.

【解】(1)$B_1B_2=D_1D_2$,(2)$B_1B_2\perp D_1D_2$.

理由:(1)∵$\angle AB_1B=\angle AB_2B$,

∴A,B,B_1,B_2四点共圆,同理A,D,D_1,D_2四点共圆,且两圆是等圆.

∵$\angle B_1AB_2=\angle D_1AD_2$

∴$B_1B_2=D_1D_2$.

(2)∵A,B,B_1,B_2四点共圆,A,D,D_1,D_2四点共圆,

∴$\angle B_1BA=\angle B_1B_2D_2$,$\angle D_1DA=\angle AD_2D_1$.

又$\angle B_1AB+\angle B_1BA=90°$,$\angle B_1AB=\angle D_1DA=90°-\angle DAD_1$,

∴$\angle B_1B_2D_2+\angle B_1B_2D_2=90°$

∴$B_1B_2\perp D_1D_2$.

【评注】这种类型题目称为几何探索题,通常问题的结论没有明确给出,需要自己探索.解这类问题的思路:从给定的条件出发,进行探索、归纳、猜想得出结论,然后证明猜想的结论.

【学力训练】

1. 如图,在四边形ABCD中,AB=BD=DA=AC,则四边形ABCD中,最大内角的度数是_____度.

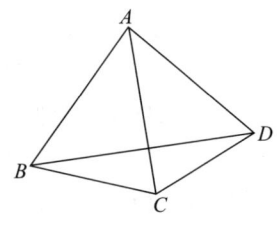

第1题图

2. H 是锐角三角形 ABC 的垂心,D 为 AC 的中点,过 H 垂直于 DH 的直线与边 AB、BC 交于 E、F.求证:$HE=HF$.

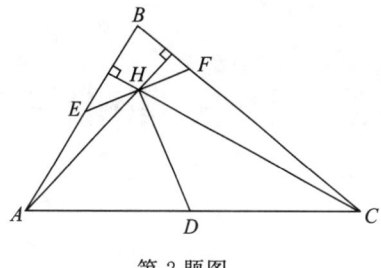

第 2 题图

3. 如图,在四边形 $ABCD$ 中,已知 $BA=AD=DC$,$AC \neq BD$,AC 与 BD 交于点 P,$\angle ABC + \angle BCD = 120°$,求证:$PB=PC$.(提示:在解答本题时可能用到下面结论:对角互补的四边形内接于圆)

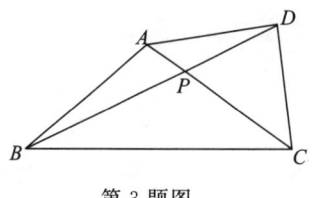

第 3 题图

4. 如图,在锐角△ABC 中,$AB=AC$,$\angle ACB$ 的平分线交 AB 于点 D,过△ABC 的外心 O 作 $OG \perp CD$ 交 AC 于点 E 作 $EF \parallel AB$ 交 CD 于点 F,且 C、E、O、F 四点共圆.
(1)求证:A、O、F 三点共线;
(2)求证:$EA=EF$.

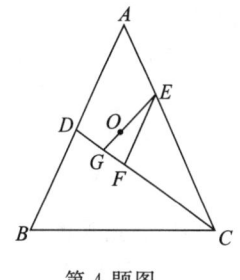

第 4 题图

5. 如图,圆 O 为△ABC 的外接圆,$\angle BAC=60°$,H 为边 AC、AB 上高 BD、CE 的交点,在 BD 上取一点 M,使 $BM=CH$.
(1)求证:$\angle BOC = \angle BHC$;
(2)求证:△$BOM \cong △COH$;
(3)求 $\dfrac{MH}{OH}$ 的值.

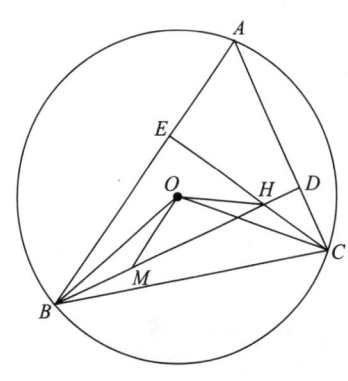

第 5 题图

第二十讲　相似三角形

【考点扫描】

1. 判定两个三角形相似的五种条件：(1)定义；(2)平行；(3)两个角对应相等；(4)三边对应成比例；(5)两边对应成比例且夹角相等.另外,判定两个直角三角形相似的条件：(1)直角三角形斜边上的高；(2)直角三角形的斜边和一条直角边与另一个直角三角形的斜边和一条直角边对应成比例.

注：判定三角形相似,一般先找等角,当难以发现等角或仅能判定一组等角时,则就转向证明边对应成比例,要熟悉每一个判定定理,并能根据条件熟练应用.

2. 熟悉以下形如"A型"、"X型"、"子母型"、"双直角型"等常见的相似三角形.

  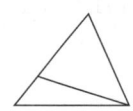 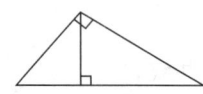 

3. 相似三角形的性质：(1)对应角相等,对应边成比例；(2)对应中线、对应高线、对应角平分线等对应线段之比等于相似比；(3)周长之比等于相似比；(4)面积之比等于相似比的平方.注：相似三角形对应边之比称为相似比.

4. 三角形内角平分线性质定理：三角形内角平分线分对边所成的两条线段,和两条邻边成比例.

已知：$\triangle ABC$ 中,AD 是顶角 A 的角平分线交底边于 D.求证：$\dfrac{BD}{CD}=\dfrac{AB}{AC}$；

证明：作 $DE//AC$,交 AB 于 E,$\therefore \angle ADE = \angle DAC = \angle DAE$,$\therefore AE = DE$,$\because DE//AC$,$\therefore \dfrac{BD}{CD}=\dfrac{BE}{EA}=\dfrac{BE}{DE}$,又

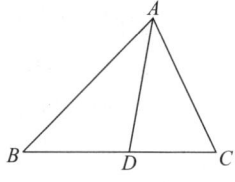

$\triangle BDE \backsim \triangle BCA$,$\therefore \dfrac{BE}{DE}=\dfrac{AB}{AC}$,$\therefore \dfrac{BD}{CD}=\dfrac{AB}{AC}$.

【典例精析】

【例1】等腰三角形 ABC 中,$AB=AC$,E,F 分别是 AB,AC 的点,且 $BE=AF$,连接 CE,BF 交于点 P.若 $\dfrac{CP}{PE}=\dfrac{3}{4}$,则 $\dfrac{AE}{AF}$ 的值为 _____.

【分析】作 $EH \parallel BF$，交 AC 于点 H，则 $\triangle CPF \backsim \triangle CEH$ 有 $\dfrac{CP}{PE} = \dfrac{CF}{FH} = \dfrac{3}{4}$，可设 $AE = CF = 3x$，$HF = 4x$，$AH = y$，则 $BE = AF = 4x + y$，又 $\because \dfrac{AE}{BE} = \dfrac{AH}{HF}$，$\therefore \dfrac{3x}{y+4x} = \dfrac{y}{4x}$，可得 $\dfrac{AE}{BE} = \dfrac{1}{2}$.

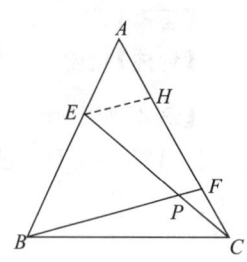

【答案】$\dfrac{1}{2}$.

【评注】这类问题常作平行线，构造"A"字型相似三角形解决.

【例2】如图所示，正方形 $ABCD$ 中，E，F 分别是 AB，BC 上的点，DE 交 AC 于 M，AF 交 BD 于 N，若 AF 平分 $\angle BAC$，$DE \perp AF$，记 $x = \dfrac{BE}{OM}$，$y = \dfrac{BN}{ON}$，$z = \dfrac{CF}{BF}$，则有（ ）

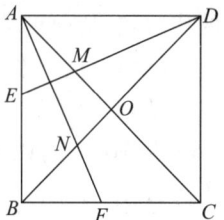

A. $x > y > z$ B. $x = y = z$
C. $x = y > z$ D. $x > y = z$

【分析】由角平分线定理得，$y = \dfrac{BN}{ON} = \dfrac{AB}{AO} = \sqrt{2}$，$z = \dfrac{CF}{BF} = \dfrac{AC}{AB} = \sqrt{2}$，过 B 作 $BG \parallel OA$ 交 DE 的延长线于 G，$\because AF$ 平分 $\angle BAC$，$DE \perp AF$，$\therefore \angle ADE = \angle BDE$，可证 $\angle BEG = \angle BGE$，$\therefore BE = BG$，可知 OM 是 $\triangle DBG$ 的中位线，$OM = \dfrac{1}{2} BG = \dfrac{1}{2} BE$，$\therefore x = \dfrac{BE}{OM} = 2$. 故 $x > y = z$.

【答案】D.

【评注】由内角平分线定理，不难得到 $y = z = \sqrt{2}$. 但求 $x = \dfrac{BE}{OM}$ 的值就有难度了，所以我们添加辅助线，将线段 BE 转化添加的线段 BG，这样证 OM 是 $\triangle DBG$ 的中位线，问题就解决了.

【例3】如图，在 $\triangle ABC$ 中 $AB = AC = \sqrt{5}$，$BC = 2$，在 BC 上有 50 个不同的点 $P_1, P_2, \cdots, P_{50}$，过这 50 个点分别作 $\triangle ABC$ 的内接矩形 $P_1 E_1 F_1 G_1$，$P_2 E_2 F_2 G_2$，$\cdots$，$P_{50} E_{50} F_{50} G_{50}$，每个内接矩形的周长分别为 $L_1, L_2, \cdots, L_{50}$，则 $L_1 + L_2 + \cdots + L_{50} = $ _____.

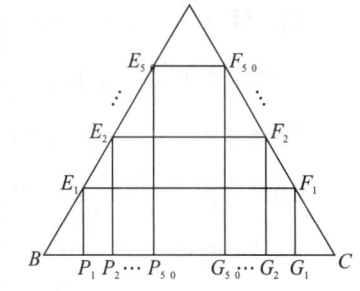

【分析】过 A 作 AD 垂直于 BC，交 BC 于点 D；得 $BD = 1$，$AD = 2$，设 $E_1 F_1$ 与 AD 交于 M，$\because E_1 F_1 \parallel BC$，$\therefore \triangle AE_1F_1 \backsim \triangle ABC$，$\therefore \dfrac{AM}{AD} = \dfrac{E_1F_1}{BC}$，设 $E_1F_1 = x$，$E_1P_1 = y$，$\therefore \dfrac{2-y}{2} = \dfrac{x}{2}$，$x + y = 2$，$\therefore$ 矩形 $E_1F_1G_1P_1$ 的周长 $L_1 = 4$，同理可求得 $\triangle ABC$ 其他的内接矩形的周长均为 4，$\therefore L_1 + L_2 + \cdots + L_{50} = 4 \times 50 = 200$.

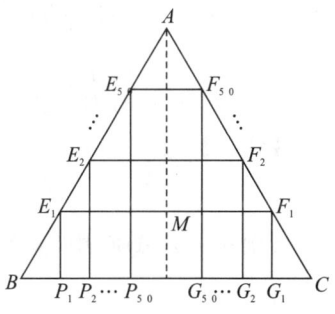

【答案】200.

【评注】先应用相似三角形"对应高的比等于相似比"的性质,再转化为方程求解.

【例 4】如图所示:设 M 是 $\triangle ABC$ 的重心(即 M 是中线 AD 上一点,且 $AM=2MD$),过 M 的直线分别交边 AB、AC 于 P、Q 两点,且 $\dfrac{AP}{PB}=m,\dfrac{AQ}{QC}=n$,求 $\dfrac{1}{m}+\dfrac{1}{n}$ 的值.

【分析】过点 B 作 $BE\parallel PQ$ 交 AD 延长线于点 E,过点 C 作 $CF\parallel PQ$,交 AD 于点 F,根据"A"字型的相似可得出 $\dfrac{1}{m}$,$\dfrac{1}{n}$ 关于相关线段的代数式,从而可求出原式的值.

【解】过点 B 作 $BE\parallel PQ$ 交 AD 延长线于点 E,过点 C 作 $CF\parallel PQ$,交 AD 于点 F,则 $\triangle BED\cong\triangle CFD$.

设 $MD=a$,则 $AM=2a$,再设 $DE=x$,则可得 $DF=x$.

$\because BE\parallel PQ,\therefore \dfrac{1}{m}=\dfrac{PB}{PA}=\dfrac{AM}{ME}=\dfrac{a+x}{2a}$,

$\because CF\parallel PQ,\therefore \dfrac{1}{n}=\dfrac{QC}{AQ}=\dfrac{MF}{AM}=\dfrac{a-x}{2a}$,

$\therefore \dfrac{1}{m}+\dfrac{1}{n}=\dfrac{a+x}{2a}+\dfrac{a-x}{2a}=1$.

故 $\dfrac{1}{m}+\dfrac{1}{n}=1$.

【评注】这类问题常常添加平行线,构造"A"字或"X"字型的相似三角形,列出方程或函数关系式解决.

【例 5】一条直线截 $\triangle ABC$ 的边 BC、CA、AB 或它们的延长线于点 D、E、F. 求证:$\dfrac{BD}{CD}\cdot\dfrac{CE}{EA}\cdot\dfrac{AF}{FB}=1$.

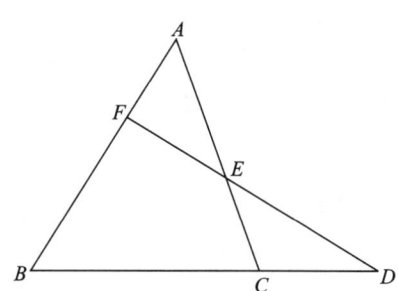

【分析】作 $CP\parallel AB$ 交 FD 于点 P,寻找相似三角形,推出与 $\dfrac{BD}{CD},\dfrac{CE}{EA},\dfrac{AF}{FB}$ 相关的比例式即可.

【解】证明:作 $CP\parallel AB$ 交 FD 于点 P,则,

$\triangle DCP\backsim\triangle DBF,\dfrac{BD}{CD}=\dfrac{BF}{PC}$;

$\triangle ECP\backsim\triangle EAF,\dfrac{CE}{EA}=\dfrac{CP}{AF}$;

$\therefore \dfrac{BD}{CD}\cdot\dfrac{CE}{EA}\cdot\dfrac{AF}{FB}=\dfrac{BF}{PC}\cdot\dfrac{CP}{AF}\cdot\dfrac{AF}{BF}=1$.

【评注】添加平行线构造"A"字、"X"字型相似三角形,利用相似三角形对应边成比例的性质来证明.

【例 6】在 $\triangle ABC$ 中,$\angle ACB=90°$,AE 是 $\angle A$ 的平分线,$CD\perp AB$ 于 D,交 AE 于 F 点,$FM\parallel AB$.

(1) 求证：$\dfrac{AE}{AF}=\dfrac{AB}{AC}$；

(2) 求证：$\dfrac{AB}{AC}=\dfrac{BE}{EC}$；

(3) 求证：$CE=MB$.

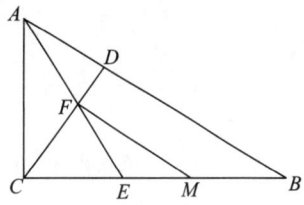

【分析】(1) 证 $\triangle ACF \backsim \triangle ABE$ 即可；(2) 应用三角形面积公式 $S_\triangle=\dfrac{1}{2}AB\cdot AC\sin A$ 证明结论；(3) 由 $FM /\!/ AB$，得 $\dfrac{BM}{BE}=\dfrac{AF}{AE}$ 及 (1)、(2) 的结论，可证明结论.

【解】证明：(1) $\because \angle CAF=\angle EAB, \angle ACF=\angle B=90°-\angle CAD$，

$\therefore \triangle ACF \backsim \triangle ABE$，

$\therefore \dfrac{AC}{AF}=\dfrac{AB}{AE}$，

$\dfrac{AE}{AF}=\dfrac{AB}{AC}$；

(2) $\dfrac{BE}{EC}=\dfrac{S_{\triangle AEB}}{S_{\triangle AEC}}=\dfrac{\dfrac{1}{2}AB\cdot AE\cdot \sin\angle EAB}{\dfrac{1}{2}AC\cdot AE\cdot \sin\angle EAC}=\dfrac{AB}{AC}$；

(3) $\because FM /\!/ AB, \dfrac{BM}{BE}=\dfrac{AF}{AE}$，由 (1)、(2) 得 $\dfrac{AC}{AB}=\dfrac{AF}{AE}, \dfrac{AC}{AB}=\dfrac{EC}{BE}$，

$\therefore CE=MB.$

【评注】(2) 中的证明方法也可以参照考点扫描的内角平分线性质定理的证明方法.

【学力训练】

1. 一张等腰三角形纸片，底边长为 15 cm，底边上的高长 22.5 cm. 现沿底边依次从下往上裁剪宽度均为 3 cm 的矩形纸条，如图所示. 已知剪得的纸条中有一张是正方形，则这张正方形纸条是第_____.

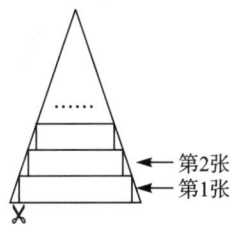

第 1 题图

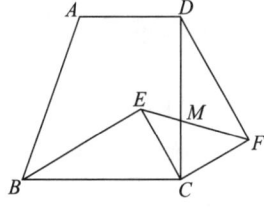

第 2 题图

2. 如图，直角梯形 $ABCD$ 中，$\angle BCD=90°, AD /\!/ BC, BC=CD, E$ 为梯形内一点，且 $\angle BEC=90°$，将 $\triangle BEC$ 绕 C 点旋转 $90°$ 使 BC 与 DC 重合，得到 $\triangle DCF$，连 EF 交 CD 于 M. 已知 $BC=5, CF=3$，则 $DM:MC$ 的值为_____.

3. 如图,正△ABC中,MN∥AC,$\dfrac{BM}{AM}=\dfrac{3}{2}$,D 为 AC 上的一点,O 为△BMN 的外心,如果 $\dfrac{S_{\triangle AOD}}{S_{\triangle ABC}}=\dfrac{1}{5}$,那么 $\dfrac{AD}{AC}$ 为 _____.

4. 已知,在△ABC 中,D 为 BC 的中点,E 为 AB 上一点,且 $BE=\dfrac{1}{4}AB$,F 为 AC 上一点,且 $CF=\dfrac{2}{5}AC$,EF 交 AD 于 P,则 EP:PF 的值为 _____.

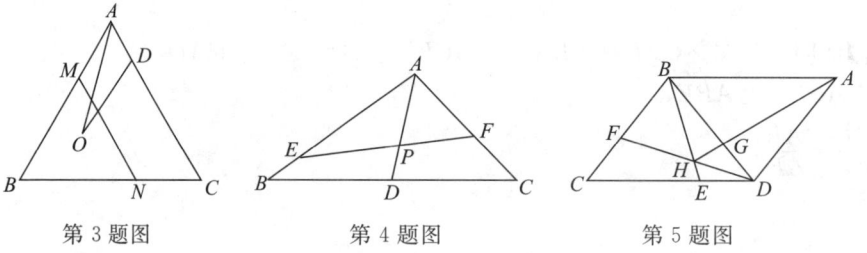

第 3 题图　　　　第 4 题图　　　　第 5 题图

5. 如图,在菱形 ABCD 中,AB=BD=2,点 E、F 分别在边 CD、BC 上,且 BF=CE.连接 BE、DF 相交于点 H,连接 AH,BD 相交于点 G,若 BF:FC=2:1,则 AH= _____.

6. 如图,已知 P 是△ABC 内任意一点,连接 AP,BP,CP 并延长交 BC,CA,AB 于 D,E,F 三点,令 $T=\dfrac{PD}{AD}+\dfrac{PE}{BE}+\dfrac{PF}{CF}$,猜想 T 的值,并证明.

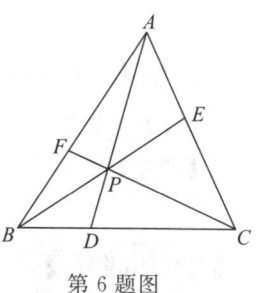

第 6 题图

7. 如图,设 D 为锐角三角形 ABC 内一点,满足 ∠ADB=∠ACB+90°,AC·BD=AD·BC,以 DB 为一腰作等腰直角三角形 DBE,连接 AE,DC.

(1) 求证:△ABC∽△AED;

(2) 在图中再找一对相似三角形,并加以证明;

(3) 证明 $\dfrac{AB \cdot CD}{AC \cdot BD}$ 为定值.

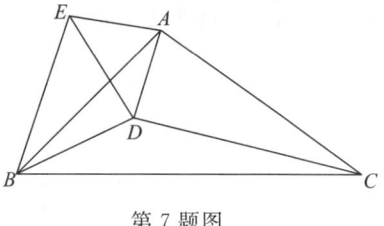

第 7 题图

8. 如图,在△ABC 中,∠ACB=∠CAB+30°=∠ABC+60°,在边 AB 内取点 D,在 CA 的延长线上取点 E,使 AC·CE+AB·BD=BC².

求证:(1)∠CEB>∠ABC;

(2)BE=2CD.

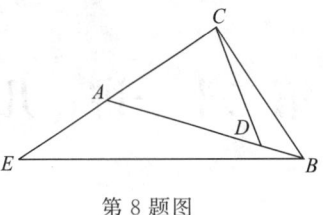

第 8 题图

9. △ABC 和△DEF 是两个等腰直角三角形,∠A=∠D=90°,△DEF 的顶点 E 位于 BC 的中点上.

(1)如图(1),设 DE 与 AB 交于点 M,EF 与 AC 交于点 N,求证:△BEM∽△CNE;

(2)如图(2),将△DEF 绕点 E 旋转,使得 DE 与 BA 的延长线交于点 M,EF 与 AC 交于点 N,于是除(1)中的一对相似三角形外,能否再找出一对相似三角形,并证明你的结论.

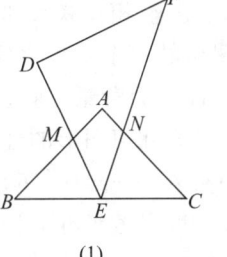 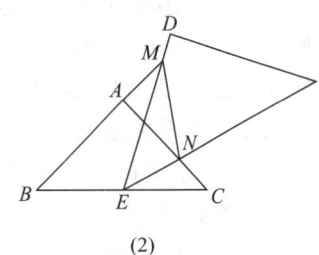

(1)　　　　　(2)

第 9 题图

第二十一讲　几何与列函数解析式

【考点扫描】

客观世界中事物总是相互关联、相互制约的.几何中列函数解析式方法是从量和形的侧面分别去描述客观世界的运动变化、相互联系和相互制约等规律的数学方法.这类题目的类型有：1. 在示系中通过几何图形的两个变量之间的关系建立函数关系式,进一步研究图形的几何性质.2. 以平面直角坐标系为背景,通过几何图形运动变化过程中两个变量之间的关系建立函数关系式,进一步研究几何图形的性质,体现了数形结合的思想方法.但在坐标系中,每一个坐标与一对有序实数一一对应,实数有正负之分,而线段长度值均为正数,建立函数关系式后应注意这一点.一般思考步骤分四步：坐标、线段、函数、几何.所列函数式有：一次函数、反比例函数、二次函数等.

【典例精析】

【例 1】如图,正方形 $ABCD$ 的边长为 a,动点 P 从点 A 出发,沿折线 $A \to B \to D \to C \to A$ 的路径运动,回到点 A 时运动停止.设点 P 运动的路程长为 x,AP 长为 y,则 y 关于 x 的函数图像大致是(　　)

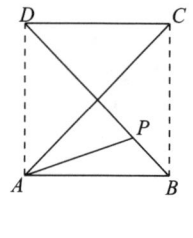

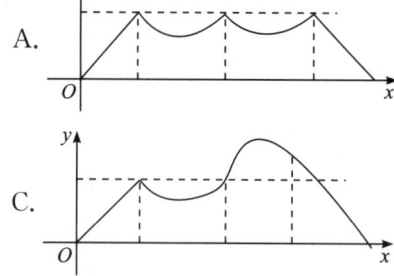

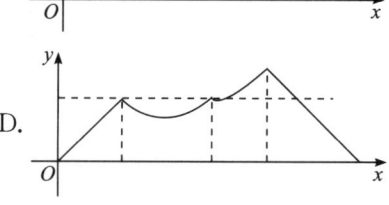

【分析】因为动点 P 沿折线 $A \to B \to D \to C \to A$ 的路径运动,因此,y 关于 x 的函数图像分为四部分：$A \to B$,$B \to D$,$D \to C$,$C \to A$.当动点 P 在 $A \to B$ 上时,函数 y 随 x 的增大而增大,且 $y=x$,四个图像均正确.当动点 P 在 $B \to D$ 上时,函数 y 在动点 P 位于 BD 中点时最小,且在中点两侧是对称的,故选项 B 错误.当动点 P 在 $D \to C$ 上时,函数 y 随 x 的增大而增大,故选项 A,C 错误.当动点 P 在 $C \to A$ 上时,函数 y 随 x 的增大而减小.故选项 D 正确.故选 D.

【答案】D.

【评注】根据动点 P 在图形中分段运动时对应的函数关系式来验证函数图像的正确性.

【例2】如图,在半径为2的扇形 AOB 中,$\angle AOB=90°$,点 C 是弧 AB 上的一个动点(不与点 A、B 重合) $OD\perp BC$,$OE\perp AC$,垂足分别为 D、E.

(1)当 $BC=1$ 时,求线段 OD 的长;

(2)在 $\triangle DOE$ 中是否存在长度保持不变的边?如果存在,请指出并求其长度,如果不存在,请说明理由;

(3)设 $BD=x$,$\triangle DOE$ 的面积为 y,求 y 关于 x 的函数关系式,并写出它的定义域.

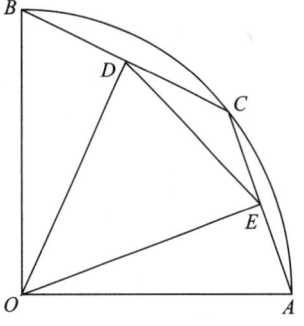

【分析】(1)根据垂径定理、利用勾股定理即可求出 OD 的长.(2)连接 AB,由 $\triangle AOB$ 是等腰直角三角形可得出 AB 的长,再由 D 和 E 是中点,根据三角形中位线定理可得出 DE.(3)由 $BD=x$,可知 $OD=\sqrt{4-x^2}$,由于 $\angle 1=\angle 2$,$\angle 3=\angle 4$,所以 $\angle 2+\angle 3=45°$,过 D 作 $DF\perp OE$,则 $DF=OF=\dfrac{\sqrt{4-x^2}}{\sqrt{2}}$,$EF=\dfrac{1}{\sqrt{2}}x$,$OE=\dfrac{x+\sqrt{4-x^2}}{\sqrt{2}}$,即可求得 y 关于 x 的函数关系式.

【解】解:(1) $\because$ 点 O 是圆心,$OD\perp BC$,$BC=1$,$\therefore BD=\dfrac{1}{2}BC=\dfrac{1}{2}$.

又 $\because OB=2$,$\therefore OD=\sqrt{OB^2-BD^2}=\sqrt{2^2-\left(\dfrac{1}{2}\right)^2}=\dfrac{\sqrt{15}}{2}$.

(2)存在,DE 是不变的.

如图,连接 AB,则 $AB=\sqrt{OB^2+OA^2}=2\sqrt{2}$.

$\because D$ 和 E 是中点,$\therefore DE=\dfrac{1}{2}AB=\sqrt{2}$.

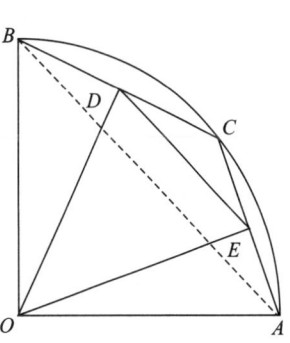

(3) $\because BD=x$,$\therefore OD=\sqrt{4-x^2}$.

$\because \angle 1=\angle 2$,$\angle 3=\angle 4$,$\angle AOB=90°$.

$\therefore \angle 2+\angle 3=45°$.

过 D 作 $DF\perp OE$,垂足为点 F.$\therefore DF=OF=\dfrac{\sqrt{4-x^2}}{\sqrt{2}}$.

由 $\triangle BOD\sim\triangle EDF$,得 $\dfrac{BD}{EF}=\dfrac{OD}{DF}$,即

$\dfrac{x}{EF}=\dfrac{\sqrt{4-x^2}}{\dfrac{\sqrt{4-x^2}}{\sqrt{2}}}$,解得 $EF=\dfrac{1}{\sqrt{2}}x$.

$\therefore OE=\dfrac{x+\sqrt{4-x^2}}{\sqrt{2}}$.

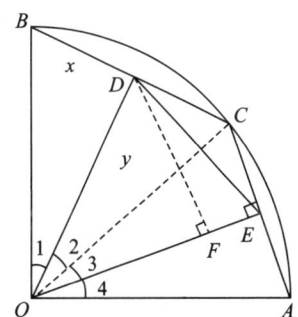

$$\therefore y=\frac{1}{2}DF\cdot OE=\frac{1}{2}\cdot\frac{\sqrt{4-x^2}}{\sqrt{2}}\cdot\frac{x+\sqrt{4-x^2}}{\sqrt{2}}=\frac{4-x^2+x\sqrt{4-x^2}}{4}(0<x<\sqrt{2}).$$

【评注】本题考查的知识点是：垂径定理，勾股定理，等腰直角三角形的判定和性质定理，三角形中位线定理，相似三角形的判定和性质定理．设几何图形中的两个量具有函数关系，利用相似形知识来构建等式关系，整理后可得到所求的函数关系式，是解这类问题的常用方法．

【例3】如图，已知 $\triangle ABC$ 中，$AB=a$，点 D 在 AB 边上移动，(点 D 不与 A、B 重合)，$DE/\!/BC$，交 AC 于 E，连接 CD．设 $S_{\triangle ABC}=S,S_{\triangle DEC}=S_1$．

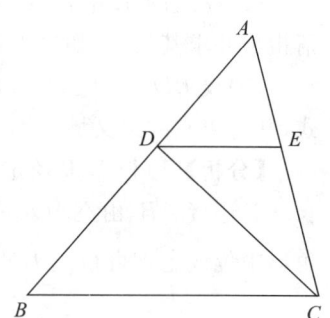

(1) 当 D 为 AB 中点时，求 $S_1:S$ 的值；

(2) 若 $AD=x,\frac{S_1}{S}=y$，求 y 与 x 的函数关系式及自变量 x 的取值范围；

(3) 是否存在点 D，使得 $S_1>\frac{1}{4}S$ 成立？若存在，求出点 D 的位置；若不存在，请说明理由．

【分析】(1) 证 $\triangle ADE\sim\triangle ABC$，得 $\frac{S_{\triangle ADE}}{S}=(\frac{AD}{AB})^2$，求解；(2) $\frac{S_1}{S_{\triangle ADE}}=\frac{EC}{AE}=\frac{DB}{AD}=\frac{a-x}{x}$，$\frac{S_{\triangle ADE}}{S}=(\frac{AD}{AB})^2=\frac{x^2}{a^2}$，$\frac{S_1}{S}=y$，可求得 y 与 x 的函数关系式；(3) 考虑 $S_1>\frac{1}{4}S$ 成立问题，转化为考虑(2)中的函数 $y=\frac{S_1}{S}>\frac{1}{4}$ 问题，则根据完全平方数是非负数这一性质，可以解决问题．

【解】(1) $\because DE/\!/BC,D$ 为 AB 中点，

$\therefore \triangle ADE\sim\triangle ABC$，

$\therefore \frac{AD}{AB}=\frac{AE}{AC}=\frac{1}{2},\therefore \frac{S_{\triangle ADE}}{S}=(\frac{AD}{AB})^2=\frac{1}{4}$，而 $\frac{S_{\triangle ADE}}{S_1}=\frac{AE}{EC}=1$，

$\therefore \frac{S_1}{S}=\frac{1}{4}$；

(2) $\because AD=x,\frac{S_1}{S}=y,\therefore \frac{S_1}{S_{\triangle ADE}}=\frac{EC}{AE}=\frac{DB}{AD}=\frac{a-x}{x}$．

又 $\frac{S_{\triangle ADE}}{S}=(\frac{AD}{AB})^2=\frac{x^2}{a^2}.\therefore S_1=\frac{a-x}{x}S_{\triangle ADE}=\frac{a-x}{x}\cdot\frac{x^2}{a^2}S$，

$\therefore \frac{S_1}{S}=\frac{a-x}{x}\cdot\frac{x^2}{a^2}=\frac{-x^2+ax}{a^2}$，

$\therefore y=-\frac{1}{a^2}x^2+\frac{1}{a}x$，自变量 x 的取值范围是 $0<x<a$．

(3) 不存在点 D，使得 $S_1>\frac{1}{4}S$ 成立．

理由：假设存在点 D，使得 $S_1>\frac{1}{4}S$ 成立，那么 $\frac{S_1}{S}>\frac{1}{4}$．

∴ $-\frac{1}{a^2}x^2+\frac{1}{a}x>\frac{1}{4}$，∴ $(\frac{1}{a}x-\frac{1}{2})^2<0$，但 $(\frac{1}{a}x-\frac{1}{2})^2\geq 0$，

∴ x 不存在．即不存在点 D，使得 $S_1>\frac{1}{4}S$ 成立．

【评注】 题目中出现面积问题，一般应用"相似三角形面积比等于相似比的平方比"性质或"等高的两三角形面积比等于底的比"的性质来解决．

【例4】 如图，矩形 $OABC$ 中，$A(6,0)$、$C(0,2\sqrt{3})$、$D(0,3\sqrt{3})$，射线 l 过点 D 且与 x 轴平行，点 P、Q 分别是 l 和 x 轴正半轴上动点，满足 $\angle PQO=60°$．

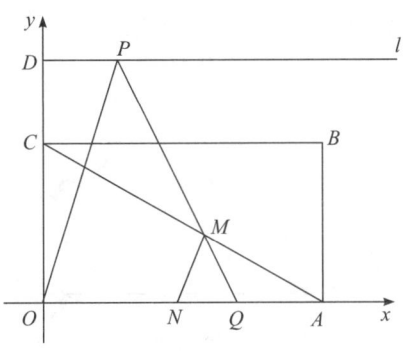
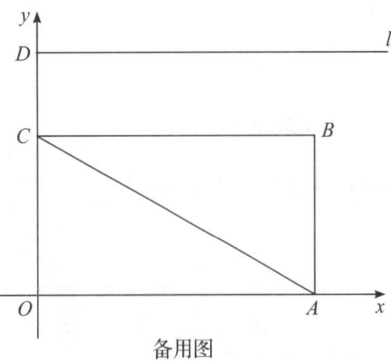
备用图

(1)①点 B 的坐标是____；②$\angle CAO=$_____度；③当点 Q 与点 A 重合时，点 P 的坐标为_____；（直接写出答案）

(2)设点 P 的横坐标为 x，$\triangle OPQ$ 与矩形 $OABC$ 的重叠部分的面积为 S，试求 S 与 x 的函数关系式和相应的自变量 x 的取值范围．

【分析】 (1)①由四边形 $OABC$ 是矩形，根据矩形的性质，即可求得点 B 的坐标，②由正切函数，即可求得 $\angle CAO$ 的度数，③由三角函数的性质，即可求得点 P 的坐标；如图：当点 Q 与点 A 重合时，过点 P 作 $PE\perp OA$ 于 E，求出点 P 的坐标．(2)分别从当 $0\leq x\leq 3$ 时，$3<x\leq 5$ 时，与 $5<x\leq 9$ 时，及 $x>9$ 时去分析求解即可求得答案．

【解】 (1)①$(6,2\sqrt{3})$．②30．③$(3,3\sqrt{3})$．

(2)当 $0\leq x\leq 3$ 时，

如图1，$OI=x$，$IQ=PI\cdot\tan 60°=3$，$OQ=OI+IQ=3+x$；

由题意可知直线 $l\parallel BC\parallel OA$，

可得 $\frac{EF}{OQ}=\frac{PE}{PO}=\frac{DC}{DO}=\frac{\sqrt{3}}{3\sqrt{3}}=\frac{1}{3}$，∴ $EF=\frac{1}{3}(3+x)$，

此时重叠部分是梯形，其面积为：

$S=S_{\text{梯形}EFQO}=\frac{1}{2}(EF+OQ)\cdot OC=\frac{4\sqrt{3}}{3}(3+x)$

$=\frac{4\sqrt{3}}{3}x+4\sqrt{3}$，

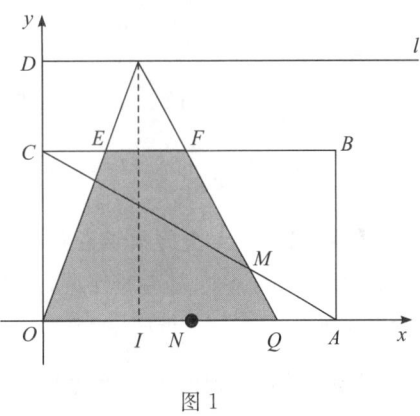
图1

当 $3<x\leqslant 5$ 时,如图 2,

$S=S_{梯形EFQO}-S_{\triangle HAQ}=S_{梯形EFQO}-\dfrac{1}{2}\cdot AH\cdot AQ$

$\qquad=\dfrac{4\sqrt{3}}{3}x+4\sqrt{3}-\dfrac{\sqrt{3}}{2}(x-3)^2$

$\qquad=-\dfrac{\sqrt{3}}{2}x^2+\dfrac{13\sqrt{3}}{3}x-\dfrac{\sqrt{3}}{2}.$

当 $5<x\leqslant 9$ 时,如图 3,

$S=\dfrac{1}{2}(BE+OA)\cdot OC=\sqrt{3}\left(12-\dfrac{2}{3}x\right)$

$\qquad=-\dfrac{2\sqrt{3}}{3}x+12\sqrt{3}.$

当 $x>9$ 时,如图 4,

$S=\dfrac{1}{2}OA\cdot AH=\dfrac{1}{2}\cdot 6\cdot\dfrac{18\sqrt{3}}{x}=\dfrac{54\sqrt{3}}{x}.$

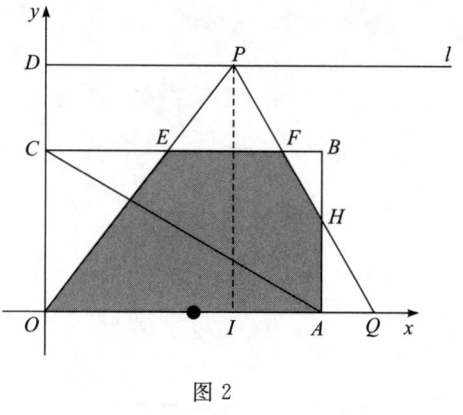

图 2

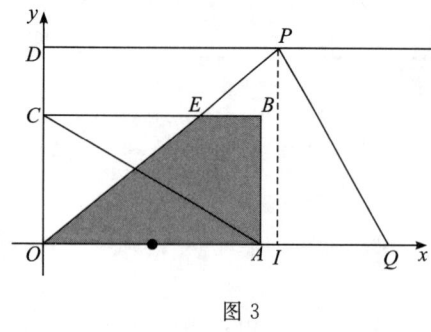

图 3

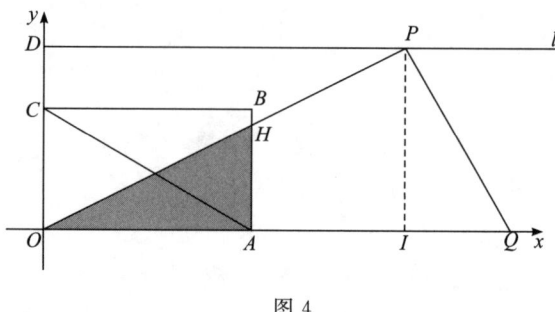

图 4

综上所述,S 与 x 的函数关系式为:

$$S=\begin{cases}\dfrac{4\sqrt{3}}{3}x+4\sqrt{3}\ (0\leqslant x\leqslant 3)\\[4pt]-\dfrac{\sqrt{3}}{2}x^2+\dfrac{13\sqrt{3}}{3}x-\dfrac{\sqrt{3}}{2}\ (3<x\leqslant 5)\\[4pt]-\dfrac{2\sqrt{3}}{3}x+12\sqrt{3}\ (5<x\leqslant 9)\\[4pt]\dfrac{54\sqrt{3}}{x}\ (x>9)\end{cases}.$$

【评注】本题考查的知识点是:矩形的性质,梯形的性质,锐角三角函数,特殊角的三角函数值,相似三角形的判定和性质,解直角三角形等.根据图像的变化进行分类讨论是本题解答的关键.

【例 5】如图,把两个全等的 $Rt\triangle AOB$ 和 $Rt\triangle COD$ 分别置于平面直角坐标系中,使直角边 OB、OD 在 x 轴上.已知点 $A(1,2)$,过 A、C 两点的直线分别交 x 轴、y 轴于点 E、F.抛物线 $y=ax^2+bx+c$ 经过 O、A、C 三点.

(1)求该抛物线的函数解析式;

(2)若△AOB 沿 AC 方向平移(点 A 始终在线段 AC 上,且不与点 C 重合),△AOB 在平移过程中与△COD 重叠部分面积记为 S.试探究 S 是否存在最大值？若存在,求出这个最大值;若不存在,请说明理由.

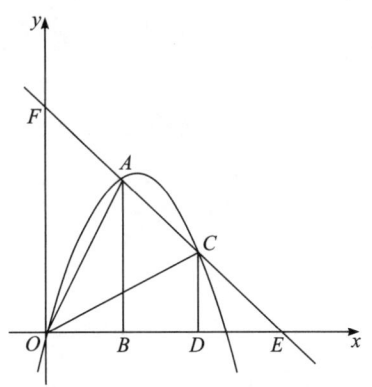
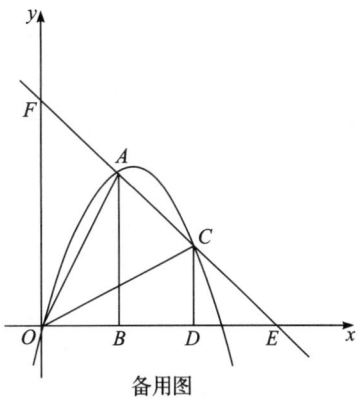
备用图

【分析】(1)抛物线 $y=ax^2+bx+c$ 经过点 $O、A、C$,利用待定系数法求抛物线的解析式. (2)求得重叠部分面积 S 的表达式,然后利用二次函数的最值原理,求得 S 的最大值.

【解】(1)∵抛物线 $y=ax^2+bx+c$ 经过点 O,∴$c=0$.
又∵抛物线 $y=ax^2+bx+c$ 经过点 $A、C$,

∴$\begin{cases} a+b=2 \\ 4a+2b=1 \end{cases}$,解得 $\begin{cases} a=-\dfrac{3}{2} \\ b=\dfrac{7}{2} \end{cases}$.

∴抛物线解析式为 $y=-\dfrac{3}{2}x^2+\dfrac{7}{2}x$.

(2)如图,△AOB 沿 AC 方向平移至△A'O'B',A'B' 交 x 轴于 T,交 OC 于 Q,A'O' 交 x 轴于 K,交 OC 于 R.由 $A、C$ 的坐标可求得过 $A、C$ 的直线为 $y_{AC}=-x+3$.

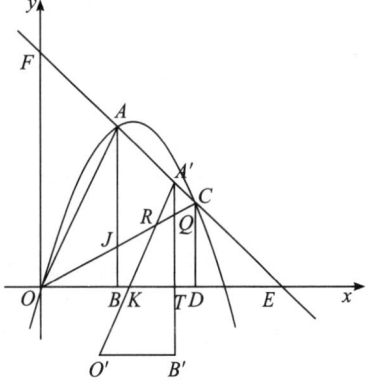

设点 A' 的横坐标为 a,则点 $A'(a,-a+3)$,易知 △OQT∽△OCD,可得 $QT=\dfrac{a}{2}$.∴点 Q 的坐标为 $\left(a,\dfrac{2}{3}\right)$.

设 AB 与 OC 相交于点 J,
∵△A'RQ∽△AOJ,相似三角形对应高的比等于相似比,

∴$\dfrac{HT}{OB}=\dfrac{A'Q}{AJ}$,

∴$HT=\dfrac{A'Q}{AJ}\cdot OB=\dfrac{3-a-\dfrac{1}{2}a}{2-\dfrac{1}{2}}\times 1=2-a$.

∴$KT=\dfrac{1}{2}A'T=\dfrac{1}{2}(3-a),A'Q=y_{A'}-y_Q=(-a+3)-\dfrac{a}{2}=3-\dfrac{3}{2}a$.

∴$S_{四边形RKTQ}=S_{\triangle A'KT}-S_{\triangle A'RQ}=\dfrac{1}{2}KT\cdot A'T-\dfrac{1}{2}A'Q\cdot HT$

$$= \frac{1}{2} \cdot \frac{3-a}{2} \cdot (3-a) - \frac{1}{2} \cdot \left(3 - \frac{3}{2}a\right) \cdot (-a+2)$$

$$= -\frac{1}{2}a^2 + \frac{3}{2}a - \frac{3}{4} = -\frac{1}{2}\left(a - \frac{3}{2}\right)^2 + \frac{3}{8}.$$

∵ $-\frac{1}{2} < 0$,

∴ 在线段 AC 上存在点 $A'\left(\frac{3}{2}, \frac{3}{2}\right)$, 能使重叠部分面积 S 取到最大值, 最大值为 $\frac{3}{8}$.

【评注】本题综合考查了二次函数的图像与性质、待定系数法、二次函数的最值、相似三角形、图形的平移以及几何图形面积的求法, 涉及到的知识点众多, 难度较大, 对学生能力要求较高, 有利于训练并提升学生解决复杂问题的能力.

【学力训练】

1. 小翔在如图1所示的场地上匀速跑步, 他从点 E 出发, 沿箭头所示方向经过点 B 跑到点 C, 共用时30秒. 他的教练选择了一个固定的位置观察小翔的跑步过程. 设小翔跑步的时间为 t(单位:秒), 他与教练的距离为 y(单位:米), 表示 y 与 t 的函数关系的图像大致如图2所示, 则这个固定位置可能是图1中的(   ).

   A. 点 M　　　B. 点 N　　　C. 点 P　　　D. 点 E

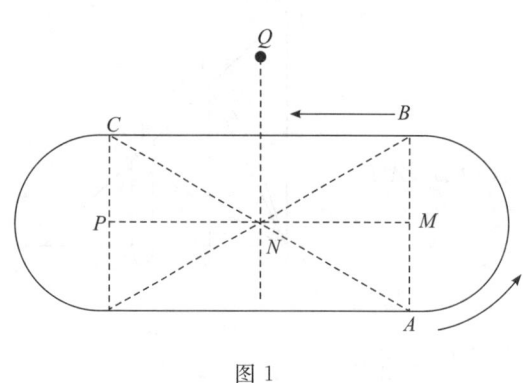

图1

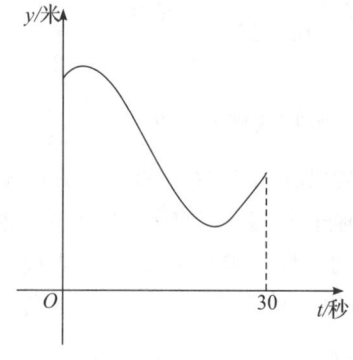

图2

2. 如图, 在 △ABC 中, $AB = AC = 10$ cm, $BD \perp AC$ 于点 D, 且 $BD = 8$ cm. 点 M 从点 A 出发, 沿 AC 的方向匀速运动, 速度为 2 cm/s; 同时直线 PQ 由点 B 出发, 沿 BA 的方向匀速运动, 速度为 1 cm/s, 运动过程中始终保持 $PQ \parallel AC$, 直线 PQ 交 AB 于点 P、交 BC 于点 Q、交 BD 于点 F. 连接 PM, 设运动时间为 ts$(0 < t < 5)$.

   (1) 当 t 为何值时, 四边形 $PQCM$ 是平行四边形?

   (2) 设四边形 $PQCM$ 的面积为 y cm², 求 y 与 t 之间的函数关系式;

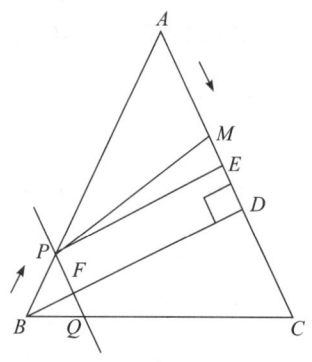

(3) 是否存在某一时刻 t，使 $S_{四边形PQCM} = \dfrac{9}{16} S_{\triangle ABC}$？若存在，求出 t 的值；若不存在，说明理由；

3. 如图，已知等腰 $\mathrm{Rt}\triangle AOB$，其中 $\angle AOB = 90°$，$OA = OB = 2$，E、F 为斜边 AB 上的两个动点（E 比 F 更靠近 A），满足 $\angle EOF = 45°$.
(1) 求证：$\triangle AOF \backsim \triangle BEO$；
(2) 求 $AF \times BE$ 的值；
(3) 作 $EM \perp OA$ 于 M，$FN \perp OB$ 于 N，求 $OM \times ON$ 的值；
(4) 求线段 EF 长的最小值.（提示：必要时可以参考以下公式：
当 $x > 0$，$y > 0$ 时，$x + y = (\sqrt{x} - \sqrt{y})^2 + 2\sqrt{xy}$）.

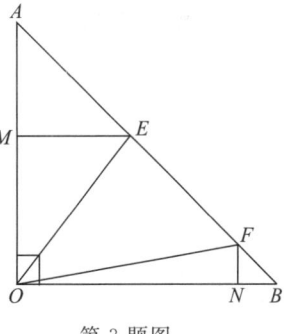

第 3 题图

4. 如图，半径为 2 的 $\odot C$ 与 x 轴的正半轴交于点 A，与 y 轴的正半轴交于点 B，点 C 的坐标为 $(1,0)$. 若抛物线 $y = -\dfrac{\sqrt{3}}{3}x^2 + bx + c$ 过 A、B 两点.
(1) 求抛物线的解析式；
(2) 若点 M 是抛物线（在第一象限内的部分）上一点，$\triangle MAB$ 的面积为 S，求 S 的最大（小）值.

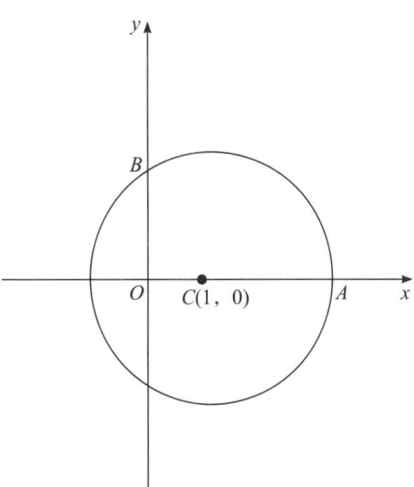

5. 已知二次函数的图像经过 $A(2,0)$、$C(0,12)$ 两点,且对称轴为直线 $x=4$. 设顶点为点 P,与 x 轴的另一交点为点 B.

(1) 求二次函数的解析式及顶点 P 的坐标;

(2) 如图,点 M 是线段 OP 上的一个动点(O、P 两点除外),以每秒 $\sqrt{2}$ 个单位长度的速度由点 P 向点 O 运动,过点 M 作直线 $MN \parallel x$ 轴,交 PB 于点 N. 将 $\triangle PMN$ 沿直线 MN 对折,得到 $\triangle P_1MN$. 在动点 M 的运动过程中,设 $\triangle P_1MN$ 与梯形 $OMNB$ 的重叠部分的面积为 S,运动时间为 t 秒. 求 S 关于 t 的函数关系式.

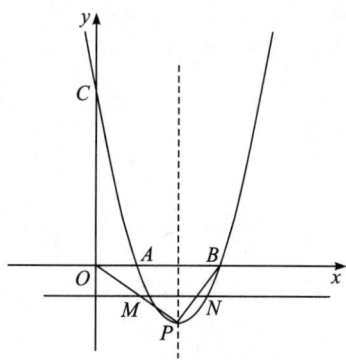

第二十二讲　函数图像与几何

【考点扫描】

函数图像与几何问题,要求学生熟练掌握三角形、四边形、圆等几何知识,较熟练地应用转化、方程、分类讨论、数形结合等数学思想.

解函数图像与几何题时,要善于运用坐标,线段长度,函数解析式三者关系,掌握函数图像性质和几何图形性质,充分发挥形的因素,数形互动,把证明与计算相结合是解题的关键.

【典例精析】

【例1】如图,已知坐标系中两点 $A(2,0)$,$B(0,4)$,连接 AB,C 是线段 AB 上一动点(不与点 A、点 B 重合),作 $CD\perp x$ 轴于点 D,$CE\perp y$ 轴于点 E,连接 OC、DE.

(1)求线段 AB 所在的直线的解析式;

(2)当 $OC\perp DE$ 时,求点 C 的坐标;

(3)当以 D、O、E 为顶点的三角形与△AOB 相似时,求点 C 坐标.

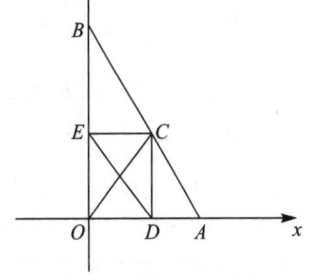

【分析】(1)略;(2)证明四边形 $ODCE$ 是正方形,不难求出点 C 坐标;(3)以 D、O、E 为顶点的三角形与△AOB 相似,分两种情况:△DOE∽△AOB,△EOD∽△AOB 考虑.

【解】(1)$y=-2x+4$;

(2)由题意得四边形 $ODCE$ 是矩形,

∵$OC\perp DE$,

∴矩形 $ODCE$ 是正方形,

∴$CE=CD$,设 $C(t,-2t+4)$,则 $t=-2t+4$,

解得 $t=\dfrac{4}{3}$,

∴$C(\dfrac{4}{3},\dfrac{4}{3})$;

(3)设点 $C(t,-2t+4)$,则 $E(0,-2t+4)$.

当△DOE∽△AOB 时,$\dfrac{t}{-2t+4}=\dfrac{OD}{OE}=\dfrac{OA}{OB}=\dfrac{1}{2}$,解得 $t=1$,$C(1,2)$;

107

当△EOD∽△AOB时,$\frac{t}{-2t+4}=\frac{OD}{OE}=\frac{OB}{OA}=2$,解得 $t=1.6$,$C(1.6,0.8)$.

综上所述,$C(1,2)$ 或 $C(1.6,0.8)$.

【评注】求出相应的点的坐标是解与直角坐标系相关几何综合题的基础与关键,基本方法有:一是用坐标字母表示线段长;二是运用几何知识构建方程,求出坐标对应字母的值.

【例2】如图,直线 AB 经过 $A(1,0)$,$B(0,1)$ 两点,动点 P 在双曲线 $y=\frac{1}{2x}$($x>0$) 上运动,$PM\perp x$ 轴,$PN\perp y$ 轴,垂足分别为 M、N,PN、PM 与线段 AB 分别交于 F、E.

(1)求证:$AF\cdot BE=1$;

(2)△BOE∽△AFO;

(3)设△OEF 的外心为 G,求证:点 G、P 关于直线 AB 对称.

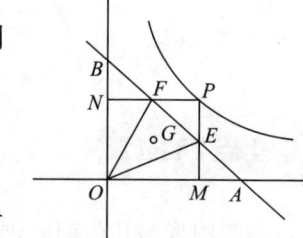

【分析】(1)中设 $P(x_0,y_0)$,则线段 $PM=y_0$,$AF=\sqrt{2}PM=\sqrt{2}y_0$,同理 $BE=\sqrt{2}x_0$,易证;(2)∵$\angle OBE=\angle FAO=45°$,∴证 $\frac{OB}{AF}=\frac{BE}{OA}$ 即可;(3)证明点 G、P 关于直线 AB 对称,只要证四边形 FGEP 为正方形,即只要证△EGF 为等腰直角三角形,$\angle EOF=45°$,问题就可以得到解决.

【解】(1)设 $P(x_0,y_0)$,

则 $E(x_0,-x_0+1)$,$F(1-y_0,y_0)$,$y_0=\frac{1}{2x_0}$,$x_0y_0=\frac{1}{2}$.

∴$AF=\sqrt{2}y_0$,$BE=\sqrt{2}x_0$,

则 $AF\cdot BE=\sqrt{2}y_0\sqrt{2}x_0=1$.

(2)在△BOE 和△AFO 中,

∵$AF\cdot BE=1=OA\cdot OB$,

∴$\frac{OB}{AF}=\frac{BE}{OA}$,

又∵$\angle OBE=\angle FAO=45°$,

∴△BOE∽△AFO.

(3)连接 GF、GE,

由(2)得△BOE∽△AFO,

∴$\angle OEB=\angle FOA$,

又∵$\angle OEB=\angle EOA+\angle OAE$,$\angle FOA=\angle EOF+\angle EOA$,

∴$\angle EOF=\angle EAO=45°$,

∴$\angle EGF=2\angle EOF=90°$,

即△EGF 为等腰直角三角形,故四边形 FGEP 为正方形,

∴点 G、P 关于直线 AB 对称.

【评注】解函数图像下的几何证明问题的关键:一是将线段计算、证明问题转化为坐标问题解决,二是几何图形中寻找证明相似三角形、等腰直角三角形等所需要的条件.

【例3】如图,一个二次函数的图像上任意一点的坐标(x,y)满足方程$\sqrt{(x-\frac{3}{2})^2+(y+\frac{21}{8})^2}=|y+\frac{29}{8}|$.

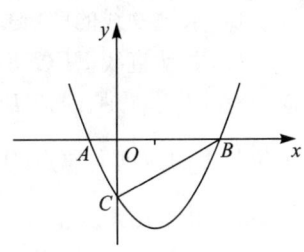

(1)求此二次函数的解析式;

(2)若此二次函数与x轴的交点分别为$A、B$(A在B的左边),与y轴的交点为C,在此二次函数的图像与x轴上分别找一点$D、E$(点D不同于点C),使得以$A、D、E$为顶点的三角形与$\triangle ABC$相似,求出所有满足条件的点D的坐标.

【分析】(1)两边平方,整理后,则可求解得所求的函数的解析式;(2)先求出点A,B,C的坐标,再证$\angle ACB=Rt\angle$,使得以$A、D、E$为顶点的三角形与$\triangle ABC$相似,可分两种情况讨论.

【解】(1)两边平方得$(x-\frac{3}{2})^2=2y+\frac{25}{4}$,所以所求的二次函数解析式为$y=\frac{1}{2}x^2-\frac{3}{2}x-2$.

(2)令$y=0$,得$x^2-3x-4=0$,$\therefore x_1=-1,x_2=4$,得$A(-1,0),B(4,0)$,又令$x=0$,得$y=2$. $\therefore C(0,-2)$,$\therefore OC^2=OA\cdot OB$,$\therefore \triangle ABC$是以$\angle ACB$为直角的直角三角形,$\because \angle DAE$不可能为直角,由题意可得$\angle DAE=\angle BAC$或$\angle DAE=\angle ABC$时,以$A、D、E$为顶点的三角形与$\triangle ABC$相似. 而$\triangle AOC\backsim \triangle ABC$,则也有以$A、D、E$为顶点的三角形与$\triangle AOC$相似.

作$DE\perp x$轴,E为垂足,设$D(x_0,y_0)$,则$DE=|y_0|$,$AE|x_0+1|$.

若$\angle DAE=\angle ABC$,则$\triangle AOC\backsim \triangle DEA$,

$\therefore \frac{AE}{OC}=\frac{DE}{OA}$,即$\frac{|x_0+1|}{2}=\frac{|y_0|}{1}$,

$\therefore |x_0+1|=|x_0+1|\cdot|x_0-4|$. $\because x_0\neq-1$,$\therefore x_0=3$或$x_0=5$.

$\therefore D(3,-2)$或$D(5,3)$.

若$\angle DAE=\angle BAC$,则$\triangle AOC\backsim \triangle AED$,

$\therefore \frac{AE}{OA}=\frac{DE}{OC}$,即$\frac{|x_0+1|}{1}=\frac{|y_0|}{2}$,

$\therefore 4|x_0+1|=|x_0+1|\cdot|x_0-4|$. $\because x_0\neq-1$,$\therefore x_0=0$或$x_0=8$. 又D不同于C,$\therefore D(8,18)$.

综上所述,点D的坐标为$D(3,-2)$或$D(5,3)$或$D(8,18)$.

【评注】解抛物线与相似三角形问题的关键之一把几何特征与代数意义相联系,并转化为相应的计算.通俗地说就是几何条件代数化,代数问题方程化,这是解决这类问题的重要方法.

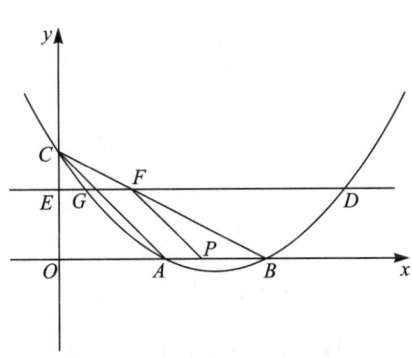

【例4】如图,抛物线$y=ax^2+bx+c(a>0)$交x轴于点$A、B$(A点在B点的左侧),交y于点C,已知点$B(8,0)$,$\tan\angle ABC=\frac{1}{2}$,$\triangle ABC$的面积为$8$.

(1)求抛物线的解析式;

(2)若动直线$EF(EF//x$轴)从点C出发,以每秒1个单位长度的速度沿y轴负半轴方向平移,且交y轴、线段BC于E、F两点,动点P同时从点B出发,在线段OB上以每秒2个单位长度的速度向原点O运动,连接FP,设运动的时间为t秒,当t为何值时,$\dfrac{EF \cdot OP}{EF+OP}$的值最大,并求出最大值;

(3)在满足(2)的情况下,是否存在t的值,使P,B,F为顶点的三角形与$\triangle ABC$相似,若存在,试求出t的值,若不存在,请说明理由.

【分析】(1)求出点A、C坐标,则可解答;(2)当t为何值时,$\dfrac{EF \cdot OP}{EF+OP}$的值最大,一般可由$\triangle CEF \backsim \triangle COB$,得出用$t$表示出线段$EF,OP$的长度,构建关于$t$的函数关系式,进而可求得结果;(3)若$\triangle PBF$和$\triangle ABC$相似,因为$\angle B$是同一个角.所以,分两种情况讨论解答.

【解】(1)$B(8,0)$,根据题意$\tan\angle ABC = \dfrac{1}{2}$,则$C(0,4)$,

∵$\triangle ABC$面积是8,∴底边长$AB=4$,因此$A(4,0)$,

∴抛物线经过点$A(4,0),B(8,0),C(0,4)$三点,

因此抛物线函数解析式就是:$y=\dfrac{1}{8}x^2 - \dfrac{3}{2}x + 4$.

(2)经过t时间,$CE=t,BP=2t$,

∵$EF//OB$,

∴$\triangle CEF \backsim \triangle COB$,

∴$\dfrac{CE}{CO} = \dfrac{EF}{OB}$,而$EF=2t,OP=8-2t$,

∴$S=\dfrac{EF \cdot OP}{EF+OP} = \dfrac{2t(8-2t)}{8} = -\dfrac{1}{2}t^2 + 2t$,

∴当$t=2$时S取到最大值2;

(3)$\triangle PBF$和$\triangle ABC$相似,因为$\angle B$是同一个角.所以考虑两种情况:①$\triangle PBF \backsim \triangle ABC$,则$PF//AC$,

设此时$AP=OP-OA=8-2t-4=4-2t$,

∴$\dfrac{GF}{AB} = \dfrac{CE}{CO} = \dfrac{t}{4}$,∴$GF=t$,$APFG$构成平行四边形,

∴$AP=GF,t=\dfrac{4}{3}$;

②$\triangle PFB \backsim \triangle ABC$,即$\angle PFB = \angle CAB$,根据$EF//AB$得$\dfrac{CE}{CO} = \dfrac{BC-BF}{BC}$,

∴$BF=4\sqrt{5}-\sqrt{5}t$,相似三角形的对应边关系有:$\dfrac{BF}{AB}=\dfrac{BP}{BC}$,∴$\dfrac{4\sqrt{5}-\sqrt{5}t}{4}=\dfrac{2t}{4\sqrt{5}}$,

解得,$t=\dfrac{20}{7}$,

综上所述$t=\dfrac{4}{3}$或$t=\dfrac{20}{7}$.

【评注】在以平面直角坐标系为背景下,先通过几何图形运动变化过程中两个变量之间

的关系,建立函数关系式,再在此基础上进一步研究几何图形的性质,体现了数形结合的思想方法.

【例5】如图,平面直角坐标系 xOy 中,点 A 的坐标为 $(-2,2)$,点 B 的坐标为 $(6,6)$,抛物线经过 A、O、B 三点,连结 OA、OB、AB,线段 AB 交 y 轴于点 E.

(1)求点 E 的坐标;

(2)求抛物线的函数解析式;

(3)点 F 为线段 OB 上的一个动点(不与点 O、B 重合),直线 EF 为抛物线交于 M、N 两点(点 N 在 y 轴右侧),连结 ON、BN,当点 F

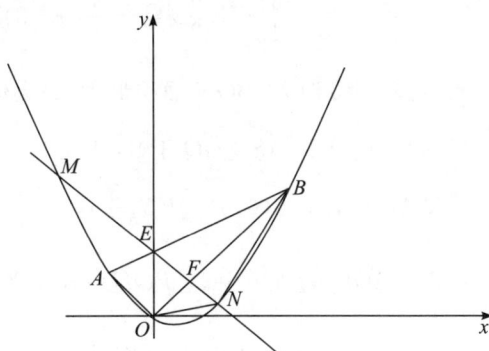

在线段 OB 上运动时,求△BON 面积的最大值,并求出此时点 N 的坐标;

(4)连结 AN,当△BON 面积最大时,在坐标平面内求使得△BOP 与△OAN 相似(点 B、O、P 分别与点 O、A、N 对应)的点 P 的坐标.

【分析】(1)根据 A、B 两点坐标求出直线 AB 的解析式,令 $x=0$,即可求 E 求点坐标.(2)列方程组求出 a、b 的值.(3)依题意,设 $N(x,\frac{1}{4}x^2-\frac{1}{2}x)$,求出△$BON$ 面积关于 x 的函数表达式,用二次函数的最值原理,可求 N 点的坐标.(4)根据三角形相似的性质得到 $BO:OA=OP:AN=BP:ON$,然后根据勾股定理即可求出点 P 的坐标.

【解】(1)设 $y=mx+n$,将点 $A(-2,2)$,点 $B(6,6)$ 代入得

$\begin{cases} -2m+n=2 \\ 6m+n=6 \end{cases}$,得 $m=\frac{1}{2}$,$n=3$,$\therefore y=\frac{1}{2}x+3$.

当 $x=0$ 时,$y=3$.$\therefore$ 点 E 的坐标 $(0,3)$.

(2)设抛物线的函数解析式为 $y=ax^2+bx$,

将 $A(-2,2)$,点 $B(6,6)$ 代入得

$\begin{cases} 4a-2b=2 \\ 36a+6b=6 \end{cases}$,解得 $a=\frac{1}{4}$,$b=-\frac{1}{2}$.$\therefore$ 抛物线的解析式为 $y=\frac{1}{4}x^2-\frac{1}{2}x$.

(3)过点 N 作 x 轴的垂线 NG,垂足为 G,交 OB 于点 Q,过 B 作 $BH\perp x$ 轴于 H,设 $N(x,\frac{1}{4}x^2-\frac{1}{2}x)$,则 $Q(x,x)$.

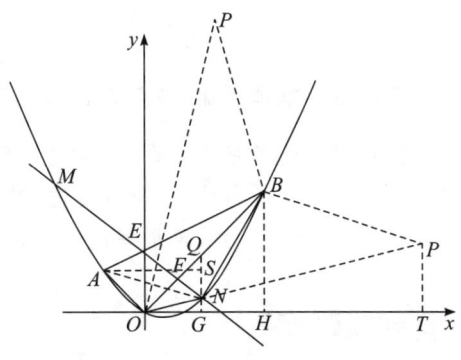

而 $S_{\triangle BON}=S_{\triangle QON}+S_{\triangle BQN}$

$=\frac{1}{2}\cdot QN\cdot OG+\frac{1}{2}\cdot QN\cdot GH$

$=\frac{1}{2}\cdot QN\cdot (OG+GH)$

$=\frac{1}{2}\cdot QN\cdot OH$

$$= \frac{1}{2}[x-(\frac{1}{4}x^2-\frac{1}{2}x)] \cdot 6$$

$$= -\frac{3}{4}x^2+\frac{9}{2}x = -\frac{3}{4}(x-3)^2+\frac{27}{4}(0<x<6).$$

∴当 $x=3$ 时,△BON 面积最大,最大值为 $\frac{27}{4}$,此时点 N 的坐标为 $(3,\frac{3}{4})$.

(4)过点 A 作 $AS \perp GQ$ 于 S,

∵ $A(-2,2), B(6,6), N(3,\frac{3}{4})$,

∴ $\angle AOE = \angle OAS = \angle BOH = 45°, OG = 3, NG = \frac{3}{4}, NS = \frac{5}{4}, AS = 5$.

∴在 Rt△SAN 和 Rt△NOG 中,$\tan\angle SAN = \tan\angle NOG = \frac{1}{4}$,∴$\angle SAN = \angle NOG$.

∴$\angle OAS - \angle SAN = \angle BOG - \angle NOG$,∴$\angle OAN = \angle BON$.

∴ON 的延长线上存在一点 P,使△BOP∽△OAN.

∵ $A(-2,2), N(3,\frac{3}{4})$,

∴在 Rt△ASN 中,$AN = \sqrt{AS^2+SN^2} = \sqrt{5^2+(\frac{5}{4})^2} = \frac{5\sqrt{17}}{4}$.

当△BOP∽△OAN 时,$\frac{OB}{OA} = \frac{OP}{AN}$,即 $\frac{6\sqrt{2}}{2\sqrt{2}} = \frac{OP}{\frac{5\sqrt{17}}{4}}$,得 $OP = \frac{15\sqrt{17}}{4}$.

过点 P 作 $PT \perp x$ 轴于点 T,

∴△OPT∽△ONG,∴$\frac{PT}{OT} = \frac{NG}{OG} = \frac{1}{4}$.

设 $P(4t,t)$,∴$(4t)^2+t^2 = (\frac{15\sqrt{17}}{4})^2$,解得 $t_1 = \frac{15}{4}, t_2 = -\frac{15}{4}$(舍).

∴点 P 的坐标为 $(15,\frac{15}{4})$ 将△OPT 沿直线 OB 翻折,可得出另一个满足条件的点 P′ $(\frac{15}{4},15)$.

∴由以上推理可知,当点 P 的坐标为 $(15,\frac{15}{4})$ 或 $(\frac{15}{4},15)$ 时,△BOP 与△OAN 相似.

【评注】本题考查的知识点:待定系数法,曲线上点的坐标与方程的关系,二次函数最值,相似三角形的判定和性质,勾股定理,对称性质.它是一道二次函数综合题,根据已知条件求直线,抛物线解析式,再根据图形特点,将问题转化为列方程组,利用代数方法解题.

【学力训练】

1. 如图,等腰 Rt△ABC 中 $\angle C = 90°, AC = BC = 2\sqrt{2}$,反比例函数 $y = \frac{3}{x}$ 图像与 AB、BC 分别交于 D、E,连接 DE,当△BDE∽△BCA 时,则点 E 的坐标是_____.

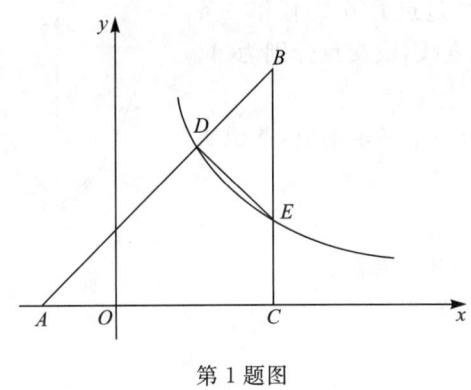

第1题图

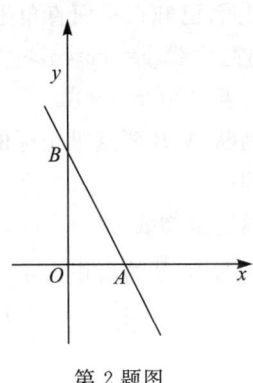

第2题图

2. 如图,直线 $y=kx+6$ 分别与 x 轴、y 轴交于 A、B 两点,O 为坐标原点,A 点坐标为 $(3,0)$. 若 P 为 y 轴(B 点除外)上的一点,过 P 作 $PC\perp y$ 轴交直线 AB 于点 C,设线段 PC 的长为 l,点 P 的坐标为 $(0,m)$.

(1) 如果点 P 在线段 BO(B 点除外)上移动,求 l 与 m 的函数关系式,并写出自变量 m 的取值范围;

(2) 如果点 P 在射线 BO(B、O 两点除外)上移动,求当 m 为何值时,$S_{\triangle APC}=2$.

3. 如图,在平面直角坐标系中,点 C 的坐标 $(0,4)$,动点 A 以每秒 1 个单位长的速度,从点 O 出发沿 x 轴的正方向运动,M 是线段 AC 的中点. 将线段 AM 以点 A 为中心,沿顺时针方向旋转 $90°$,得到线段 AB,过点 B 作 x 轴的垂线,垂足为 E,过点 C 作 y 轴的垂线,交直线 BE 于点 D. 运动时间为 t 秒.

(1) 点 B 与点 D 重合时,求 t 的值;

(2) 设 $\triangle BCD$ 的面积为 S,当 t 为何值时,$S=\dfrac{25}{4}$?

(3) 连接 MB,当 $MB /\!/ OA$ 时,如果抛物线 $y=ax^2-10ax$ 的顶点在 $\triangle ABM$ 内部(不包括边)求 a 的取值范围.

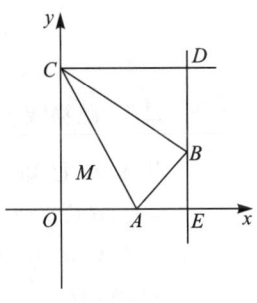

第3题图

4. 如图,已知在平面直角坐标系 xoy 中,过点 $P(0,2)$ 任作一条与抛物线 $y=ax^2(a>0)$ 交于两点的直线,设交点分别为 A、B,若 $\angle AOB=90°$.

(1) 判断 A、B 两点纵坐标的乘积是否为一个确定的值,并说明理由;

(2) 确定抛物线 $y=ax^2(a>0)$ 的解析式;

(3) 当 $\triangle AOB$ 的面积为 $4\sqrt{2}$ 时,求直线 AB 的解析式.

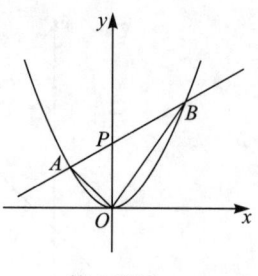

第 4 题图

5. 已知二次函数的图像开口向上且不过原点 O,顶点坐标为 $(1,-2)$,与 x 轴交于点 A、B,与 y 轴交于点 C,且满足 $OC^2=OA \cdot OB$.

(1) 求二次函数的解析式;

(2) 求 $\triangle ABC$ 的面积.

6. 如图,抛物线 $y=ax^2+bx(a>0)$ 与双曲线 $y=\dfrac{k}{x}$ 相交于点 A,B.已知点 A 的坐标为 $(1,4)$,点 B 在第三象限内,且 $\triangle AOB$ 的面积为 3 (O 为坐标原点).

(1) 求实数 a,b,k 的值;

(2) 过抛物线上点 A 作直线 $AC \parallel x$ 轴,交抛物线于另一点 C,求所有满足 $\triangle EOC \sim \triangle AOB$ 的点 E 的坐标.

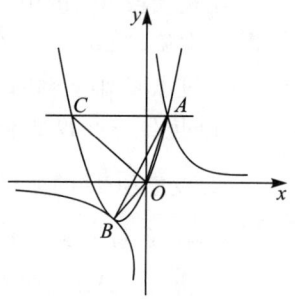

第 6 题图

第二十三讲 三角函数

【考点扫描】

三角函数揭示了直角三角形中边与锐角之间的关系,是数形结合的桥梁之一.

解相关问题常用到以下性质:

(1) $30°$、$45°$、$60°$角的三角函数值;

(2) 平方关系: $\sin^2\alpha+\cos^2\alpha=1$;

(3) 商数关系: $\tan\alpha=\dfrac{\sin\alpha}{\cos\alpha}$;

(4) 互余的三角函数关系: $\alpha+\beta=90°$, $\sin\alpha=\cos\beta$;

(5) 三角函数的有界性: $0<\sin\alpha\leqslant1$, $0<\cos\beta\leqslant1$;

(6) 三角函数的单调性:正弦(正切)随着锐角度数增大而增大,余弦随着锐角度数增大而减小.

公式: $\triangle ABC$ 的面积 $S=\dfrac{1}{2}\times AB\times AC\times \sin A$;

【典例精析】

【例1】 已知 α 为锐角,当 $\dfrac{1}{1-\tan\alpha}$ 无意义时, $\sin(\alpha+15°)+\cos(\alpha-15°)$ 的值为_____.

【分析】 由题意得 $\alpha=45°$,则原式 $=\sin60°+\cos30°=\sqrt{3}$.

【答案】 $\sqrt{3}$.

【评注】 当 $\alpha=45°$时, $\tan 45°=1$.

【例2】 若 A 是锐角三角形的一个内角,则在二次根式 $\sqrt{2\sin A-\sqrt{3}}$ 中 A 的取值范围是_____.

【分析】 根据题意得: $2\sin A-\sqrt{3}\geqslant 0$,得 $2\sin A\geqslant\sqrt{3}$, $\because \sin60°=\dfrac{\sqrt{3}}{2}$, $\angle A$ 是锐角三角形的一个内角,在 $0°$ 到 $90°$ 之间正弦值是单调递增的, $\therefore \angle A$ 的取值范围是 $60°\leqslant A<90°$.

【答案】 $60°\leqslant A<90°$.

【评注】 注意:二次根式的意义及锐角三角函数的概念.

【例3*】如图所示,在边长相同的小正方形组成的网格中,AB 与 CD 相交于点 P,那么 $\tan\angle APD=$ _____.

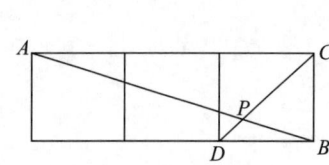
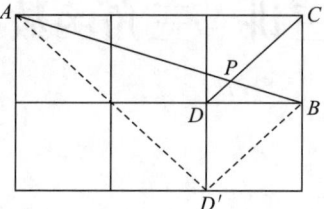

【分析】由图可知:$\tan\angle APD=\tan\angle ABD'=\dfrac{2\sqrt{2}}{\sqrt{2}}=2$.

【答案】2.

【评注】作辅助图,将 $\angle APD$ 转化为 $\angle ABD'$ 是本题求解的关键.

【例4】已知 $a\sin\theta+\cos\theta=1$,且 $b\sin\theta-\cos\theta=1$(其中 θ 为锐角),则 $ab=$ _____.

【分析】$\because a\sin\theta+\cos\theta=1$,且 $b\sin\theta-\cos\theta=1$,$\therefore a=\dfrac{1-\cos\theta}{\sin\theta},b=\dfrac{1+\cos\theta}{\sin\theta}$,

又 $\because \cos^2\theta+\sin^2\theta=1$,$\therefore ab=\dfrac{1-\cos\theta}{\sin\theta}\cdot\dfrac{1+\cos\theta}{\sin\theta}=\dfrac{1-\cos^2\theta}{\sin^2\theta}=1$.

【答案】1.

【评注】锐角三角函数的平方关系:$\sin^2\alpha+\cos^2\alpha=1$.

【例5】在 $\triangle ABC$ 中,$\angle ACB=90°$,$\angle ABC=15°$,$BC=1$,则 $AC=$ _____.

【分析】作 $\angle BAD=15°$,交 BC 于 D,则 $AD=BD$,$\angle ADC=30°$,

在 Rt$\triangle ADC$ 中,设 $AC=x$,则 $AD=2x$,$DC=\sqrt{3}x$,

$\therefore 2x+\sqrt{3}x=1$ 解得 $x=2-\sqrt{3}$.

【答案】$2-\sqrt{3}$

【评注】由 $15°$ 构造特殊角,用特殊角的三角函数促使边角转化.由此,在此基础上可求出 $\sin15°$,$\cos15°$,$\tan15°$ 的值,同理,推出 $75°$,$22.5°$,$67.5°$ 的三角函数值.

【例6】如图(1),由直角三角形边角关系,可将三角形面积公式变形得 $S_{\triangle ABC}=\dfrac{1}{2}bc\sin A\cdots$①,即三角形的面积等于两边之长与夹角正弦

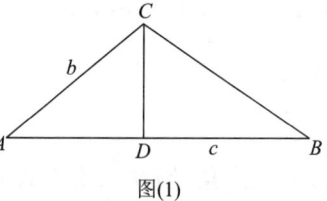
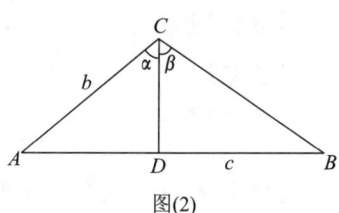

图(1)   图(2)

值之积的一半,如图,在 $\triangle ABC$ 中,$CD\perp AB$ 于 D,$\angle ACD=\alpha$,$\angle DCB=\beta$,$\because S_{\triangle ABC}=S_{\triangle ACD}+S_{\triangle BCD}$,由公式①得到 $\dfrac{1}{2}AC\cdot BC\cdot\sin(\alpha+\beta)=\dfrac{1}{2}AC\cdot CD\cdot\sin\alpha+\dfrac{1}{2}BC\cdot CD\cdot\sin\beta$,即 $AC\cdot BC\cdot\sin(\alpha+\beta)=AC\cdot CD\cdot\sin\alpha+BC\cdot CD\cdot\sin\beta\cdots$②你能利用直角三角形关系及等式基本性质,消去②中的 AC、BC、CD 吗?若不能,说明理由;若能,写出解决过程.并利用结论求出 $\sin75°$ 的值.

【分析】根据锐角三角函数定义知 $\dfrac{CD}{BC}=\cos\beta$，$\dfrac{CD}{AC}=\cos\alpha$，即由边的比值转化为三角函数表示是本题解答的关键.

【解】由 $AC\cdot BC\cdot\sin(\alpha+\beta)=AC\cdot CD\cdot\sin\alpha+BC\cdot CD\cdot\sin\beta$ 两边同除以 $AC\cdot BC$，

得 $\sin(\alpha+\beta)=\dfrac{CD}{BC}\cdot\sin\alpha+\dfrac{CD}{AC}\cdot\sin\beta$，

在 Rt△BCD 中，$\cos\beta=\dfrac{CD}{BC}$，同理 $\cos\alpha=\dfrac{CD}{AC}$，

∴ $\sin(\alpha+\beta)=\cos\beta\cdot\sin\alpha+\cos\alpha\cdot\sin\beta$.

$\sin75°=\sin(30°+45°)=\cos45°\cdot\sin30°+\cos30°\cdot\sin45°=\dfrac{\sqrt{2}}{2}\times\dfrac{1}{2}+\dfrac{\sqrt{3}}{2}\times\dfrac{\sqrt{2}}{2}=\dfrac{\sqrt{2}+\sqrt{6}}{4}$.

【评注】此公式在高中知识中称为三角函数的两角和公式. 三角形面积公式 $S_{\triangle ABC}=\dfrac{1}{2}bc\sin A$ 在今后学习中经常用到.

【例 7】在 △ABC 中，总有 $\dfrac{AB}{\sin C}=\dfrac{AC}{\sin B}=\dfrac{BC}{\sin A}$，且 $\sin(180°-\alpha)=\sin\alpha$.

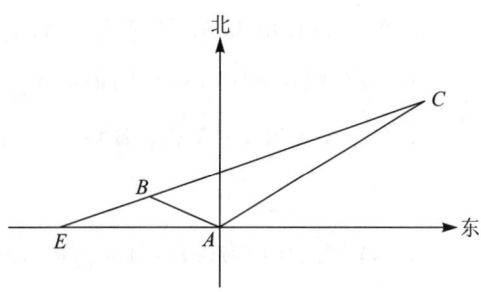

利用这个知识请解答下题：小明在内伶仃岛上的 A 处，上午 11 时测得在 A 的北偏东 60° 的 C 处有一艘轮船，12 时 20 分时测得该船航行到北偏西 60°的 B 处，12 时 40 分又测得轮船到达位于 A 正西方 5 千米的港口 E 处，如果该船始终保持匀速直线运动，求：点 B 到 A 的距离.

【分析】设 $BE=x$，先找到边与角对应的三角函数，根据 $\dfrac{AB}{\sin C}=\dfrac{AC}{\sin B}=\dfrac{BC}{\sin A}$ 的关系式，用 x 表示 $\sin C$，再在△ABC 中求出 AB 的值.

【解】由已知得 $BC=4BE$，设 $BE=x$，则 $BC=4x$，在△AEC 中，$\sin C=\dfrac{AE\sin\angle EAC}{EC}=\dfrac{5\sin150°}{5x}=\dfrac{1}{2x}$，在△ABC 中，$AB=\dfrac{BC\sin C}{\sin120°}=\dfrac{4x\cdot\dfrac{1}{2x}}{\dfrac{\sqrt{3}}{2}}=\dfrac{4\sqrt{3}}{3}$.

【评注】此公式 $\dfrac{AB}{\sin C}=\dfrac{AC}{\sin B}=\dfrac{BC}{\sin A}$ 在高中称为正弦定理. 它是由三角形面积公式通过如下方式得到的：$S_{\triangle ABC}=\dfrac{1}{2}AB\cdot AC\cdot\sin A=\dfrac{1}{2}AB\cdot BC\sin B=\dfrac{1}{2}BC\cdot CA\sin C$，各式都除以 $\dfrac{1}{2}AB\cdot AC\cdot BC$，得 $\dfrac{\sin A}{BC}=\dfrac{\sin B}{AC}=\dfrac{\sin C}{AB}$，则 $\dfrac{AB}{\sin C}=\dfrac{AC}{\sin B}=\dfrac{BC}{\sin A}$ 推导而来的.

【例 8】已知 α 为锐角，且 $\tan\alpha-\dfrac{1}{\tan\alpha}=\sqrt{21}$，求 $\sin\alpha\cdot\cos\alpha$ 的值.

【分析】由三角函数的商数关系：$\tan\alpha=\dfrac{\sin\alpha}{\cos\alpha}$，转化式子，运用平方关系 $\sin^2\alpha+\cos^2\alpha=1$

进而解得结果.

【解】由已知得,$\frac{\sin\alpha}{\cos\alpha}-\frac{\cos\alpha}{\sin\alpha}=\sqrt{21}$,两边平方去分母后整理得

$\sin^4\alpha+\cos^4\alpha=23\sin^2\alpha\cdot\cos^2\alpha$,

则$(\sin^2\alpha+\cos^2\alpha)^2=25\sin^2\alpha\cos^2\alpha$,

∴ $\sin\alpha\cdot\cos\alpha=\frac{1}{5}$.

【评注】将$\sin^4\alpha+\cos^4\alpha$转化为$(\sin^2\alpha+\cos^2\alpha)^2-2\sin^2\alpha\cos^2\alpha=1-2\sin^2\alpha\cos^2\alpha$是解答本题的关键.

【学力训练】

1. 在△ABC中,已知$b=6,c=10,B=30°$,则解此三角形的结果是( ).

   A. 无解　　　B. 一解　　　C. 两解　　　D. 解的个数不能确定

2. 在△ABC中,a,b,c分别是∠A,∠B,∠C的对边,已知$a=\sqrt{10},b=\sqrt{3}+\sqrt{2},c=\sqrt{3}-\sqrt{2}$,则$b\sin B+c\sin C$的值等于_____.

3. 在△ABC中,∠A和∠B均为锐角,且$\sin A=\frac{5}{13},\tan B=2,AB=29$,则△ABC的面积=_____.

4. ∠A和∠B均为锐角,且$\sin^2 A+\cos^2 B=\frac{5}{4}t,\cos^2 A+\sin^2 B=\frac{3}{4}t^2$,则实数$t$所有可能值的和是_____.

5. 在△ABC中,$\cos A=\frac{b^2+c^2-a^2}{2bc},\cos B=\frac{a^2+c^2-b^2}{2ac},\cos C=\frac{b^2+a^2-c^2}{2ba}$,我们称为余弦定理.

   请用余弦定理完成下面问题:

   (1)如图所示,已知△DEF,∠E=60°,$DE=4,DF=\sqrt{13}$,求EF的长度;

   (2)通过合理的构造,试求$\cos 105°$的值.(提示:必要时可以参考以下公式:$\cos(180°-\alpha)=-\cos\alpha$)

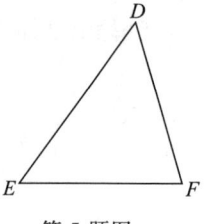

第5题图

6. 已知 α 为锐角,$\sin\alpha-\cos\alpha=\dfrac{1}{5}$,求 $\tan\alpha$ 的值.

7*. 已知:Rt$\triangle ABC$ 中,$\angle C=90°$,$\sin A$,$\sin B$ 是方程 $x^2+px+q=0$ 的两个根.求实数 p,q 应满足的条件.

8. 如图,$\triangle ABC$ 是边长为 2 的正三角形,点 D 在 $\triangle ABC$ 的内部,且满足 $DB=DC$,$DB\perp DC$,点 E 在边 AC 上,延长 ED 交线段 AB 于点 H.
(1) 若 $ED=EC$,求 EH 的长;
(2) 若 $AE=x$,$AH=y$,试求 y 关于 x 的函数关系式.并求自变量 x 的取值范围.

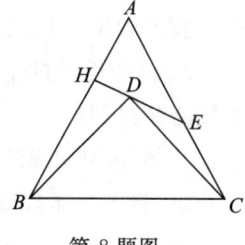

第 8 题图

第二十四讲　直线与圆

【考点扫描】

直线与圆有三种位置关系：直线与圆相交，直线与圆相切，直线与圆相离．

1. 已知直线 l 和圆 O．设圆的半径为 R，圆心到直线的距离为 d．那么有

直线 l 与圆 O 相交 $\Leftrightarrow d<R$；

直线 l 与圆 O 相切 $\Leftrightarrow d=R$；

直线 l 与圆 O 相离 $\Leftrightarrow d>R$．

2. 判定一直线是圆的切线的两种方法：(1)圆心到它的距离等于半径的直线是圆的切线；(2)判定定理：经过半径的外端且垂直于这条半径的直线是圆的切线．一般圆与直线公共点位置不确定的情况下用第一种方法证明圆的切线，公共点位置确定情况下用判定定理．

3. 圆的性质的定理：(1)经过切点的半径垂直于圆的切线；(2)经过切点垂直于切线的直线必经过圆心．

4. 在利用切线的性质进行计算或证明时，经常利用切线与过切点的半径垂直构造直角三角形，将已知条件集中到直角三角形来解决．

常见辅助线：切点想半径；作经过直线与圆的交点的半径．

基本图形、基本结论：

 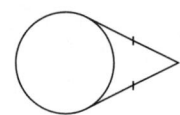 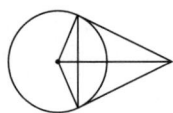 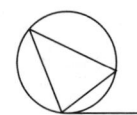 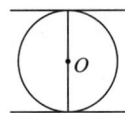

【典例精析】

【例1】如图，在矩形 $ABCD$ 中，$BC=8$，$AB=6$，经过点 B 和点 D 的两个动圆均与 AC 相切，且与 AB、BC、AD、DC 分别交于点 G、H、E、F，则 $EF+GH$ 的最小值是（　　）．

A. 6　　　　　B. 8

C. 9.6　　　　D. 10

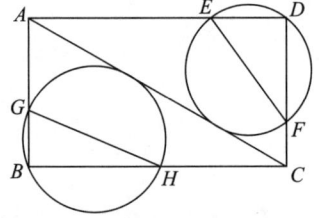

【分析】设 GH 的中点为 O，过 O 点作 $OM\perp AC$，过 B 点作 $BN\perp AC$，垂足分别为 M、N，

在 Rt△ABC 中，BC=8，AB=6，∴AC=$\sqrt{AB^2+BC^2}$=10. 由面积法可知，BN·AC=AB·BC，解得 BN=4.8，∵∠B=90°，∴点 O 为过 B 点的圆的圆心，OM 为⊙O 的半径，BO+OM 为直径，又∵OB+OM≥BN，∴当 BN 是直径时，直径取值最小，此时，直径 GH=BN=4.8，同理 EF 的最小值是 4.8，∴EF+GH 的最小值是 9.6.

【答案】C.

【评注】将求 EF 的最小值的问题转化为求过点 B 与直线 AC 相切的最小圆的直径，即求点 B 到 AC 的距离问题，是本题解决的关键.

【例2】如图，在矩形 ABCD 中，AB=3，BC=2，以 BC 为直径在矩形内作半圆，自点 A 作半圆的切线 AE，则 sin∠CBE=_____.

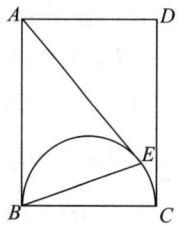

【分析】取 BC 的中点 O，则 O 是圆心，连接 OE，AO，AO 与 BE 的交点是 F，∵AB，AE 都为圆的切线，∴AE=AB，∵OB=OE，AO=AO，∴△ABO≌△AEO(SSS)，∴∠OAB=∠OAE，∴AO⊥BE，在直角△AOB 里 AO²=OB²+AB²，∵OB=1，AB=3，∴AO=$\sqrt{10}$，易证明△BOF∽△AOB，则 BO:AO=OF:OB，1:$\sqrt{10}$=OF:1，∴OF=$\frac{\sqrt{10}}{10}$，∴sin∠CBE=$\frac{OF}{OB}$=$\frac{\sqrt{10}}{10}$.

【答案】$\frac{\sqrt{10}}{10}$.

【评注】求三角函数的值，一般在直角三角形中，利用三角函数的定义，找出相应边的比例关系. 解决相应边的比例问题可以用几何或代数知识解决.

【例3】如图，已知 AB 是⊙O 的直径，BC 是⊙O 的切线，OC 平行于弦 AD，过 D 作 DE⊥AB 于点 E，连接 AC 与 DE 交于点 P，试证 EP=PD.

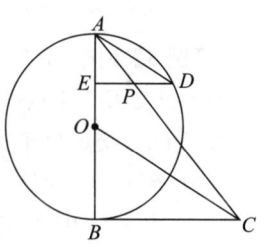

【分析】证 EP=PD，从相似三角形出发，Rt△AEP∽Rt△ABC，Rt△AED∽Rt△OBC，寻找出与 EP，DE 有关的比例式，而 AB=2OB，可证.

【解】证明：∵AB 是⊙O 的直径，BC 是切线，

∴AB⊥BC. ∴DE∥BC，

∴Rt△AEP∽Rt△ABC，得 $\frac{EP}{BC}=\frac{AE}{AB}$ ①，

又∵AD∥OC，∴∠DAE=∠COB，

∴Rt△AED∽Rt△OBC. ∴$\frac{ED}{BC}=\frac{AE}{OB}=\frac{AE}{\frac{1}{2}AB}=\frac{2AE}{AB}$ ②，

由①，②得 ED=2EP.

∴DP=PE.

【评注】欲证两线段相等，常用以下方法：(1)利用全等三角形性质；(2)利用等角对等边；(3)利用相似三角形性质，对于此法一般用 $\frac{b}{a}=\frac{c}{a}$，则 b=c 的模式来解答. 本题是利用相似证两条边相等的.

【例4】已知：BC 为 $\odot O$ 的直径，BE 是 $\odot O$ 切线，A 为 $\odot O$ 上一点，$AD \perp BC$，G 为 AD 中点，连 CG 交 BE 于 F，AF 与 CB 延长线交于点 P.

(1) 求证：$BF = EF$；

(2) 求证：PA 是 $\odot O$ 的切线．

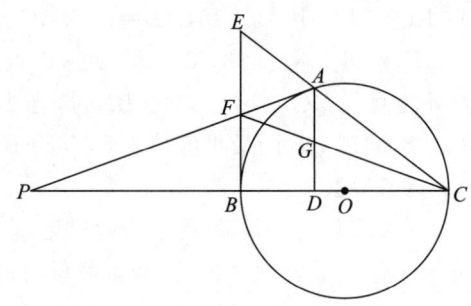

【分析】(1) 证 $BF = EF$，寻找出与 BF，EF 有关的比例式，以 $\dfrac{CF}{CG}$ 为过渡比，及 $AG = DG$，得出结论；(2) 证明 PA 是 $\odot O$ 的切线，连结 AO，AB，只要证 $\angle FAO = 90°$ 即可．

【解】(1) 证明：∵ BC 是 $\odot O$ 的直径，BE 是 $\odot O$ 的切线，

∴ $BE \perp BC$，又 $AD \perp BC$，∴ $AD // EB$，

∴ $\triangle CAG \sim \triangle CEF$，得 $\dfrac{EF}{AG} = \dfrac{CF}{CG}$，同理得 $\dfrac{EF}{DG} = \dfrac{CF}{CG}$，

∵ $AG = DG$，

∴ $EF = EB$．

(2) 连结 AO，AB，

∵ BC 是直径，∴ $\angle EAB = \angle BAC = 90°$，∴ $AF = EF = BF$，

∴ $\angle FAB = \angle FBA$，∴ $\angle FAO = \angle FAB + \angle OAB = \angle FBA + \angle OBA = 90°$，

∴ PA 是圆 O 的切线．

【评注】证比例式、等积式或线段相等，常用以过渡比作辅助条件．证一条直线是圆的切线，常添加直线与圆的交点与圆心的半径，证这条半径与直线垂直即可．

【例5】如图，在 $\triangle ABC$ 中，$AB = AC$，$\angle A = 30°$，以 AB 为直径的 $\odot O$ 交 BC 于点 D，交 AC 于点 E，连结 DE，过点 B 作 BP 平行于 DE，交 $\odot O$ 于点 P，连结 EP、CP、OP．

(1) $BD = DC$ 吗？说明理由；

(2) 求 $\angle BOP$ 的度数；

(3) 求证：CP 是 $\odot O$ 的切线．

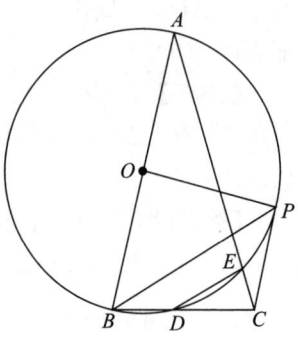

【分析】(1) 连接 AD；(2) $\angle A = 30°$，得 $\angle ABC = 75°$，$OB = OP$，所以求 $\angle BOP$ 的度数，先求出 $\angle PBC$ 的度数，是本小题的解答关键；(3) 求证：CP 是 $\odot O$ 的切线，关键求出 $\angle OPC = 90°$ 即可．

【解】(1) $BD = DC$．

理由如下：连接 AD，

∵ AB 是直径，∴ $\angle ADB = 90°$．

∵ $AB = AC$，

∴ $BD = DC$；

(2) ∵ AD 是等腰 $\triangle ABC$ 底边上的中线，∴ $\angle BAD = \angle CAD$．

∴ 弧 $\overset{\frown}{BD}$ = 弧 $\overset{\frown}{DE}$，∴ $BD = DE$．$BD = DE = DC$．∴ $\angle DEC = \angle DCE$．

∵△ABC 中,AB=AC,∠A=30°,∴∠DCE=∠ABC=$\frac{1}{2}$(180°−30°)=75°.

∴∠DEC=75°.∴∠EDC=180°−75°−75°=30°.

∵BP∥DE,∴∠PBC=∠EDC=30°.

∴∠ABP=∠ABC−∠PBC=75°−30°=45°.

∵OB=OP,∴∠OBP=∠OPB=45°.

∴∠BOP=90°;

(3)设 OP 交 AC 于点 G,则∠AOG=∠BOP=90°.

在 Rt△AOG 中,

∵∠OAG=30°,∴$\frac{OG}{AG}=\frac{1}{2}$.

又∵$\frac{OP}{AC}=\frac{OP}{AB}=\frac{1}{2}$,∴$\frac{OP}{AC}=\frac{OG}{AG}$,$\frac{OG}{AG}=\frac{GP}{GC}$.

又∵∠AGO=∠CGP,∴△AOG∽△CPG.

∴∠GPC=∠AOG=90°.

∴CP 是⊙O 的切线.

【评注】要证明一个角是直角,有时去寻找或构造一个直角,用相似三角形性质来证明这两个角相等.

【例 6】如图(1),已知⊙O 过点 D(3,4),点 H 与点 D 关于 x 轴对称,过 H 作⊙O 的切线交 x 轴于点 A.

(1)求 sin∠HAO 的值;

(2)如图(2),设⊙O 与 x 轴正半轴交点为 P,点 E、F 是线段 OP 上的动点(与点 P 不重合),

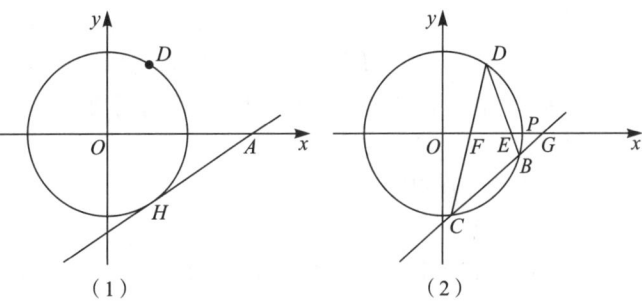

连接并延长 DE、DF 交⊙O 于 B、C,直线 BC 交 x 轴于点 G,若△DEF 是以 EF 为底的等腰三角形,试探索 sin∠CGO 的大小怎样变化,请说明理由.

【分析】(1)联结 HD 交 OA 于 Q,要求 sin∠HAO 的值,只要证明∠HAO=∠OHQ 即可;(2)设点 D 关于 x 轴的对称点为 H,联结 HD 交 OP 于 Q,若能证得∠CGO=∠OHQ 而 sin∠OHQ 的值是定值,则 sin∠CGO 也为定值,问题就可以解决了.

【解】(1)点 D(4,3)在⊙O 上,

∴⊙O 的半径 r=OD=5. 如图 1,联结 HD 交 OA 于 Q,

则 HD⊥OA.

联结 OH,则 OH⊥AH,∠HAO=∠OHQ.

∴sin∠HAO=sin∠OHQ=$\frac{OQ}{OH}=\frac{3}{5}$.

(2)不变.理由:如图 2,设点 D 关于 x 轴的对称点为 H,联结 HD 交 OP 于 Q,

则 HD⊥OP.

又 DE=DF,

∴DH 平分∠BDC.∴$\overparen{BH}=\overparen{CH}$.
∴联结 OH,则 OH⊥BC.
∴∠CGO=∠OHQ,
∴$\sin\angle CGO=\sin\angle OHQ=\dfrac{OQ}{OH}=\dfrac{3}{5}$.

【评注】 易知本题(2)是本题(1)的拓展,所以解答(2)中的探索,一般借助于(1)中的解题思路和解答结果来解决问题.

【例 7】 如图所示,分别以两个彼此相邻的正方形 OABC 与 CDEF 的边 OC、OA 所在直线为 x 轴、y 轴建立平面直角坐标系(O、C、F 三点在 x 轴正半轴上). 若⊙P 过 A,B,E 三点(圆心在 x 轴上),抛物线 $y=\dfrac{1}{4}x^2+bx+c$ 经过 A、C 两点,与 x 轴的另一交点为 G,M 是 FG 的中点,正方形 CDEF 的面积为 1.

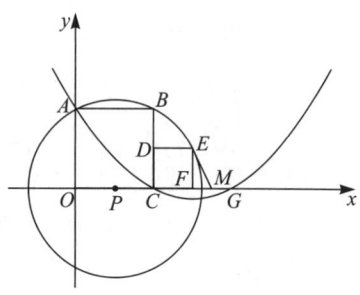

(1)求抛物线的解析式;
(2)求证:ME 是⊙P 的切线;
(3)设 $N(x,y)$ 是抛物线上的一个动点(不与点 C,G 重合),当∠CNG≤30°时,请直接写出点 N 的横坐标的取值范围.

【分析】 (1)关键求出点 A、C 的坐标,由圆、正方形的性质构建方程求解;(2)证明 ME 是⊙P 的切线,只要证∠PEM=90°,则证 Rt△PEF∽Rt△EMF 即可;(3)以 CG 为弦作所对圆周角为 30°的圆,以圆周角与圆外角的关系求解.

【解】 连接 PF,PB,设 PC=n,
∵正方形 CDEF 的面积为 1,
∴CD=CF=1,
根据圆和正方形的对称性知 OP=PC=n,BC=2PC=2n.
而 PB=PE,$PB^2=BC^2+PC^2=4n^2+n^2=5n^2$,
$PE^2=PF^2+EF^2=(n+1)^2+1$,
∴$(n+1)^2+1=5n^2$,解得 $n=1(n=-\dfrac{1}{2}$ 舍去$)$.
∴BC=OC=2,∴B 点坐标为(2,2),A(0,2),C(2,0).
∴所求抛物线的解析式为 $y=\dfrac{1}{4}x^2-\dfrac{3}{2}x+2$;

(2)证明:抛物线的对称轴为直线 $x=3$,即 EF 所在直线,∵C 与 G 关于直线 $x=3$ 对称,

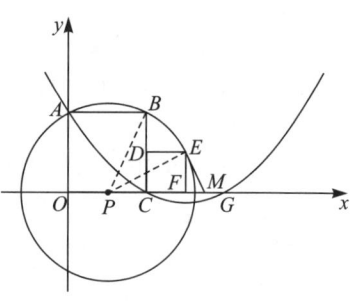

∴CF=FG=1,$FM=\dfrac{1}{2}FG=\dfrac{1}{2}$,
在 Rt△PEF 与 Rt△EMF 中,
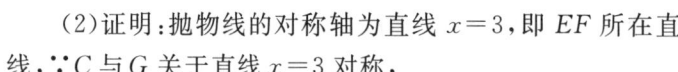

$\therefore \dfrac{PF}{EF}=\dfrac{EF}{FM}$,

$\therefore \text{Rt}\triangle PEF \backsim \text{Rt}\triangle EMF$,

$\therefore \angle EPF=\angle FEM$,

$\therefore \angle PEM=\angle PEF+\angle FEM=\angle PEF+\angle EPF=90°$,

$\therefore ME$ 是 $\odot P$ 的切线;

(3) $x>4$ 或 $x<2$.

【评注】本题是利用数形结合思想方法解决函数图像与圆、正方形、相似三角形的综合题,解决这类问题时,应充分注重与函数图像的性质及圆、正方形的图形性质的联系,关注转化为相似三角形知识求解的条件.

【学力训练】

1. 如图,一个等边三角形的边长和它的一边相切的圆的周长相等,当这个圆按箭头方向从某一位置沿等边三角形的三边做无滑动旋转,直至回到原出发位置时,则这个圆共转了( )

   A. 4 圈 B. 3 圈
   C. 5 圈 D. 3.5 圈

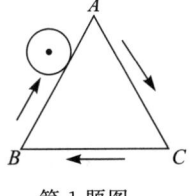

第 1 题图

2. 如图,$\triangle ABC$ 的内切圆分别切 BC、CA、AB 于点 D、E、F,过点 F 作 BC 的平行线分别交直线 DA、DE 于点 H、G. 求证:$FH=HG$.

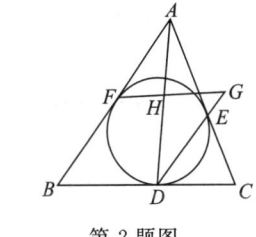

第 2 题图

3. 如图所示,A 是线段 BF 延长线上的点,矩形 $BCDF$ 的外接圆 $\odot O$ 过 AC 的中点 E.

(1) 求证:$BD=AF$;

(2) 若 $BC=4$,$DC=3$,求 $\tan\angle BAC$ 的值;

(3) 若 AD 是 $\odot O$ 的切线,求 $\dfrac{BF}{AF}$ 的值.

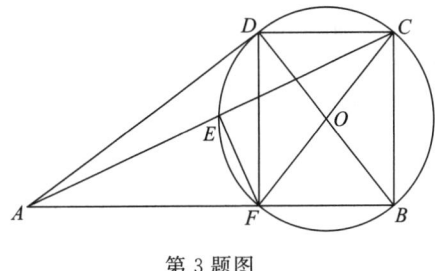

第 3 题图

4. 如图,已知⊙O是锐角△ABC的外接圆,∠BAC=60°,AM是BC边上的中线,分别过点B,C作⊙O的切线,两条切线相交于点X,连结AX.求AM:AX的值.

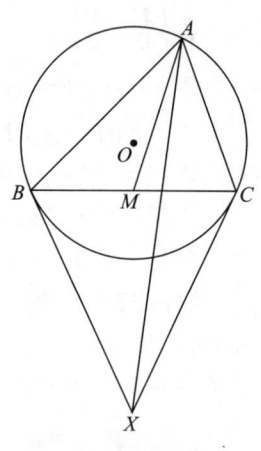

第4题图

5. 如图,在平面直角坐标系中,直线$y=\dfrac{\sqrt{3}}{3}x+1$分别与两坐标轴交于B,A两点,C为该直线上的一动点,以每秒1个单位长度的速度从点A开始沿直线BA向上移动,作等边△CDE,点D和点E都在x轴上,以点C为顶点的抛物线$y=a(x-m)^2+n$经过点E.⊙M与x轴、直线AB都相切,其半径为$3(1-\sqrt{3})a$.

(1)求点A的坐标和∠ABO的度数;

(2)当点C与点A重合时,求a的值;

(3)点C移动多少秒时,等边△CDE的边CE第一次与⊙M相切?

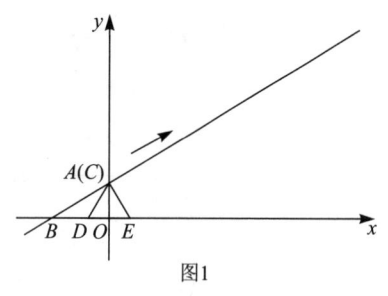

图1

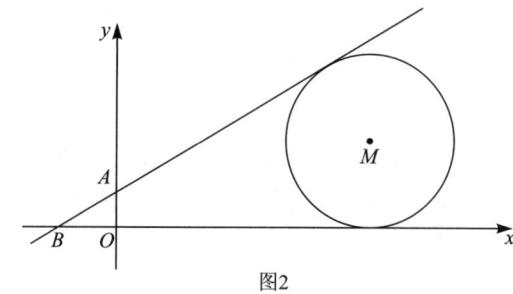

图2

第5题图

第二十五讲　圆中比例线段

【考点扫描】

角在圆中能灵活转化,为寻找构造相似三角形,得到比例线段提供了可能.

解决圆中比例线段的问题通常用到圆幂定理,而现行的初中新教材删除了圆幂定理内容.因此,本讲座应用相似三角形知识来处理圆中比例线段问题.

基本图形、基本结论：

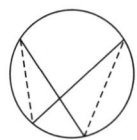 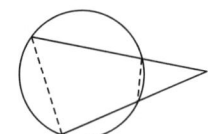 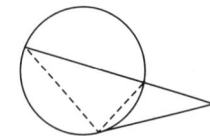

【典例精析】

【例1】如图,已知 BE 是 $\triangle ABC$ 的外接圆 O 的直径,CD 是 $\triangle ABC$ 的高.

(1)求证：$AC \cdot BC = BE \cdot CD$；

(2)已知 $CD=6, AD=3, BD=8$,求 $\odot O$ 的直径 BE 的长.

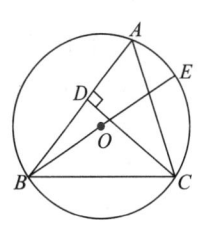

【分析】连接 CE,构造 $\triangle BCE \sim \triangle CDA$ 即可；(2)由勾股定理可求得 AC、BC 的长,然后,利用(1)的结果,解答.

【解】(1)连接 CE,则 $\angle BEC = \angle BAC$(等弧所对圆周角相等),

又 BE 是直径,所以 $\angle BCE = \angle CDA = 90°$,

$\therefore \triangle BCE \sim \triangle CDA$,

$\therefore \dfrac{BC}{CD} = \dfrac{BE}{AC}$,

$\therefore AC \cdot BC = BE \cdot CD$.

(2)由 $CD=6, AD=3, BD=8$,可得 $AC=3\sqrt{5}, BC=10$,

由 $AC \cdot BC = BE \cdot CD$,

得 $BE = 5\sqrt{5}$.

【评注】证明等积式或比例式,常用相似三角形的判定、性质定理来解决的.

【例2】如图,D 是 $\triangle ABC$ 的边 AB 上的一点,使得 $AB=3AD$,P 是 $\triangle ABC$ 外接圆上一

点,使得$\angle ADP=\angle ACB$,求$\dfrac{PB}{PD}$的值.

【分析】图中没有相似三角形,所以建立比例关系有困难,考虑将条件$\angle ADP=\angle ACB$有效利用起来,$\angle ACB$是圆周角,所以连接AP可得$\angle ACB$的等角,并构造了相似三角形,从而得到比例关系,求得结果.

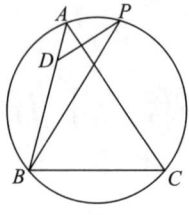

【解】连AP,由于$\angle ADP=\angle ACB$,
又$\angle ACB=\angle APB$,$\therefore \angle ADP=\angle APB$,
$\therefore \triangle ADP \sim \triangle APB$,
$\therefore \dfrac{AD}{AP}=\dfrac{AP}{AB}$,$\therefore AP=\sqrt{3}AD$,
$\therefore \dfrac{PB}{PD}=\dfrac{AP}{AD}=\sqrt{3}$.

【评注】根据题目中的条件和结论在图形中找出或构造相似三角形是一种重要的解题思路.

【例3】已知,在$\triangle ABC$中,AD为$\angle BAC$的平分线,以C为圆心,CD为半径的半圆交BC的延长线于点E,交AD于点F,交AE于点M,且$\angle B=\angle CAE$,$FE:FD=4:3$.

(1)求证:$AF=DF$;

(2)求$\angle AED$的余弦值.

【分析】(1)证$\angle ADE=\angle DAE$,得$EA=DE$,又$\angle DFE=90°$,利用等腰三角形的"三线合一"性质可以证明结论;(2)求$\angle AED$的余弦值,即求$\dfrac{ME}{DE}$的值.连接FM,构造$\triangle AMF \sim \triangle ADE$,可以解答.

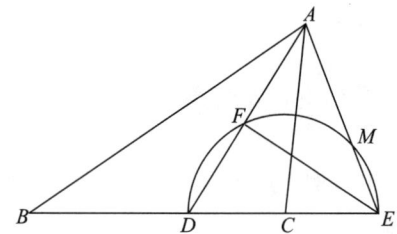

【解】(1)$\because \angle BAD=\angle DAC$,$\angle B=\angle CAE$,
$\therefore \angle ADE=\angle DAE$,得$EA=DE$,
又$\because DE$是直径,$\therefore \angle DFE=90°$,
$\therefore AF=DF$.

(2)连接DM,设$FE=4x$,$FD=3x$,由勾股定理,得$DE=5x$,
连接MF,则$\angle AMF=\angle ADE$,$\angle MAF=\angle DAE$,
$\therefore \triangle AMF \sim \triangle ADE$,
$\therefore \dfrac{AM}{AD}=\dfrac{AF}{AE}$,即$\dfrac{AM}{6x}=\dfrac{3x}{5x}$,$\therefore AM=\dfrac{18x}{5}$,
$ME=AE-AM=5x-\dfrac{18x}{5}=\dfrac{7}{5}x$,
$\therefore \cos\angle AED=\dfrac{ME}{DE}=\dfrac{7}{25}$.

【评注】(1)本题是一道综合题.考查的知识点有:等腰三角形的"三线合一"性质、相似三角形的判定与性质、圆内四边形的对角互补定理、勾股定理及解直角三角形等知识.

【例4】如图,设$\triangle ABC$是直角三角形,点D在斜边BC上,$BD=4DC$,已知圆过点C且与AC相交于F,与AB相切于AB的中点G,求证:$AD \perp BF$.

【分析】本题要证 $AD\perp BF$，只要证 $\angle CAD=\angle ABF$．再作 $DE\perp AC$ 于 E，于是得 $\triangle BAF\backsim\triangle AED$，再利用条件 $BD=4DC$，即可证明结论．

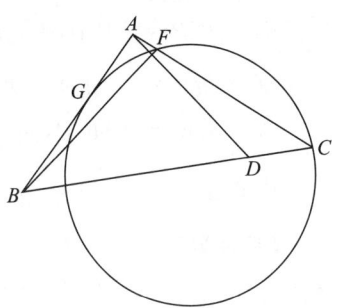

【解】证明：作 $DE\perp AC$ 于 E，则 $AC=\dfrac{5}{4}AE$，$AB=5DE$，

又∵G 是 AB 的中点，∴$AG=\dfrac{5}{2}ED$．

连接 FG,CG，则 $\angle AGF=\angle C,\angle FAG=\angle GCA$，

∴$\triangle AGF\backsim\triangle ACG$，

∴$\dfrac{AF}{AG}=\dfrac{AG}{AC}$，$AG^2=AF\cdot AC$，$\dfrac{25}{4}ED^2=AF\cdot\dfrac{5}{4}AE$．

∴$5ED^2=AF\times AE$，∴$AB\times ED=AF\times AE$，∴$\dfrac{AB}{AE}=\dfrac{AF}{ED}$，

∴$\triangle BAF\backsim\triangle AED$，∴$\angle ABF=\angle EAD$，

而 $\angle EAD+\angle DAB=90°$，

∴$\angle ABF+\angle DAB=90°$，即 $AD\perp BF$．

【评注】证明两线段垂直常利用相似三角形知识来解决这类问题．

【例 4】如图，已知圆内接四边形 $ABCD$ 的对角线 AC、BD 交于点 N，点 M 在对角线 BD 上，且满足 $\angle BAM=\angle DAN$，$\angle BCM=\angle DCN$．

求证：(1) M 为 BD 的中点；(2) $\dfrac{AN}{CN}=\dfrac{AM}{CM}$．

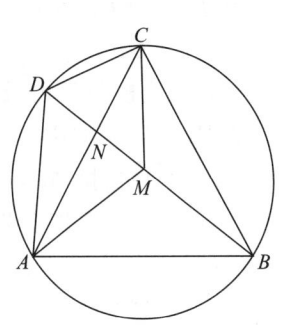

【分析】(1) 证 M 为 BD 的中点，即 $BM=DM$．所以，要证明 $\triangle BAM\backsim\triangle CBM$，得 $\dfrac{BM}{CM}=\dfrac{AM}{BM}$，即 $BM^2=AM\cdot CM$①；证明 $\triangle DAM\backsim\triangle CDM$，得 $\dfrac{DM}{CM}=\dfrac{AM}{DM}$，即 $DM^2=AM\cdot CM$②，由式①、②关系可以证明结论；(2) 延长 AM 交圆于点 P，联结 CP，证 $PC\parallel BD$，得 $\dfrac{AN}{NC}=\dfrac{AM}{PM}$③，证 $\angle APC=\angle MCP$，得 $MP=CM$④，由式③、④关系可以证明结论．

【解】(1) 根据同弧所对的圆周角相等，得 $\angle DAN=\angle DBC,\angle DCN=\angle DBA$，

又∵$\angle DAN=\angle BAM,\angle BCM=\angle DCN$，

∴$\angle BAM=\angle MBC,\angle ABM=\angle BCM$，

∴$\triangle BAM\backsim\triangle CBM$，则 $\dfrac{BM}{CM}=\dfrac{AM}{BM}$，即 $BM^2=AM\cdot CM$①；

又 $\angle DCM=\angle DCN+\angle NCM=\angle BCM+\angle NCM=\angle ACB=\angle ADB$，

$\angle DAM=\angle MAC+\angle DAN=\angle MAC+\angle BAM=\angle BAC=\angle CDM$，

∴$\triangle DAM\backsim\triangle CDM$，则 $\dfrac{DM}{CM}=\dfrac{AM}{DM}$，即 $DM^2=AM\cdot CM$②，

由式①、②得 $BM=DM$，即 M 为 BD 的中点；

(2) 如图，延长 AM 交圆于点 P，联结 CP，

则 $\angle BCP=\angle PAB=\angle DAC=\angle DBC$,∴$PC$∥$BD$,故 $\dfrac{AN}{NC}=\dfrac{AM}{PM}$③,

又 $\angle MCB=\angle DCA=\angle ABD$,$\angle DBC=\angle PCB$,

∴$\angle ABC=\angle MCP$,而 $\angle ABC=\angle APC$,则 $\angle APC=\angle MCP$,有 $MP=CM$④,

由式③、④得 $\dfrac{AN}{NC}=\dfrac{AM}{CM}$.

【评注】(2)中添加平行线构造"A"字型相似三角形,得到线段成比例式,再由相等的线段的转换,从而证明结论,是解决这类问题的常用方法.

【例5】如图,已知 AB 是 $\odot O$ 的直径,弦 $CD\perp AB$ 于 E,F 是 DC 延长线上的一点,FA、FB 与 $\odot O$ 分别交于 M、G,GE 于 $\odot O$ 交于 N.

(1)求证:A、E、G、F 四点共圆;

(2)求证:AB 平分 $\angle MAN$;

(3)若 $\odot O$ 的半径为 5,$FE=2CE=6$,求线段 AN 的长.

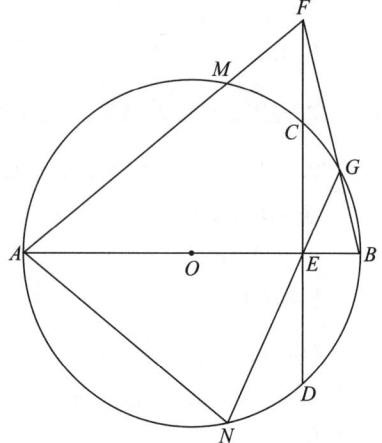

【分析】(1)证 A、E、G、F 四点共圆,连接 AG,只要证 $\angle AGF=\angle AEF$ 即可;(2)只要证 $\angle MAB=\angle NAB$,即只要证 $\angle NGB=\angle NAB$,$\angle MAB=\angle NGB$ 问题可以解决;(3)求线段 AN 的长,由(2)知只要求 AM 的长,这样证明 $Rt\triangle ABM\sim Rt\triangle AFE$,可求得结果.

【解】(1)连接 AG,∵AB 是 $\odot O$ 的直径,∴$\angle AGB=90°$ 则 $\angle AGF=\angle AEF=90°$,

∴A、E、G、F 四点共圆;

(2)∵A、E、G、F 四点共圆,

∴$\angle MAB=\angle NGB$.

∵弧 $BN=$ 弧 BN,∴$\angle NGB=\angle NAB$,

∴$\angle MAB=\angle NAB$,

∴AB 平分 $\angle MAN$;

(3)连接 OC、BM,

∵$OC=5$,$CE=3$,∴在 $Rt\triangle OEC$ 中得 $OE=4$.∴$AE=9$.

在 $Rt\triangle AEF$,$EF=6$,∴$AF=3\sqrt{13}$,

∵$AB=10$,又∵$Rt\triangle ABM\sim Rt\triangle AFE$,∴$\dfrac{AM}{AE}=\dfrac{AB}{AF}$,

∴$AM=\dfrac{AE\times AB}{AF}=\dfrac{30\sqrt{13}}{13}$,

∵AB 平分 $\angle MAN$,

∴$AN=AM=\dfrac{30\sqrt{13}}{13}$.

【评注】(1)可用圆的定义证明;(2)在圆中证明角相等常利用圆周角定理,注意本题还要用辅助圆中的圆周角关系来转化;另外,(3)求线段 AN 长转化为求线段 AM 的长,而线段

AM 的长可由 Rt$\triangle ABM \sim$ Rt$\triangle AFE$ 的比例式求得，这种转化思想在几何计算或证明中经常运用.

【学力训练】

1. 如图所示，四边形 $ABCD$ 内接于 $\odot O$，BD 是 $\odot O$ 的直径，AC 与 BD 相交于点 E，$AC=BC$，$DE=3$，$AD=5$，则 $\odot O$ 的半径的长为_____.

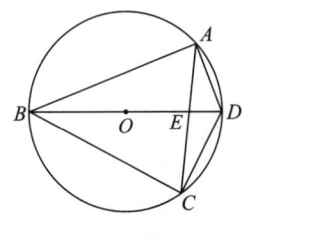

第1题图

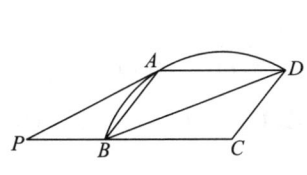

第2题图

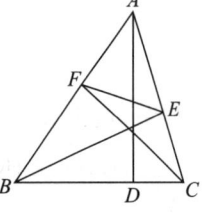

第3题图

2. 如图，$\square ABCD$ 的 A、B、D 三点在弧 BD 上，过 A 的直线 PA 交 CB 的延长线于 P，若 $\angle PAB=\angle DBC$，$BC=2AB$，$\square ABCD$ 的面积为 8，则 $\triangle APB$ 的面积为_____.

3. 如图，设 AD，BE，CF 为三角形 ABC 的三条高，若 $AB=6$，$EF=3$，$BC=5$，则线段 BE 的长为_____.

4. 已知，矩形 $ABCD$ 中，$AB=\sqrt{2}AD$，以 AB 为直径作半圆，P 是半圆上一动点，连接 PA，PB 并延长与直线 CD 交于 E，F. 求证：以 CE、DF、EF 为边的三角形是直角三角形.

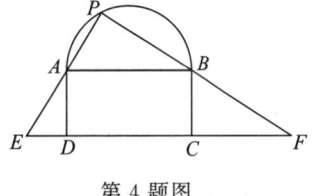

第4题图

5. 如图，在 $\triangle ABC$ 中，$AB=AC$，过 A 的直线与 $\triangle ABC$ 外接圆 O 交于点 D，与 BC 的延长线交于点 F，DE 是 BD 的延长线，连结 CD.
求证：(1) DF 平分 $\angle EDC$；
(2) $AF^2-AB^2=AF \cdot DF$.

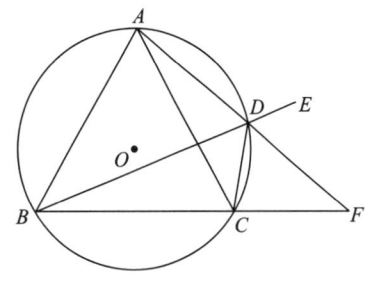

第5题图

6. 如图,点 P 是平行四边形 $ABCD$ 的边 AB 的延长线上一点,DP 与 AC、BC 分别交于点 E、F,EG 是过点 B、F、P 三点的圆的切线,G 为切点.

   求证:$EG=DE$.

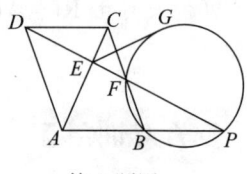

第 6 题图

7. 如图,正方形 $BCEF$ 的中心为 O,$\triangle CBO$ 的外接圆上有一点 A,A、O 在 BC 同侧,A、C 在 BO 异侧,且 $AB=2\sqrt{2}$,$AO=4$.

   (1) 求 $\angle CAO$ 的值;

   (2) 求 $\dfrac{AB}{AC}$ 的值;

   (3) 求正方形 $BCEF$ 的面积.

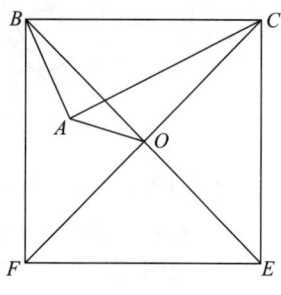

第 7 题图

8. 如图,已知在半径为 4 的 $\odot O$ 中,AB、CD 是两条直径,M 为 OB 的中点,CM 的延长线交 $\odot O$ 于点 E,且 $EM>MC$,连结 DE,$DE=\sqrt{15}$.

   (1) 求证:$AM \cdot MB = EM \cdot MC$;

   (2) 求 EM 的长;

   (3) 求 $\sin\angle EOB$ 的值.

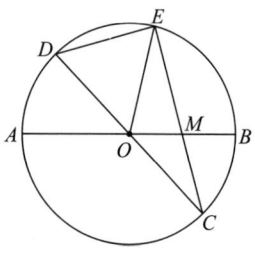

第 8 题图

第二十六讲　圆与圆

【考点扫描】

圆和圆的位置关系有外离、外切、相交、内切、内含五种情形,判定两圆的位置关系有如下三种方法:

1. 通过两圆交点个数确定;
2. 通过两圆的半径与圆心距的大小量化确定;
3. 通过两圆的公切线的条数确定.

圆与圆的常见辅助线:两圆相切常作公切线,两圆相交常作公共弦,圆与圆还要注意连心线.

基本图形、基本结论:

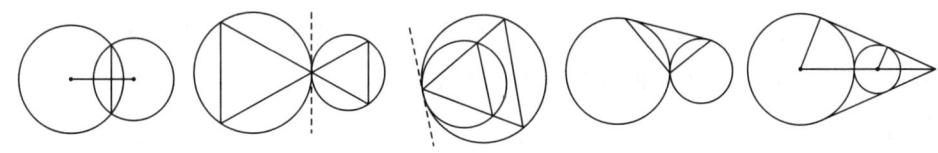

【典例精析】

【例 1】如图,用邻边分别为 $a,b(a<b)$ 的矩形硬纸板裁出以 a 为直径的两个半圆,再裁出与矩形的较长边、两个半圆均相切的两个小圆.把半圆作为圆锥形圣诞帽的侧面,小圆恰好能作为底面,从而做成两个圣诞帽(拼接处材料忽略不计),则 a 与 b 满足的关系式是(　　)

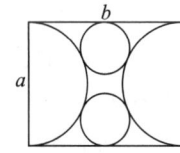

A. $b=\sqrt{3}a$ 　　B. $b=\dfrac{\sqrt{5}+1}{2}a$ 　　C. $b=\dfrac{\sqrt{5}}{2}a$ 　　D. $b=\sqrt{2}a$

【分析】∵半圆的直径为 a,∴半圆的弧长为 $\dfrac{\pi a}{2}$,∵半圆作为圆锥形圣诞延帽的侧面,小圆恰能作为底面,设小圆的半径是 r,则 $\dfrac{\pi a}{2}=2\pi r$,$r=\dfrac{a}{4}$,小圆的圆心为 B,半圆的圆心为 C,作 BA 垂直 CA 于 A 点,则有,$AC^2+AB^2=BC^2$,从而得 $b=\sqrt{2}a$.

【答案】D.

【评注】正确理解圆锥体与它的展开图之间的关系是解决本题的关键.

【例2】如图，$PQ=10$，以 PQ 为直径的圆与一个以 20 为半径的 $\odot O$ 内切于点 P，与正方 $ABCD$ 切于点 Q，其中 A、B 两点在 $\odot O$ 上，若 $AB=m+\sqrt{n}$，其中 m、n 是整数，则 $m+n$ 的值是 _____.

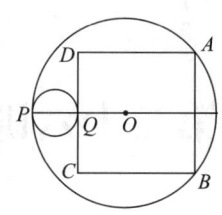

【分析】连接 OA，因为两圆内切，$\therefore P,Q,O$ 共线，设过 P,Q,O 的直线交于 AB 于 R，$AB=x$，则 $OQ=OP-PQ=10$，$RO=RQ-OQ=x-10$，$\because CD$ 与小圆切于点 Q，则 $QR\perp CD$，$QR\perp AB$，$\therefore AR=\dfrac{1}{2}AB=\dfrac{1}{2}x$，又 $OA^2=OR^2+AR^2$，$\therefore(10-x)^2+\left(\dfrac{1}{2}x\right)^2=20^2$，解得 $x=8\pm\sqrt{304}$，$\because x>0$，$\therefore x=8+\sqrt{304}$，而 $AB=m+\sqrt{n}$，且 m,n 是整数，$\therefore m=8,n=304$，$\therefore m+n=312$.

【答案】312.

【评注】应用两圆相切的半径与圆心距之间的关系，再由勾股定理构建方程，解决问题，是解答这类题目的常用方法.

【例3】如图所示两个同心圆，半径分别是 $2\sqrt{6}$ 和 $4\sqrt{3}$，矩形 $ABCD$ 的边 AB、CD 分别为两圆的弦，当矩形 $ABCD$ 面积取最大值时，矩形 $ABCD$ 的周长是 _____.

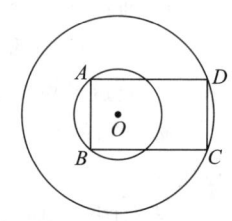

【分析】连接 OA,OD，作 $OP\perp AB$ 于 P，$OM\perp AD$ 于 M，$ON\perp CD$ 于 N. 根据矩形的面积以及三角形的面积公式发现：矩形的面积是三角形 AOD 的面积的 4 倍. 因为 OA,OD 的长是定值，则 $\angle AOD$ 的正弦值最大时，三角形的面积最大，即 $\angle AOD=90°$，则 $AD=6\sqrt{2}$. 根据三角形的面积公式求得 $OM=4$，即 $AB=8$. 则矩形 $ABCD$ 的周长是 $16+12\sqrt{2}$.

【答案】$16+12\sqrt{2}$.

【评注】由 $S_{\triangle ABC}=\dfrac{1}{2}AB\times AC\times\sin A$ 知，若 AB,AC 确定，则当 $\angle A=90°$ 时，面积 S 最大.

【例4】如图，$\odot O_1$、$\odot O_2$、$\odot O_3$ 三圆两两相切，直径 AB 为 $\odot O_1$、$\odot O_2$ 的公切线，弧 AB 为半圆，且分别与三圆各切于一点，若 $\odot O_1$、$\odot O_2$ 的半径均为 1，则 $\odot O_3$ 的半径为 _____.

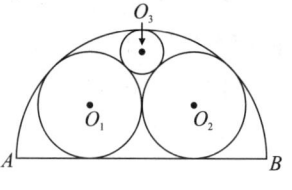

【分析】如图，分别作三个圆心到 AB 的垂线，垂足分别点 E，D，F，$\odot O_1$ 与 $\odot O_2$ 的半径相等且相切于 S，则 O_3D 过点 S，且点 D 是半圆 AB 的圆心，延长 DS 交圆 D 于点 W，则 WD 是半圆 AB 的半径. EFO_2O_1 是矩形，$SDEO_1$ 是正方形，$DQ=DW=SD+O_3S+O_3W$，设圆 O_3 的半径为 R，由勾股定理得，$O_3S=\sqrt{R^2+2R}$，$O_1D=\sqrt{2}$，$WD=DQ$，$\therefore\sqrt{2}+1=1+R+\sqrt{R^2+2R}$，解得，$R=\sqrt{2}-1$.

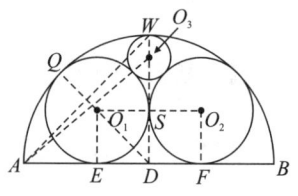

【答案】$\sqrt{2}-1$.

【评注】直线与圆，圆与圆相切问题，常通过作圆与圆的连心线，过圆心作切线的垂线，构造直角三角形,再运用勾股定理来解题.

【例5】如图,⊙O_1、⊙O_2 相交于 P、Q 两点,其中⊙O_1 的半径 $r_1=2$,⊙O_2 的半径直 $r_2=\sqrt{2}$. 过点 Q 作 $CD \perp PQ$,分别交⊙O_1 和⊙O_2 于点 C、D,连接 CP、DP,过点 Q 任作一直线 AB 交⊙O_1 和⊙O_2 于点 A、B,连接 AP、BP、AC、DB,且 AC 与 DB 的延长线交于点 E.

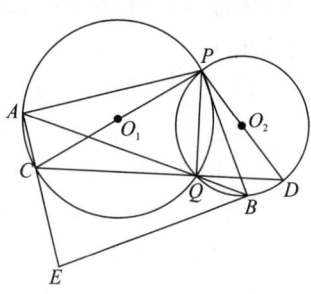

(1)求证:$\dfrac{PA}{PB}=\sqrt{2}$;

(2)若 $PQ=2$,试求 $\angle E$ 度数.

【分析】(1)求证:$\dfrac{PA}{PB}=\sqrt{2}$,则要找到含边 PA、PB 的两个三角形,所以证明 $\triangle PAB \backsim \triangle PCD$,问题就可以解决;(2)要求 $\angle E$ 度数,只要求出 $\angle CAQ$,$\angle ABE$ 的度数即可.

【解】(1)证明:∵⊙O_1 的半径 $r_1=2$,⊙O_2 的半径 $r_2=\sqrt{2}$,

∴$PC=4$,$PD=2\sqrt{2}$,

∵$CD \perp PQ$,∴$\angle PQC=\angle PQD=90°$,∴$PC$、$PD$ 分别是⊙O_1、⊙O_2 的直径,

在⊙O_1 中,$\angle PAB=\angle PCD$,在⊙O_2 中,$\angle PBA=\angle PDC$,

∴$\triangle PAB \backsim \triangle PCD$,

∴$\dfrac{PA}{PB}=\dfrac{PC}{PD}=\dfrac{4}{2\sqrt{2}}=\sqrt{2}$;

(2)解:在 Rt$\triangle PCQ$ 中,

∵$PC=2r_1=4$,$PQ=2$,∴$\cos\angle CPQ=\dfrac{PQ}{PC}=\dfrac{1}{2}$,

∴$\angle CPQ=60°$,

∵在 Rt$\triangle PDQ$ 中,$PD=2r_2=2\sqrt{2}$,$PQ=2$,∴$\sin\angle PDQ=\dfrac{PQ}{PD}=\dfrac{\sqrt{2}}{2}$,

∴$\angle PDQ=45°$,

∴$\angle CAQ=\angle CPQ=60°$,$\angle PBQ=\angle PDQ=45°$.

又∵PD 是⊙O_2 的直径,∴$\angle PBD=90°$.

∴$\angle ABE=90°-\angle PBQ=45°$.

在 $\triangle EAB$ 中,

∴$\angle E=180°-\angle CAQ-\angle ABE=75°$.

【评注】证线段比应先找到含这两条线段的相似三角形,这样解决这类问题就简便多了.

【例6】如图,在 Rt$\triangle ABC$ 中,$\angle ACB=90°$,$AC=6$ cm,$BC=8$ cm. P 为 BC 的中点,动点 Q 从点 P 出发,沿射线 PC 方向以 2 cm/s 的速度运动,以 P 为圆心,PQ 长为半径作圆. 设点 Q 运动的时间为 t s.

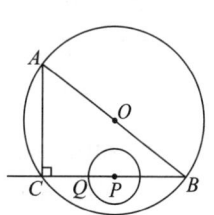

(1)当 $t=1.2$ 时,判断直线 AB 与⊙P 的位置关系,并说明理由;

(2)已知⊙O 为 $\triangle ABC$ 的外接圆. 若⊙P 与⊙O 相切,求 t 的值.

【分析】(1)猜想直线 AB 与⊙P 相切,由 $\triangle PBD \backsim \triangle ABC$ 等计算出

点 P 到直线 AB 的距离等于半径 PQ；(2)⊙P 与⊙O 相切，∵点 P 在⊙O 内部，∴⊙P 与⊙O 无法外切，只能内切，所以分内切时的两种情况讨论求解.

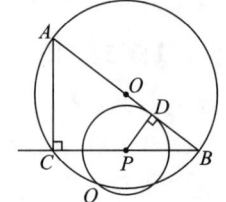

【解】(1)直线 AB 与⊙P 相切，

理由：过 P 作 $PD \perp AB$，垂足为 D，

在 Rt△ABC 中，∠ACB=90°，

∵AC=6 cm，BC=8 cm，∴AB=10 cm，

∵P 为 BC 中点，∴PB=4 cm，

∵∠PDB=∠ACB=90°，∠PBD=∠ABC，

∴△PBD∽△ABC，∴PD=2.4(cm)，

当 t=1.2 时，PQ=2t=2.4(cm)，

∴PD=PQ，

∴直线 AB 与⊙P 相切；

(2)∵∠ACB=90°，∴AB 为△ABC 的外接圆的直径，∴BO=$\frac{1}{2}AB$=5 cm，连接 OP，

∵AO=BO，CP=PB，∴PO=$\frac{1}{2}AC$=3 cm，

∵点 P 在⊙O 内部，∴⊙P 与⊙O 无法外切，只能内切，

∴5－2t=3，或 2t－5=3，

解得 t=1 或 4，

∴⊙P 与⊙O 相切时，t 的值为 1 或 4.

【评注】两圆半径分别为 R、r，圆心距为 d，则两圆内切有：$|R－r|=d$.

【学力训练】

1. 如果两个半径不相等的圆有公共点，那么这两个圆的公切线不可能有( ).

　A. 1 条　　　B. 2 条　　　C. 3 条　　　D. 4 条

2. 如图所示，单位正三角形（即边长为 1）中，将其内切圆及三个角切圆（与角两边及三角形内切圆都相切的圆）的内部挖去，则三角形剩下部分的面积为_____.

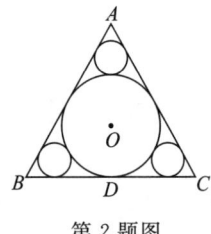

第2题图

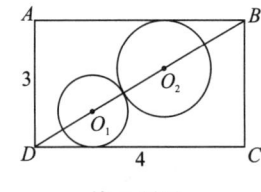

第3题图

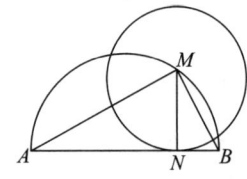

第4题图

3. 如图，矩形纸片 $ABCD$ 中，AB=3 cm，BC=4 cm，若要在该纸片中剪下两个外切圆 ⊙O_1 与⊙O_2，要求⊙O_1 与⊙O_2 的圆心均在对角线 BD 上，且⊙O_1 与⊙O_2 分别与 AB，CD 相切，则 O_1O_2 的长为_____.

4. 如图，半圆的直径 AB=2，过半圆上一点 M 作 $MN \perp AB$ 于 N，以 M 为圆心，MN 长

为半径作圆,则该圆与 AB,MA,MB 三边所围成的区域面积 S 的最大值是_____.

5. 如图的三块阴影部分由两个半径为1的圆及其外公切线分割而成,如果中间一块面积等于上下两块面积之和,则这两圆公共弦 PQ 的长是_____.

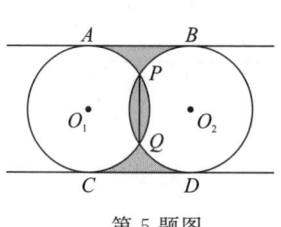
第 5 题图

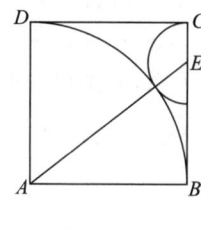
第 6 题图

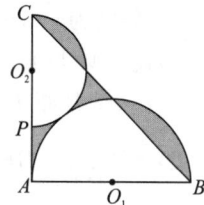
第 7 题图

6. 如图,正方形 $ABCD$ 中,E 是 BC 边上一点,以 E 为圆心、EC 为半径的半圆与以 A 为圆心,AB 为半径的圆弧外切,则 $\sin\angle EAB$ 的值为_____.

7. 如图,$\triangle ABC$ 是直角边长为 4 的等腰直角三角形,直角边 AB 是半圆 O_1 的直径,半圆 O_2 过 C 点且与半圆 O_1 相切,则图中阴影部分的面积是_____.

8. $\odot O_1$ 与 $\odot O_2$ 相交于点 A、B,动点 P 在 $\odot O_2$ 上,且在 $\odot O_1$ 外,直线 PA、PB 分别交 $\odot O_1$ 于点 C、D. 问: $\odot O_1$ 的弦 CD 的长是否随点 P 的运动而发生变化?

如果发生变化,请你确定 CD 最长或最短时点 P 的位置;如果不发生变化,请给出你的证明.

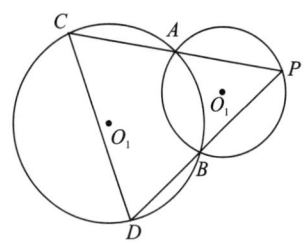
第 8 题图

9. 如图,AB 是圆 O 的直径,点 P 是圆 O 上(不与 A、B 重合)的动点.过点 P 作 $PQ\perp AB$,垂足为 Q,以点 P 为圆心,PQ 长为半径作圆 P 交圆 O 于 C、D 两点,连接 CD.

(1) 设 $AB=4$,$\angle POB=60°$,求线段 CD 的长;

(2) 设 CD 交 PQ 于点 E,求证: $PE=EQ$.

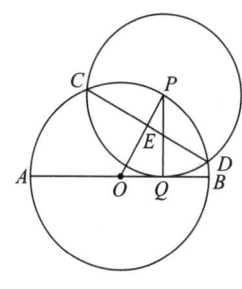
第 9 题图

10. 如图,已知 a 为正常数,$F_1(-\sqrt{a^2+20},0)$,$F_2(\sqrt{a^2+20},0)$,过 F_2 作直线 l,点 A,B 在直线 l 上,且满足 $AF_1-AF_2=BF_1-BF_2=2a$,M,N 分别为 $\triangle AF_1F_2$,$\triangle BF_1F_2$ 的内切圆的圆心.

(1) 设 $\odot M$ 与 F_1F_2 相切于点 P_1,$\odot N$ 与 F_1F_2 切于点 P_2,试判断 P_1 与 P_2 的位置关系,并加以证明;

(2) 已知 $\sin\angle BF_2F_1=\dfrac{8}{9}$,且 $MN=\dfrac{9}{2}$,试求 a 的值.

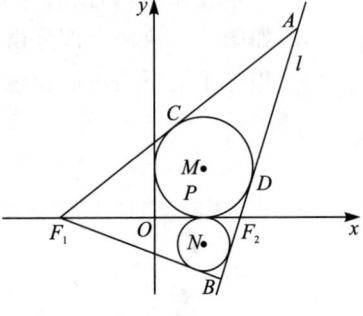

第 10 题图

第二十七讲 立体图形

【考点扫描】

立体图形是由一个或多个面围成的可以存在于现实生活中的三维图形.点动成线,线动成面,面动成体,即由面围成体.一般如长方体,正方体等的规则立体图形最多能看到立体图形实物的三个面.

对同一个物体从不同方向看,可以得到不同的视图.画一个物体的三视图(主视图、俯视图、左视图)的口诀有:主、俯长对正;主左高平齐;俯、左宽相等.其次是:看得见,画实线,看不见画虚线.

解答立体图形的有关问题中,主要方法有:(1)研究立体图形与它的三视图或展开图的之间关系;(2)已知几何体的展开图或三视图,描述出几何体原型是解决这类问题的关键.

【典例精析】

【例1】如图是一个切去了一个角的正方体纸盒,切面与棱的交点 A、B、C 均是棱的中点,现将纸盒剪开展成平面,则展开图不可能是(   ).

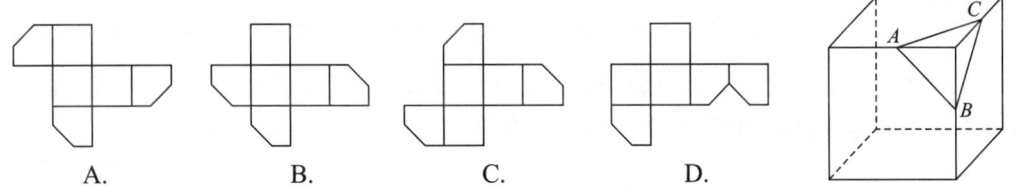

A.　　　　B.　　　　C.　　　　D.

【分析】选项 A、C、D 折叠后都符合题意,只有选项 B 折叠后两个剪去三角形与另一个剪去的三角形不交于一个顶点,与正方体三个剪去三角形交于一个顶点不符.

【答案】B.

【评注】注意立体图形与展开图之间的关系.

【例2】如图,是一个几何体的三视图,根据图中给出的数据,可得到几何体的表面积为(   ).(参考公式:球的表面积 $S=4\pi r^2$,其中 r 为球的半径)

A. 9π　　　　　　B. 10π

C. 11π　　　　　　D. 12π

俯视图　　主视图　　左视图

【分析】由三视图容易推知几何体是:上部是半径为1的球,下部是底面半径为1,高为3的圆柱.该几何体的表面积为:$4\pi\times 1^2+2\pi\times 3+2\times 1^2\pi=12\pi$.

【答案】D.

【评注】根据三视图描述出实物立体图形的原型是本题解答的关键.

【例3】一个正方体内接于一个球,过球心作一截面,则截面的可能图形是(　　).

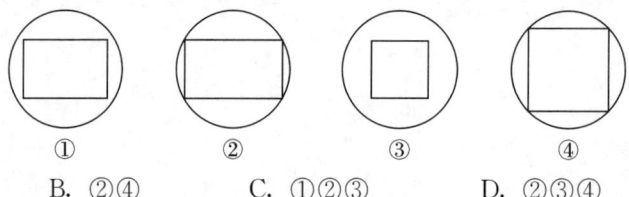

A. ①③　　　　B. ②④　　　　C. ①②③　　　　D. ②③④

【分析】当截面的角度和方向不同时,球的截面不相同,应分情况考虑.当截面与正方体的一面平行时,截面图形如③,当截面不与正方体的一面平行时,截面图形如①②.

【答案】C.

【评注】截面的形状既与被截的几何体有关,还与截面的角度和方向有关.

【例4】一个几何体,是由许多规格相同的小正方体堆积而成的,其主视图、左视图如图所示,要摆成这样的图形,至少需用_____块小正方体

【分析】主视图、左视图是分别从物体正面、左面看所得到的图形;从正面看到的是3列小正方形,左边一列是2个正方形,中间一列是1个正方形,右边一列是2个正方形;要使小正方体最少,则把中间的一个正方体向后移动一行,把右边的一列2个正方体向后移动2行;则摆出如图所示的图形,至少要2+1+2=5个小正方体.

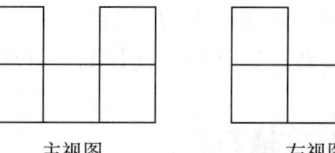

主视图　　　左视图

【答案】5.

【评注】本题考查学生对三视图熟练掌握程度和灵活运用能力,同时也体现了对空间想象能力方面的考查.如果掌握口诀"俯视图打地基,正视图疯狂盖,左视图拆违章"就更容易得到答案.

【例5】将一直径为17 cm的圆形纸片(1)剪成如图(2)所示形状纸片,再将纸片沿虚线折叠得到正方体(3)形状的纸盒,则这个纸盒体积最大为_____cm².

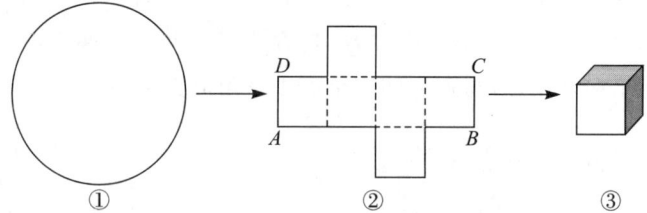

【分析】根据勾股定理,要想使正方体的体积最大,那么图2的中间4个正方形组成的矩形的四个顶点就应该都在圆上,设正方形的边长为 x,连接 AC,则 AC 是直径,$AC=17$,在 $Rt\triangle ABC$ 中,由勾股定理得:$AC^2=AB^2+BC^2$,$17^2=x^2+(4x)^2$,解得 $x=\sqrt{17}$,

因此,这个纸盒体积最大值$=17\sqrt{17}$cm³.

【答案】$17\sqrt{17}$cm³.

【评注】本题为使正方体(3)的体积最大,则在圆形纸片(1)中画出图(2)所示形状纸片的图形,是解决本题的关键.

【例6】如图,圆锥的底面半径 $R=3$ dm,母线 $l=5$ dm,AB 为底面直径,C 为底面圆周上一点,$\angle COB=150°$,D 为 VB 上一点,$VD=\sqrt{7}$ dm.现有一只蚂蚁,沿圆锥表面从点 C 爬行到点 D,则蚂蚁爬行的最短路程是_____.

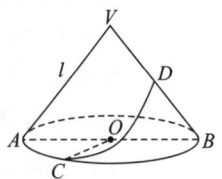

【分析】弧 $BC=\dfrac{150\pi\times 3}{180}=\dfrac{5}{2}\pi$,把圆锥的侧面展开,$\dfrac{n\pi\times 5}{180}=\dfrac{5}{2}\pi$,

∴$n=90°$,$\angle CVD=90°$,$CD=\sqrt{5^2+7}=4\sqrt{2}$.

【答案】$4\sqrt{2}$.

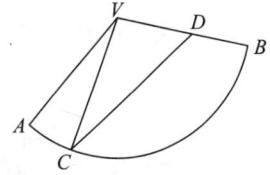

【评注】掌握立体图形与它的展开图的关系,是本题求解的关键.

【例7】有一个棱长为 5 厘米的正方形木块,从它的每一个面看都有一个穿透的完全相同的孔(如图中的阴影部分),则这个立体图形的内、外表面积的总面积是_____.

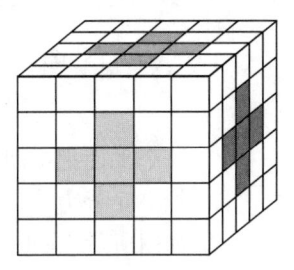

【解析】将这个立方体图形看成由 8 个棱长为 2 厘米的正方体和 12 个棱长为 1 厘米的立方体粘合而成,8 个棱长为 2 厘米的正方体在八个顶点,12 个棱长为 1 厘米的正方体在 12 条棱的中间,由于每个正方体都有两个面分别粘接两个较大的正方体,相对不粘接,减少了表面积 4 平方厘米,所以,立体图形的内、外表面积的总面积是:

$(2\times 2\times 6)\times 8+(1\times 1\times 6)\times 12-4\times 12=216$(平方厘米).

【答案】216(平方厘米).

【评注】本题将原立方体拆分为若干个小立方体,考虑粘接面减少了表面积去分析思考.

【学力训练】

1. 如图一圆柱体的底面圆周长为 24 cm,高 AB 为 4 cm,BC 是直径,一只蚂蚁从点 A 出发,沿着圆柱的表面爬行到点 C 的最短路程是( ).

   A. $4\sqrt{6}$ B. $4\sqrt{10}$ C. $\dfrac{4\pi+24}{\pi}$ D. $\pi+\dfrac{24}{\pi}$

   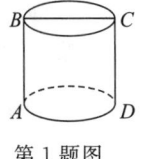
   第1题图

2. 向高为 H 的水瓶中注水,注满为止,如果注水量 V 与水深 h 的函数关系的图像如上图所示,那么水瓶的形状是( )

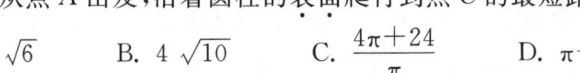

 A.   B.   C.   D.

第2题图

3. 由 7 个大小相同的正方体搭成的几何体如图所示,则关于它的视图说法正确的是(   ).
   A. 正视图的面积最大　　　　B. 俯视图的面积最大
   C. 左视图的面积最大　　　　D. 三个视图的面积一样大

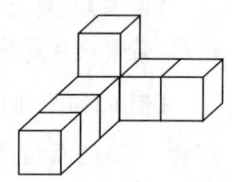

第 3 题图

4. 如图(1)是一个水平摆放的小正方体木块,图(2)、(3)是由这样的小正方体木块叠放而成,按照这样的规律继续叠放下去,至第七个叠放的图形中,小正方体木块总数应是(   ).
   A. 25　　　　　　　B. 66　　　　　　　C. 91　　　　　　　D. 120

5. 一个正方体六个面上分别标有数字 1、2、3、4、5、6. 根据如图所示的三种状态,则 a 表示的数字是_____.

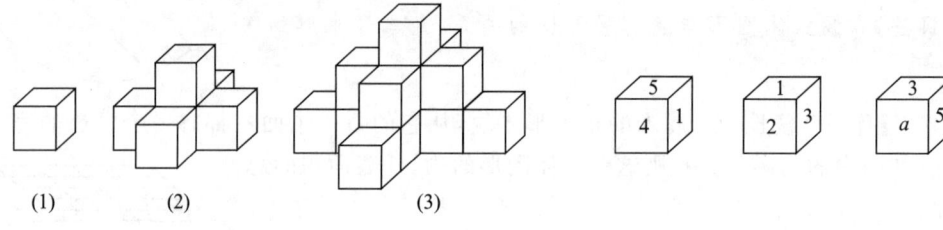

(1)　　　(2)　　　　　(3)

第 4 题图　　　　　　　　　　　　　　第 5 题图

6. 一个平面把空间分为 2 个部分,两个平面最多把空间分成 4 个部分,三个平面最多把空间分为_____个部分,四个平面最多把空间分为_____个部分.

7. 如图所示,在正三棱柱 $ABC-A_1B_1C_1$ 中,已知 $AB=BC=CA=2$,$AA_1=4$,一只蚂蚁从 A 点出发绕三棱柱侧面两圈到达点 A_1,则蚂蚁爬行的最短距离为_____.

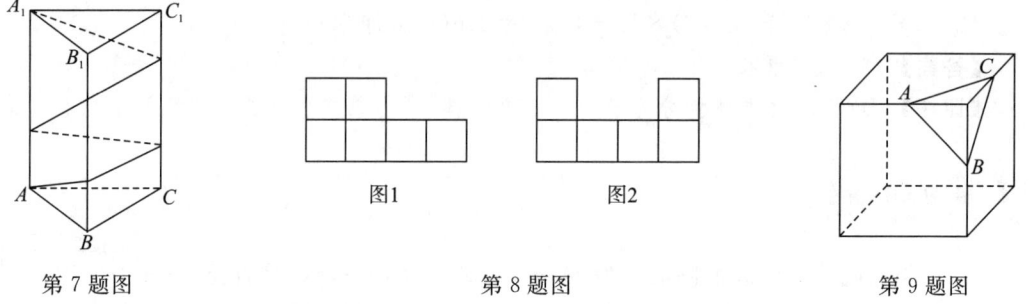

第 7 题图　　　　　　　　　　第 8 题图　　　　　　　　　第 9 题图

8. 桌面上摆着一些相同的小正方体木块,从正南方向看如图1,从正西方向看如图2,那么桌面上至少有这样的小正方体木块_____块.

9. 如图,边长为 $6\sqrt{2}$ 的立方体中 A、B、C 为三条棱中点,过 ABC 的平面切割立方体得四面体,问以 $\triangle ABC$ 为底面的四面体的高为多少?

142

10. 如图,我们可以在表面积为 3×4 的矩形中画出多种棱长为 1 的正方体表面展开图.

(1) 请设计一种面积比 3×4 更小的矩形,使得我们能在其中画出棱长为 1 的正方体的表面展开图,并画出这个正方体的表面展开图.

(2) 如果给你同样的面积为 3×4 的矩形,请你在其中画出棱长大于 1 的正方体的表面展开图,并计算你所画正方体的表面展开图折成正方体后的棱长.

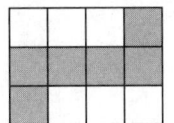 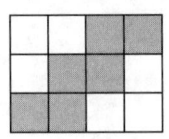 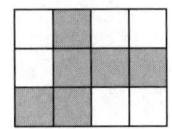

第 10 题图

第二十八讲 统计与概率

【考点扫描】

统计学是一门研究如何收集、整理、分析数据,并在此基础上作出推断的科学.它常用的统计图有条形统计图、折线统计图、扇形统计图;计算公式有平均数、方差、标准差、频数、频率等.

概率是对随机现象的一种数学的描述,数学中用概率来表示事件发生的机会大小,概率是一个比值,用字母 P 表示,概率的计算公式:

$$事件发生概率\ P = \frac{该事件发生的所有可能结果}{所有可能结果}$$

在具体计算中,常用到树形图、列表、穷举等方法.

统计与概率互为基础,概率这一概念是建立在频率这一统计量稳定性的基础上,而统计推断、估计等统计方法的科学性有赖于概率理论的严密性.

【典例精析】

【例1】 期中考后,班长算出全班 50 个同学数学成绩的平均分为 M,如果将 M 当成一个同学的成绩,与原来 50 个数放一起,算出 51 个数的平均值为 N;那么 $\frac{M}{N}$ 为( ).

A. $\frac{50}{51}$ B. 1; C. $\frac{51}{50}$ D. 2

【分析】 全班 50 个人数学成绩的平均分为 M,把 M 当成一个同学的分数,则班中有 51 名同学的分数总和为 $51M$,∴51 人的平均分 $=\frac{51M}{51}=M$.

【答案】 B.

【评注】 按统计知识中的平均数计算公式求解.

【例2】 一组样本容量为 5 的数据中,其中 $a_1=2.5, a_2=3.5, a_3=4, a_4$ 与 a_5 的和为 5,当 a_4、a_5 依次取( )时,这组样本方差有最小值.

A. 1.5,3.5 B. 1,4 C. 2.5,2.5 D. 2,3

【分析】 $\bar{x}=(2.5+3.5+4+5)\div 5=3$.

∴$S^2=[(2.5-3)^2+(3.5-3)^2+(4-3)^2+(x-3)^2+(5-x-3)^2]\div 5=\frac{2}{5}(x-2.5)^2$

$+\frac{2}{5}$,

∴$x=2.5, a_4=2.5, a_5=2.5$ 时这组样本方差有最小值.

【答案】C.

【评注】先按方差公式求得 S^2 是 x 的二次函数,然后求出 S^2 取最小值时的 x 的值即可.

【例3】一般地,家庭用电量与气温有一定的关系,如图所示,图(1)表示某年12个月中每月的平均气温,图(2)表示某家庭这年12个月每个月的用电量.根据这些信息,以下关于家庭的用电量与气温间关系的叙述,正确的是(   ).

A. 气温高时,用电量多

B. 气温低时,用电量少

C. 当气温大于某一值时,用电量随气温的升高而增加

D. 当气温大于某一值时,用电量随气温的降低而增加

【分析】根据所给的两个图,可以看出在气温比较低的1,2月份,用电量很高,到4,5月份,气温适中,这时用电量最少,到7,8月份,气温是一年中最高的时候,这时用电量最大,8月份,气温和用电量都达到最高值,即当气温大于某一值时,用电量随气温增高而增加.

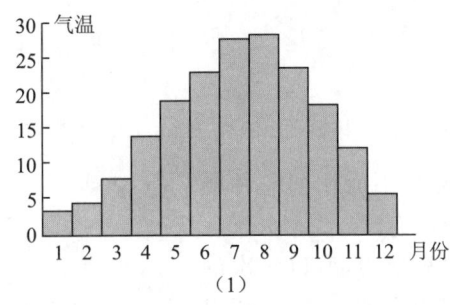
（1）
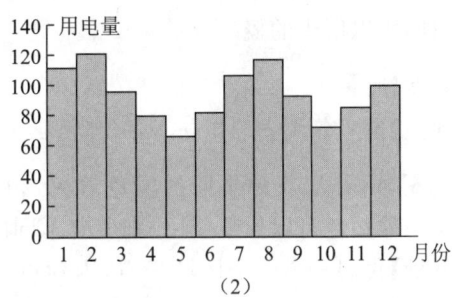
（2）

【答案】C.

【评注】注意观察图形的变化特点.

【例4】同时掷两个骰子,其中向上的点数之和是5的概率是(   ).

A. $\frac{1}{4}$ B. $\frac{1}{6}$ C. $\frac{1}{9}$ D. $\frac{1}{12}$

【分析】列表得:

(1,6)	(2,6)	(3,6)	(4,6)	(5,6)	(6,6)
(1,5)	(2,5)	(3,5)	(4,5)	(5,5)	(6,5)
(1,4)	(2,4)	(3,4)	(4,4)	(5,4)	(6,4)
(1,3)	(2,3)	(3,3)	(4,3)	(5,3)	(6,3)
(1,2)	(2,2)	(3,2)	(4,2)	(5,2)	(6,2)
(1,1)	(2,1)	(3,1)	(4,1)	(5,1)	(6,1)

共有36种等可能的结果,向上的点数之和是5的情况有4种,∴两个骰子向上的一面的点数和为5的概率为 $\frac{4}{36}=\frac{1}{9}$.

【答案】A.

【评注】列举出所有情况,找出点数之和为5的情况,然后根据概率计算公式进行求解.列表是求概率的常用方法之一.

【例5】袋中装有5个红球、6个黑球、7个白球,从袋中摸出15个球,摸出的球中恰好有3个红球的概率是(   ).

A. $\dfrac{1}{10}$ B. $\dfrac{1}{5}$ C. $\dfrac{3}{10}$ D. $\dfrac{65}{408}$

【分析】设摸出的15个球中有x个红球、y个黑球、z个白球,则x,y,z都是正整数,且$x\leqslant 5, y\leqslant 6, z\leqslant 7, x+y+z=15$. 因为$y+z\leqslant 13$,所以$x$可取值$2,3,4,5$.

当$x=2$时,只有一种可能,即$y=6, z=7$;

当$x=3$时,$y+z=12$,有2种可能,$y=5, z=7$或$y=6, z=6$;

当$x=4$时,$y+z=11$,有3种可能,$y=4, z=7$或$y=5, z=6$或$y=6, z=5$;

当$x=5$时,$y+z=10$,有4种可能,$y=3, z=7$或$y=4, z=6$或$y=5, z=5$或$y=6, z=4$.

因此,共有$1+2+3+4=10$种可能的摸球结果,其中摸出的球中恰好有3个红球的结果有2种,所以所求的概率为$\dfrac{2}{10}=\dfrac{1}{5}$.

【答案】B.

【评注】由不等式先确定x,y,z(都是正整数)的可能取值范围,对它们进行分类讨论.

【例6】如图,用5种不同的颜色着色,相邻部分不能用同一种颜色,但同一种颜色可以反复使用,则所有不同的着法有_____种.

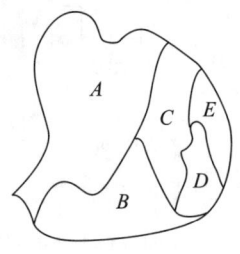

【分析】我们一个一个区域来看,因为可以重复使用,所以每次的备用选择都是5个,只要去掉不合适的即可,A可以有五个选择,所以取5;B可以有四个选择,所以取4;C可以有三个选择,所以取3;D可以有除了BC之外的三个选择,所以取3;E可以有除了CD之外的三个选择,所以取3;所以方法有$5\times 4\times 3\times 3\times 3=540$.

【答案】540.

【评注】相邻部分不能用同一种颜色,要按字母顺序考虑选择颜色有几种可能性情况.

【例7】有3张不透明的卡片,除正面写有不同的数字外,其他均相同.将这三张卡片背面朝上洗匀后,第一次从中随机抽取一张,并把这张卡片标有的数字记作一次函数表达式中的k,第二次从余下的两张卡片中再随机抽取一张,上面标有的数字记作一次函数表达式中的b.

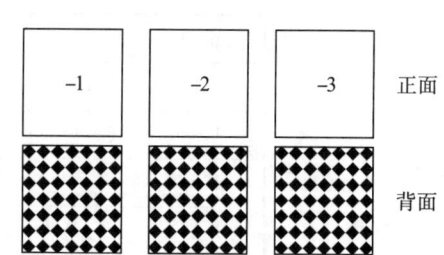

(1)写出k为负数的概率;

(2)求一次函数$y=kx+b$的图像经过二、三、四象限的概率.(用树状图或列表法求解)

【分析】(2)用树状图列举所有得到可能数字.

【解】(1)∵共有3张牌,两张为负数,

∴k 为负数的概率是 $\dfrac{2}{3}$;

(2)画树状图

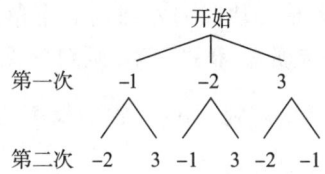

共有六种情况,其中满足一次函数 $y=kx+b$ 的图像经过二、三、四象限,即 $k<0,b<0$ 的情况两种,

∴一次函数 $y=kx+b$ 的图像经过二、三、四象限的概率为 $P=\dfrac{2}{6}=\dfrac{1}{3}$.

【评注】列树状图是求概率的常用方法之一.

【例8】在一个不透明的箱子中装有大小相同、材质相同的三个小球,一个小球上标着数字 1,一个小球上标着数字 2,一个小球上标着数字 3,从中随机地摸出一个小球,并记下该球上所标注的数字 x 后,放回原箱子;再从箱子中又随机地摸出一个小球,也记下该球上所标注的数字 y.以先后记下的两个数字 (x,y) 作为点 M 的坐标.

(1)求点 M 的横坐标与纵坐标的和为 4 的概率;

(2)在平面直角坐标系中,求点 M 落在以坐标原点为圆心、以 $\sqrt{10}$ 为半径的圆的内部的概率.

【分析】(1)用穷举法列出作为点 $M(x,y)$ 的所有可能坐标;(2)计算点 $M(x,y)$ 是否落在以坐标原点为圆心,以 $\sqrt{10}$ 为半径的圆的内部,即验证 $x^2+y^2<10$,即可.

【解】(1)以先后记下的两个数字 (x,y) 作为点 M 的坐标有如下 9 种形式:(1,1)、(1,2)、(1,3)、(2,1)、(2,2)、(2,3)、(3,1)、(3,2)、(3,3).

其中,$x+y=4$ 有 3 种形式:(1,3)、(2,2)、(3,1),

由于每一种形式都等可能出现,

所以点 M 的横坐标与纵坐标的和为 4 的概率 $P(x+y=4)=\dfrac{3}{9}=\dfrac{1}{3}$;

(2)因为点 M 在以坐标原点为圆心,以 $\sqrt{10}$ 为半径的圆的内部,所以 $x^2+y^2<10$,

这样的点 M 有 4 种形式:(1,1)、(1,2)、(2,1)、(2,2),

所以点 M 在以坐标原点为圆心,以 $\sqrt{10}$ 为半径的圆的内部的概率 $P=\dfrac{4}{9}$.

【评注】(1)用穷举法列出的所有可能事件是求简单概率的一种常用方法;(2)计算点落在某区域内部的个数,常验证符合条件点的个数.

【例9】在科技馆里,小亮看见一台名为帕斯卡三角的仪器,如图 1 所示,当一实心小球从入口落下,它在依次碰到每层菱形挡块时,会等可能地向左或向右落下.

(1)试问小球通过第二层 A 位置的概率是多少?

(2)具体说明小球下落到第三层 B 位置和第四层 C 位置处

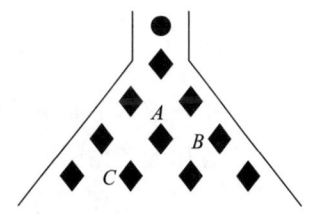

的概率各是多少?

【分析】实心小球在碰到菱形挡块时向左或向右下落是等可能的,分别考查小球到达 A、B、C 位置处的所有途径,画出树状图.

【解】(1)∵实心小球在碰到菱形挡块时向左或向右下落是等可能性的∴经过一个菱形挡块后向左或向右下落的概率各是原概率的一半.画树状图可知,落到 A 点位置的概率为 $\frac{1}{4}+\frac{1}{4}=\frac{1}{2}$;(2)同理可画树状图得,落到 B 点位置的概率为 $\frac{1}{4}+\frac{1}{8}=\frac{3}{8}$;同理可画树状图得,落到 C 点位置的概率为 $\frac{1}{16}+\frac{3}{16}=\frac{1}{4}$.

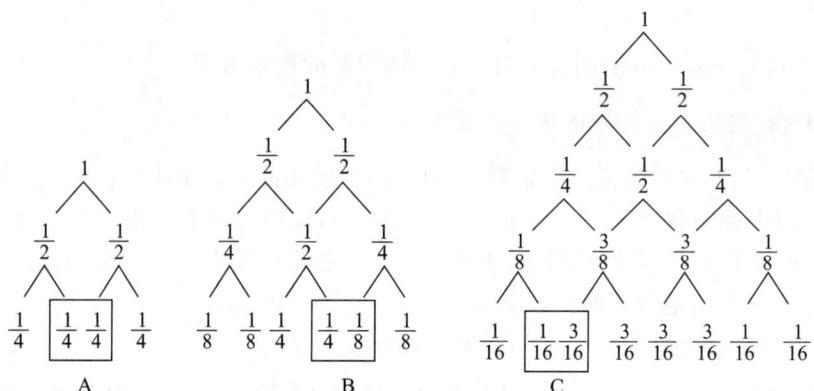

【评注】本题关键是统计出小球到达 A、B、C 位置处的所有途径,画出树状图.

【学力训练】

1. 在 1000 个数据中,用适当的方法抽取 50 个作为样本进行统计,频数分布表中,54.5~57.5 这一组的频率是 0.12,那么,估计总体数据落在 54.5~57.5 之间的约有(   ).
   A. 6 个   B. 12 个   C. 60 个   D. 120 个

2. 一个布袋中装有 10 个相同的球,其中 9 个红球,1 个黄球,从中任意摸取一个,那么(   ).
   A. 一定摸到红球   B. 一定摸到黄球
   C. 不可能摸到黄球   D. 很有可能摸到红球

3. 如图,在正方体的表面展开图中,要将 $-a$、$-b$、$-c$ 填入剩下的三个空白处,(彼此不同),则正方体三组相对的两个面中数字和均为零的概率为(   ).
   A. $\frac{1}{2}$ B. $\frac{1}{3}$
   C. $\frac{1}{4}$ D. $\frac{1}{6}$

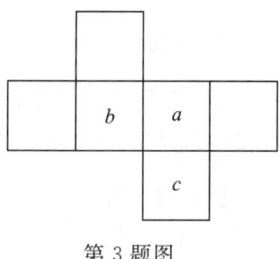

第 3 题图

4. 把一枚六个面编号分别为 1,2,3,4,5,6 的质地均匀的正方体骰子先后投掷 2 次,若两个正面朝上的编号分别为 m,n,则二次函数 $y=x^2+mx+n$ 的图像与 x 轴有两个不同交点的概率是(   ).

A. $\frac{5}{12}$ B. $\frac{4}{9}$ C. $\frac{17}{36}$ D. $\frac{1}{2}$

5. 三张卡片的正反面上分别写有数字 0 与 2,3 与 4,5 与 6,把这三张卡片拼在一起表示一个三位数,则这个三位数是偶数的概率是_____.

6. 小丁、小明、小倩在一起做游戏时,需要确定做游戏的先后顺序,他们约定用"剪子、布、锤子"的方式确定.那么,在一个回合中三个人同时出布的概率是_____.

7. 现有一批长度为 3,4,5,6 和 7 的细木棒,它们数量足够多,从中适当取 3 根,组成不同的三角形中直角三角形的概率是_____.

8. 甲、乙、丙、丁、戊五位同学参加一次节日活动,很幸运的是他们都得到了一件精美的礼品(如图),他们每人只能从其中一串的最下端取一件礼品,直到礼物取完为止,甲第一个取得礼物,然后乙、丙、丁、戊依次取得第 2 到第 5 件礼物,当然取法各种各样,那么他们共有_____种不同的取法?事后他们打开礼物仔细比较,发现礼物 D 最精美,那么取得礼物 D 可能性最大的是___同学.

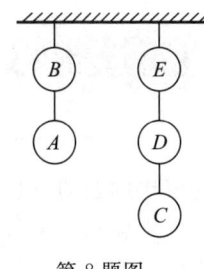

第 8 题图

9. 有 10 个不同的球,其中有 2 个红球,3 个白球,5 个黄球.若取得 1 个红球得 5 分;取得 1 个白球得 2 分;1 个黄球得 1 分.今从中取出 5 个球,求使总分大于 10 分且小于 15 分的取法有多少中?

第二十九讲　应用题

【考点扫描】

应用题是联系实际、贴近生活的数学,它引导学生从已有的知识和生活经验出发,使其在解决问题的过程中体会数学与自然以及人类社会的密切联系,了解数学的价值.增进对数学的理解和应用数学的信心.这类问题在解决时,首先要在阅读材料、理解题意的基础上,把实际问题抽象为数学问题,即将实际问题经过抽象概括,利用数学知识建立相应的数学模型(方程或函数等),再利用数学知识对数学模型进行分析、研究,从而得出结论,然后再把解得的数学结论返回到实际问题中.

【典例精析】

【例1】 A、B、C、D 四人参加某一期的体育彩票兑奖活动,现已知,如果 A 中奖,那么 B 也中奖;如果 B 中奖,那么 C 中奖或 A 不中奖;如果 D 不中奖,那么 A 中奖,C 不中奖;如果 D 中奖,那么 A 也中奖.则这四个人中,中奖的人数是(　　).

A. 1　　　　B. 2　　　　C. 3　　　　D. 4

【分析】 根据题意,可将已知条件大致分为三类:(为叙述方便,将中奖简写为"中")①如果 A 中,则 B 中;②如果 B 中,则 C 中或 A 不中;③如果 D 不中,则 A 中且 C 不中;已知了 A 中且 D 中,当 A 中时,由①知 B 也中;当 B 中时,由②知 C 也中(由于 A 已中奖,因此 A 不中的条件可以舍去);因此 A、B、C、D 四人都中奖了,由此可得出中奖的人数为 4 人.

【答案】 D.

【评注】 本题主要考查学生的推理能力.

【例2】 一只船有一个漏洞,水以均匀速度进入船内.发现漏洞时船内已经进入了一些水,如果以 12 个人淘水,3 小时可以淘完,如果以 5 个人淘水,10 小时才能淘完.现在要想在 2 小时内淘完,需要(　　)人.

A. 17　　　　B. 18　　　　C. 20　　　　D. 21

【分析】 方法一:设 x 为原有水量,y 为每小时进水量,z 为 2 小时淘完时所需人数,则 $x+3y=3\times12$,$x+10y=10\times5$,$x+2y=2z$;联立解方程组,得 $x=30$,$y=2$,$z=17$. 所以要 2 小时淘完,需要 17 人.

方法二:首先你解题的思路要转化一下,因为这是"牛吃草"问题的一种转化:设 1 个人每小时舀水量为 1. 则船每小时进水量为 $(5\times10-12\times3)\div(10-3)=14\div7=2$ 小时,因为题目发现漏洞时已进入一些水,因此这时候的船内的水量是:$5\times10-10\times2=30$ 或$(12\times3-2\times3=30)$.因此现在可以用一元一次方程来完成:设 x 个人 2 小时可将水舀完,则 $2x=$ 原来船内有的水量+2 小时船进的水量.即是 $2x=30+2\times2$,则 $2x=34$,解得 $x=17$ 人,所以要 2 小时舀完,需要 17 人.

【答案】A.

【评注】"牛吃草"问题关键是求出草的生长速度(本题相当于每小时漏水的份数),和原有草的总份数(本题相当于淘水前已漏水的总份数).

【例3】古代民间流传一首叫做《沽酒探亲朋》的"数学诗":李白沽酒探亲朋,路途遥远有 n 程;一程酒量添一倍,却被书童喝一升;行到亲朋家里面,半点全无空酒瓶,借问高明能算士,瓶子内原有酒_____升.

【分析】设瓶子内原有酒 x 升.

一段路时 $2x-1=0, x=\dfrac{1}{2}=1-\dfrac{1}{2}$,二段路时 $2(x-1)-1=0, x=\dfrac{3}{4}=1-\dfrac{1}{2^2}$,

三段路时 $2[2(x-1)-1]-1=0, x=\dfrac{7}{8}=1-\dfrac{1}{2^3}$,……,$n$ 段路时 $x_n=1-\dfrac{1}{2^n}$.

【答案】$x_n=1-\dfrac{1}{2^n}$.

【评注】本题可用逆推法,也可用列方程的方法求出几种特殊情况下酒的升数,来计算出瓶子内原有酒的数量.

【例4】甲乙两个机器人同时按匀速进行 100 米速度测试,自动记录仪表明:当甲距离终点差 1 米,乙距离终点 2 米;当甲到达终点时,乙距离终点 1.01 米.经过计算,这条跑道长度不标准,则这条跑道比 100 米多_____米.

【分析】设这条跑道长 x 米.由题意得 $\dfrac{x-1}{x-2}=\dfrac{x}{x-1.01}$,解得 $x=101$. $\therefore$ 这条跑道比 100 米多 1 米.

【答案】1.

【评注】行程问题:路程=速度×时间.本题是根据两人的速度比相等,速度比即在相等的时间内路程之比,来构建方程.

【例5】某体育彩票经销商计划用 45000 元,从省体彩中心购进彩票 20 扎,每扎 1000 张,已知体彩中心有 A、B、C 三种不同价格的彩票,进价分别是 A 彩票每张 1.5 元,B 彩票每张 2 元,C 彩票每张 2.5 元.

(1)若经销商同时购进两种不同型号的彩票 20 扎,用去 45000 元,请你设计进票方案;

(2)若经销商准备用 45000 元同时购进 A、B、C 三种彩票 20 扎,请你设计进票方案.

【分析】(1)A、B、C 三种不同价格的彩票中,同时购进两种不同型号的彩票 20 扎,则有三种购法:(A,B),(B,C),(C,A);(2)用 45000 元同时购进 A、B、C 三种彩票 20 扎,可知若设 A、B、C 种彩票分别为 x,y,$20-x-y$ 扎,则在三个未知数两条方程中可用 x 表示 B、C 彩票的扎数,并构建关于 x 的不等式,分类讨论来解决.

【解】(1)设购进 A,B,C 种彩票分别为 x,y,z 扎,则

$$x+y=20, 1.5\times1000\times x+2\times1000\times y=45000$$

得 $x=-10, y=30$(不合题意,舍去);

②$x+z=20, 1.5\times1000\times x+2.5\times1000\times z=45000$,得 $x=5, z=15$;

$3y+z=20, 2\times1000\times y+2.5\times1000\times z=45000$,得 $y=10, z=10$.

答:共有两种方案可行,一种是 A 种彩票 5 扎, C 种彩票 15 扎;或 B 种彩票、C 种彩票各式各 10 扎.

(2)设购进 A, B, C 种彩票分别为 $x, y, 20-x-y$ 扎,则有 $1.5\times1000\times x+2\times1000\times y+2.5\times1000(20-x-y)=45000$ 化简得 $y=-2x+10$. ∵ $y>0$, ∴ $-2x+10>0$, ∴ $1\leqslant x<5$,因 x 为整数,所以共有四种方案: A 种 1 扎, B 种 8 扎, C 种 11 扎; A 种 2 扎, B 种 6 扎, C 种 12 扎; A 种 3 扎, B 种 4 扎, C 种 13 扎; A 种 4 扎, B 种 2 扎, C 种 14 扎.

【评注】构建方程(组)、不等式或函数关系式的数学模型是解应用题的常见方法.

【例 6】某校八年级举行英语演讲比赛,派了两位老师去学校附近的超市购买笔记本作为奖品.经过了解得知,该超市的 A、B 两种笔记本的价格分别是 12 元和 8 元,他们准备购买这两种笔记本共 30 本.两位老师根据演讲比赛的设奖情况,决定所购买的 A 种笔记本的数量要少于 B 种笔记本数量的 $\frac{2}{3}$,但又不少于 B 种笔记本数量的 $\frac{1}{3}$,如果设他们买 A 种笔记本 n 本,买这两种笔记本共花费 w 元.

①请写出 w(元)关于 n(本)的函数关系式,并求出自变量 n 的取值范围;

②请你帮助他们计算,购买这两种笔记本各多少时,花费最少,此时的花费是多少元?

【分析】(1)费用 $W=A$ 种笔记本单价$\times A$ 种笔记本数量$+B$ 种笔记本单价$\times B$ 种笔记本数量,若设买 A 种笔记本 n 本,则 B 种种笔记本为 $30-n$ 本,而 n 的取值范围可由 $\frac{1}{3}(30-n)\leqslant n<\frac{2}{3}(30-n)$ 求得. (2)由(1)可求得 W 是 n 的一次函数,所以求 W 的最小值,应在 n 的取值范围求解.

【解】(1)依题意得: $w=12n+8(30-n)$,即 $w=4n+240$

且 $n<\frac{2}{3}(30-n)$,和 $n\geqslant\frac{1}{3}(30-n)$,解得 $\frac{15}{2}\leqslant n<12$.

所以,w(元)关于 n(本)的函数关系式为: $w=4n+240$,自变量 n 的取值范围是 $\frac{15}{2}\leqslant n<12$,$n$ 是整数.

(2)对于一次函数 $w=4n+240$,

∵ w 随 n 的增大而增大,且 $\frac{15}{2}\leqslant n<12$,$n$ 是整数,

故当 n 为 8 时,w 的值最小,

此时,$30-n=30-8=22$,$w=4\times8+240=272$(元).

因此,当买 A 种笔记本 8 本,B 种笔记本 22 本时,所花费用最少,为 272 元.

【评注】当 n 是整数时,一次函数在取值范围内有最值.

【例 7*】海盗头子弗林特带着一群海盗匆匆忙忙来到一个孤岛上,打算将刚抢来的财宝藏在这个孤岛上.岛上有三棵树,构成一个三角形,其中山毛榉离海边最近,两棵橡树在山毛榉的两侧(如图).他们从山毛榉到 1 号橡树拉一根绳子,然后从 1 号橡树出发,沿着垂直于

绳子的方向,往岛里走一段等于这段绳子的长度.这一点叫做 1 号地点;接着他们又从山毛榉到 2 号橡树拉一根绳子,然后从 2 号橡树出发,沿着垂直于绳子的方向,往岛里走一段等于这段绳子的长度.这一点叫做 2 号地点;最后他们把财宝埋藏在 1 号地点与 2 号地点的正中间.由于匆忙,离开的时候他们忘记了绘藏宝图.半年后,有一个小海盗瞒着海盗头子偷偷潜回该岛,企图盗走财宝,他知道找财宝的决窍,但令他失望的是,作为标记的山毛榉树被台风刮走了,没有留下一点痕迹,只有两棵橡树还在.但他并不放弃,在没有山毛榉树作标记的情况下,还是凭借着智慧找到了财宝,你知道这个小海盗是怎样找到的吗?

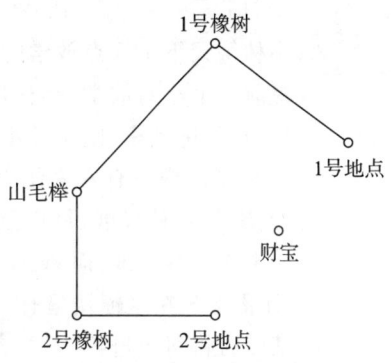

【分析】由题意,构建出(如图)的几何图形.证 Rt△BMD≌Rt△APB,Rt△CNE≌Rt△APC,再证 QF 是梯形 EDMN 的中位线,利用中位线长计算公式,解答出结果.

【解】财宝在两橡树连线的中垂线上,且到两橡树连线段的距离等于两橡树的距离的一半(远离海岸一侧),

如图,A,B,C,D,E 五点分别表示山毛榉树,1 号橡树,2 号橡树,1 号地点,2 号地点,根据藏财宝的做法,$AC⊥CE,AB⊥BD,AC=CE,AB=BD$,连接 BC,由 A,D,E 分别向 BC 引垂线,垂足分别为 P,M,N.

则得 Rt△BMD≌Rt△APB,

∴$BM=AP,DM=BP$,

又 Rt△CNE≌Rt△APC,

∴$CN=AP,EN=CP$.

取 BC 的中点 Q,过 Q 作 $FQ⊥BC$ 交 ED 于 F,则有 $QM=QN$,

从而 QF 是梯形 $EDMN$ 的中位线,

∴$FQ=\dfrac{1}{2}(EN+DM)=\dfrac{1}{2}(PC+PB)=\dfrac{1}{2}BC$.

【评注】本题把故事问题抽象为数学问题,即将实际问题经过抽象概括,构建几何数学模型,利用几何知识求解,这也是解决应用问题的一种方法.

1. 有三位同学对校队与市队足球赛进行估计,A 说:校队至少进 3 个球,B 说:校队进球数不到 5 个,C 说:校队至少进 1 个球,比赛后,知道 3 个人中,只有 1 个人的估计是对的.你能知道,校队踢进球的个数是( ).

   A. 4 个　　　　B. 3 个　　　　C. 1 个　　　　D. 0 个

2. 小明、小林和小颖共解出 100 道数学题,每人都解出了其中的 60 道,如果将其中只有 1 人解出的题叫做难题,2 人解出的题叫做中档题,3 人都解出的题叫做容易题,那么难题比容易题多( )道.

A. 15　　　　B. 20　　　　C. 25　　　　D. 30

3. 小林每天下午 5 点放学时,爸爸总是从家开车按时到达学校接他回家,有一天学校提前一个小时放学,小林自己步行回家,在途中遇到开车来接他的爸爸,结果比平时早 20 分钟到家,则小林步行_____分钟遇到来接他的爸爸.

4. 一幢楼房内住有六家住户,分别姓赵、钱、孙、李、周、吴,这幢楼住户共订有 A、B、C、D、E、F 六种报纸,每户至少订了一种报纸,已知赵、钱、孙、李、周分别订了其中 2、2、4、3、5 种报纸,而 A、B、C、D、E 五种报纸在这幢楼里分别有 1、4、2、2、2 家订户,则报纸 F 在这幢楼里有_____家订户.

5. 某商店将每个进价为 10 元的商品,按每个 16 元销售时,每天可卖出 60 个,经调查,若将这种商品的售价(在每个 16 元的基础上)每提高 1 元,则日销售量就减少 5 个;若将这种商品的售价(在每个 16 元的基础上)每降低 1 元,则日销售量就增加 10 个,为获得每日最大利润,此商品售价应定为每个多少元?

6. 九年级(1)、(2)、(3)班各派 4 名代表参加射击比赛,每队每人打两枪,射中内环得 50 分,射中中环得 35 分,射中外环得 25 分,脱靶得 0 分.统计比赛结果,(1)班 8 枪全中,(2)班 1 枪脱靶,(3)班 2 枪脱靶,但三个班的积分完全相同,都是 255 分.请将三个班分别射中内环、中环、外环的次数填入下表并简要说明理由:

班级	内环	中环	外环
(1)班			
(2)班			
(3)班			

7. 某制衣厂 A、B、C、D 四个制衣车间,各车间的人数不同,且每天不能同时生产上衣和裤子,各车间每天生产上衣或裤子的能力如下表.现工厂要配套生产上衣和裤子(一件上衣和一条裤子为一套)

	A	B	C	D
上衣(件)	80	90	70	60
裤子(件)	100	120	110	70

(1) 为了使工厂的生产效率最高,可安排最擅长生产上衣的一个车间专门生产上衣,最擅长生产裤子的一个车间专门生产裤子,你认为应安排哪个车间专门生产上衣,你认为应安排哪个车间专门生产裤子?为什么?

(2) 在(1)的条件下,如何安排生产才能使这个工厂在 7 天内生产的衣裤最多?共多少套?(所谓如何安排生产,即分别说明各车间在 7 天中几天生产上衣,几天生产裤子).

8. A 每隔 6 天去一次图书馆,B 每隔 14 天去一次图书馆.已知 3 月 1 日他们都去了图书馆.今天,B 去了图书馆,管理员告诉他,"今天 A 不会来,但是明天或后天 A 一定来." B 说:"3 月 1 日以来,以前曾有一次也是 A 在我来的后一天或后两天来图书馆,这是第二次."问:今天是几月几日?

第三十讲　阅读理解

【考点扫描】

阅读理解问题,这类题中所给的阅读材料,一般有以下几种情形:一是新定义的概念、公式等,要求理解应用;二是图像表格,从中提取有用的解题信息;三是范例式呈现,去模仿解答新问题;四是根据一些特殊信息探求规律.常见的类型有猜想型、概括型、探索型、应用型.阅读理解题的解题方式是:阅读—理解—应用.重点是阅读,难点是理解,关键是应用,通过阅读,对题中所提供的文字、符号、图形等进行分析和综合,在理解的基础上制定解题策略.

【典例精析】

【例1】 商家通常依据"乐观系数准则"确定商品销售价格,即根据商品的最低销售限价 a,最高销售限价 $b(b>a)$ 以及实数 $x(0<x<1)$ 确定实际销售价格 $c=a+x(b-a)$,这里,x 被称为乐观系数.经验表明,最佳乐观系数 x 恰好使得 $c-a$ 是 $b-c$ 和 $b-a$ 的等比中项.求最佳乐观系数 x 的值.

【分析】 $\because c-a$ 是 $b-c$ 和 $b-a$ 的等比中项,$\therefore (c-a)^2=(b-c)(b-a)$;又已知 $c-a=x(b-a)$,则可以构建关于 x 的方程,从而解得最佳乐观系数 x 的值.

【解】 由题意得,$(c-a)^2=(b-c)(b-a)$,$c-a=x(b-a)$,

$\therefore [x(b-a)]^2=[b-a-x(b-a)](b-a)$.

$\therefore [x(b-a)]^2=(b-a)^2-x(b-a)^2$,

$\therefore x^2+x-1=0$,

解得 $x=\dfrac{-1\pm\sqrt{5}}{2}$,

$\because 0<x<1$,

$\therefore x=\dfrac{-1+\sqrt{5}}{2}$.

【评注】 怎样从题目的已知条件中找出关于 x 的常系数方程,是本题求解的关键.

【例2】 定义函数 $y=m(a_1x+b_1)+n(a_2x+b_2)$(其中 $m+n=1$)为关于 x 的两个一次函数 $y=a_1x+b_1$ 与 $y=a_2x+b_2$ 的生成函数,请你解答下列问题:

(1)给定两个一次函数:$y=-2x+1$,$y=x-2$.

①求它们的生成函数在 $x=1$ 时的函数值;

②判断这两个函数图像的交点是否在它们的生成函数的图像上,请说明理由;

(2)设两个一次函数 $y=a_1x+b_1$ 与 $y=a_2x+b_2$ 的交点为 P,判断点 P 是否在它们的生成函数的图像上,请说明理由.

【分析】(1)根据定义构建出生成函数为 $y=m(-2x+1)+n(x-2)$,易解;(2)设 $P(c,d)$,构建的生成函数为 $y=m(a_1x+b_1)+n(a_2x+b_2)$,把 $x=c$ 代入上式,验证 $y=d$ 是否成立即可.

【解】(1)生成函数为 $y=m(-2x+1)+n(x-2)$,

①当 $x=1$ 时,$y=-m-n=-1(\because m+n=1)$;

②易得两个一次函数:$y=-2x+1$,$y=x-2$ 的交点坐标为 $(1,-1)$,

代入 $y=m(-2x+1)+n(x-2)$ 中,

右边 $=m(-2×1+1)+n(1-2)=-m-n=-1=$ 左边,成立.

所以,这两个函数图像的交点在它们的生成函数的图像上;

(2)设 $P(c,d)$,则 $d=a_1c+b_1$,$d=a_2c+b_2$,

$\therefore y=m(a_1x+b_1)+n(a_2x+b_2)$

$=m(a_1c+b_1)+n(a_2c+b_2)=md+nd=(m+n)d=d$,

故,点 P 在它们的生成函数的图像上.

【评注】本题是阅读理解题,本题应先理解什么叫生成函数,然后,按特殊到一般的数学思想求解.

【例3】若一个四边形的一条对角线把四边形分成两个等腰三角形,我们把这条对角线叫这个四边形的和谐线,这个四边形叫做和谐四边形. 如菱形就是和谐四边形.

(1)如图1,在梯形 $ABCD$ 中,$AD\parallel BC$,$\angle BAD=120°$,$\angle C=75°$,BD 平分 $\angle ABC$. 求证:BD 是梯形 $ABCD$ 的和谐线;

(2)如图2,在 $12×16$ 的网格图上(每个小正方形的边长为1)有一个扇形 BAC,点 A、B、C 均在格点上,请在答题卷给出的两个网格图上各找一个点 D,使得以 A、B、C、D 为顶点的四边形的两条对角线都是和谐线,并画出相应的和谐四边形;

(3)四边形 $ABCD$ 中,$AB=AD=BC$,$\angle BAD=90°$,AC 是四边形 $ABCD$ 的和谐线,求 $\angle BCD$ 的度数.

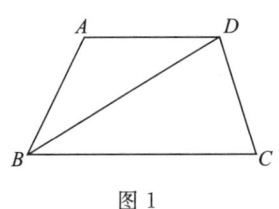

图1

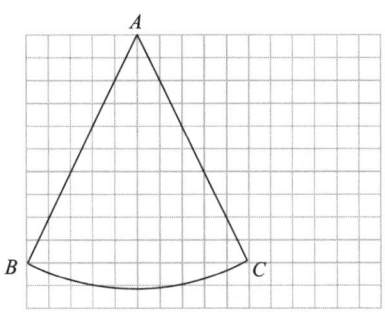

图2

【分析】(1)要证明 BD 是四边形 $ABCD$ 的和谐线,只需要证明 $\triangle ABD$ 和 $\triangle BDC$ 是等腰三角形就可以;(2)根据扇形的性质弧上的点到顶点的距离相等,只要 D 在 $\overset{\frown}{BC}$ 上任意一点构成的四边形 ABDC 就是和谐四边形;连接 BD,在 △BAC 外作一个以 AC 为腰的等腰三角形 ACD,构成的四边形 ABCD 就是和谐四边形,(3)由 AC 是四边形 ABCD 的和谐线,可以得出△ACD 是等腰三角形,从图 4,图 5,图 6 三种情况运用等边三角形的性质,正方形的性质和 30°的直角三角形性质就可以求出∠BCD 的度数.

【解】(1)∵AD∥BC,∴∠ABC+∠BAD=180°,∠ADB=∠DBC.

∵∠BAD=120°,∴∠ABC=60°.

∵BD 平分∠ABC,∴∠ABD=∠DBC=30°,∴∠ABD=∠ADB,∴△ADB 是等腰三角形.

在△BCD 中,∠C=75°,∴△BCD 为等腰三角形,

∴BD 是梯形 $ABCD$ 的和谐线;

(2)由题意作图为:图 2,图 3

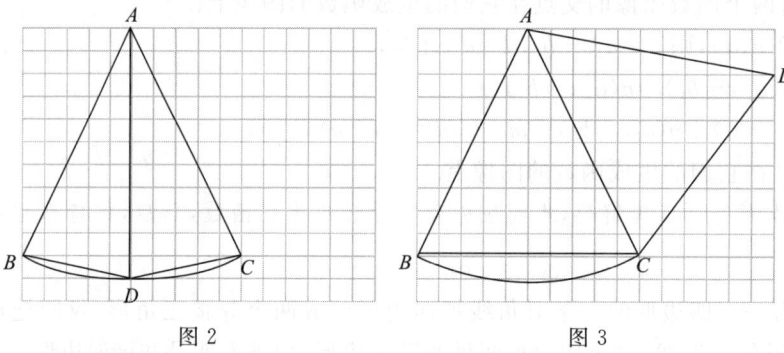

图 2   图 3

(3)∵AC 是四边形 $ABCD$ 的和谐线,∴△ACD 是等腰三角形.

∵AB=AD=BC,如图 4,当 AD=AC 时,∴AB=AC=BC,∠ACD=∠ADC

∴△ABC 是正三角形,∴∠BAC=∠BCA=60°.

∵∠BAD=90°,∴∠CAD=30°,∴∠ACD=∠ADC=75°,

∴∠BCD=60°+75°=135°.

如图 5,当 AD=CD 时,∴AB=AD=BC=CD.

∵∠BAD=90°,∴四边形 $ABCD$ 是正方形,

∴∠BCD=90°.

如图 6,当 AC=CD 时,过点 C 作 CE⊥AD 于 E,过点 B 作 BF⊥CE 于 F,

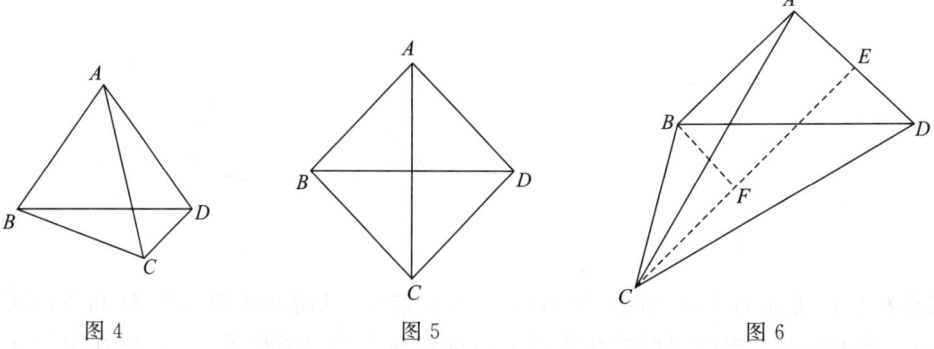

图 4   图 5   图 6

∵$AC=CD$,$CE\perp AD$,∴$AE=AD$,$\angle ACE=\angle DCE$.
∵$\angle BAD=\angle AEF=\angle BFE=90°$,∴四边形 $ABFE$ 是矩形.∴$BF=AE$.
∵$AB=AD=BC$,∴$BF=BC$,∴$\angle BCF=30°$.
∵$AB=BC$,∴$\angle ACB=\angle BAC$.
∵AB∥CE,∴$\angle BAC=\angle ACE$,∴$\angle ACB=\angle ACE=\angle BCF=15°$,
∴$\angle BCD=15°\times 3=45°$.

故 $\angle BCD$ 的度数为 $135°$ 或 $90°$ 或 $45°$.

【评注】本题是一道四边形的综合试题,考查了和谐四边形的性质的运用,和谐四边形的判定,等边三角形的性质的运用,正方形的性质的运用,$30°$ 的直角三角形的性质的运用.解答如图 6 这种情况容易忽略,解答时合理运用分类讨论思想是关键.

【例 4】阅读下面的情景对话,然后解答问题:

(1)根据"奇异三角形"的定义,请你判断小华提出的命题:"等边三角形一定是奇异三角形"是真命题还是假命题?

(2)在 Rt$\triangle ABC$ 中,$\angle ACB=90°$,$AB=c$,$AC=b$,$BC=a$,且 $b>a$,若 Rt$\triangle ABC$ 是奇异三角形,求 $a:b:c$;

(3)如图,AB 是 $\odot O$ 的直径,C 是 $\odot O$ 上一点(不与点 A、B 重合),D 是半圆 ADB 的中点,C、D 在直径 AB 两侧,若在 $\odot O$ 内存在点 E,使得 $AE=AD$,$CB=CE$.

①求证:$\triangle ACE$ 是奇异三角形;

②当 $\triangle ACE$ 是直角三角形时,求 $\angle AOC$ 的度数.

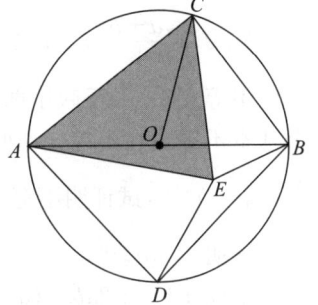

【分析】(2)正确理解新概念的含义后,根据题目中的条件加以分析,画出直角三角形 ABC 的图形,观察图形的特征,通过方程思想、方法等加以解决.(3)中第①小题,只需利用直径的性质、弧的中点性质及勾股定理即可解决.对于第②小题,利用第(2)的结果并结合条件,通过联想、类比、猜想、分类、推理等加以解决.

【解】(1)真命题.

(2)在 Rt$\triangle ABC$ 中,$a^2+b^2=c^2$,

∵$c>b>a>0$,∴$2c^2>a^2+b^2$,$2a^2<b^2+c^2$.

∴若 Rt△ABC 为奇异三角形,一定有 $2b^2=a^2+c^2$,

∴$2b^2=a^2+(a^2+b^2)$,

∴$b^2=2a^2$ 得 $b=\sqrt{2}a$,

∵$c^2=b^2+a^2=3a^2$,∴$c=\sqrt{3}a$,

∴$a:b:c=1:\sqrt{2}:\sqrt{3}$.

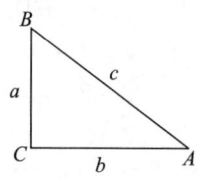

(3)①∵AB 是⊙O 的直径,∴∠ACB=∠ADB=90°.

在 Rt△ACB 中,$AC^2+BC^2=AB^2$,

在 Rt△ADB 中,$AD^2+BD^2=AB^2$,

∵点 D 是半圆 $\overset\frown{ADB}$ 的中点,∴$\overset\frown{AD}=\overset\frown{BD}$,

∴$AD=BD$,∴$AB^2=AD^2+BD^2=2AD^2$,∴$AC^2+CB^2=2AD^2$,

又∵$CB=CE,AE=AD$,∴$AC^2+CE^2=2AE^2$,

∴△ACE 是奇异三角形.

②由①可得△ACE 是奇异三角形,∴$AC^2+CE^2=2AE^2$,

当△ACE 是直角三角形时,

由(2)可得 $AC:AE:CE=1:\sqrt{2}:\sqrt{3}$ 或 $AC:AE:CE=\sqrt{3}:\sqrt{2}:1$,

(Ⅰ)当 $AC:AE:CE=1:\sqrt{2}:\sqrt{3}$ 时,$AC:CE=1:\sqrt{3}$ 即 $AC:CB=1:\sqrt{3}$,

∵∠ACB=90°,∴∠ABC=30°,

∴∠AOC=2∠ABC=60°.

(Ⅱ)当 $AC:AE:CE=\sqrt{3}:\sqrt{2}:1$ 时,$AC:CE=\sqrt{3}:1$ 即 $AC:CB=\sqrt{3}:1$,

∵∠ACB=90°,∴∠ABC=60°,

∴∠AOC=2∠ABC=120°.

∴∠AOC 的度数为 60°或 120°.

【评注】此题考查新定义的知识,勾股定理及圆的性质,三角函数等知识.解题的关键是理解题意,抓住数形结合思想的应用.

【例5】先自学下列材料,再解题.在不等式的研究中,有以下两个重要基本不等式:若 $a\geq 0,b\geq 0$,则 $\dfrac{a+b}{2}\geq\sqrt{ab}$①;若 $a\geq 0,b\geq 0,c\geq 0$,则 $\dfrac{a+b+c}{3}\geq\sqrt[3]{abc}$②.

不等式①、②反映了两个(或三个)非负数的算术平均数不小于它们的几何平均数.这两个基本不等式在不等式证明中有着广泛的应用.现举例如下:

若 $ab>0$,试证明不等式 $\dfrac{(a+b)^2+2ab}{3}\geq\sqrt[3]{(a+b)^2 a^2 b^2}$.

证明:∵$ab>0$,

∴$\dfrac{(a+b)^2+2ab}{3}=\dfrac{(a+b)^2+ab+ab}{3}\geq\sqrt[3]{(a+b)^2\cdot ab\cdot ab}=\sqrt[3]{(a+b)^2 a^2 b^2}$,

即 $\dfrac{(a+b)^2+2ab}{3}\geq\sqrt[3]{(a+b)^2 a^2 b^2}$.

现请你利用上述不等式①、②证明下列不等式:

(1)当 $ab\geq 0$ 时,试证明:$\dfrac{a^2+b^2+10ab}{12}\geq\sqrt[3]{\dfrac{(a+b)^2 a^2 b^2}{4}}$;

(2)当 a、b 为任意实数时,试证明: $\dfrac{a^2+b^2+ab}{3} \geqslant \sqrt[3]{\dfrac{(a+b)^2 a^2 b^2}{4}}$.

【分析】(1)根据已知,∵ $ab \geqslant 0$,∴ $\dfrac{a^2+b^2+10ab}{12} = \dfrac{1}{3} \cdot \dfrac{a^2+b^2+2ab+8ab}{4} = \dfrac{1}{3} \cdot \left[\dfrac{1}{4}(a+b)^2 + ab + ab\right]$,则可利用例题结果,完成证明;(2)分 $ab \geqslant 0$,$ab<0$ 讨论,转化例题形式利用例题结果,完成证明.

【解】证明:(1)当 $ab \geqslant 0$ 时,
$$\dfrac{a^2+b^2+10ab}{12} = \dfrac{1}{3} \cdot \dfrac{a^2+b^2+2ab+8ab}{4}$$
$$= \dfrac{1}{3} \cdot \left[\dfrac{1}{4}(a+b)^2 + ab + ab\right] \geqslant \sqrt[3]{\dfrac{(a+b)^2}{4}(ab)(ab)} = \sqrt[3]{\dfrac{(a+b)^2 a^2 b^2}{4}}.$$

(2)当 $ab \geqslant 0$ 时,
$$\dfrac{a^2+b^2+ab}{3} = \dfrac{(a^2+b^2)+4ab+3(a^2+b^2)}{12} \geqslant \dfrac{(a^2+b^2)+4ab+6ab}{12}$$
$$= \dfrac{a^2+b^2+10ab}{12} \geqslant \sqrt[3]{\dfrac{(a+b)^2}{4}(ab)(ab)} = \sqrt[3]{\dfrac{(a+b)^2 a^2 b^2}{4}};$$

当 $ab<0$,$-ab>0$ 时
$$\dfrac{a^2+b^2+ab}{3} = \dfrac{(a^2+b^2+2ab)-ab}{3}$$
$$= \dfrac{(a+b)^2 - \dfrac{1}{2}ab - \dfrac{1}{2}ab}{3} \geqslant \sqrt[3]{(a+b)^2 \left(-\dfrac{1}{2}ab\right)\left(-\dfrac{1}{2}ab\right)} = \sqrt[3]{\dfrac{(a+b)^2 a^2 b^2}{4}};$$

综上所述,当 a,b 为任意实数时,$\dfrac{a^2+b^2+ab}{3} \geqslant \sqrt[3]{\dfrac{(a+b)^2 a^2 b^2}{4}}$.

【评注】将原式变形为例题形式,再利用例题结果完成证明,是本题证明的关键.

【例6】定义 $a \oplus b = \begin{cases} a(a-b \leqslant 1) \\ b(a-b > 1) \end{cases}$,

(1)有一个方程 $x^2 \oplus (x+1) = \dfrac{7}{2}$,求方程的解;

(2)实数 t 满足 $t[x^2 \oplus (x+1)] - 1 = 0$ 方程有两个实数根,求 t 的取值范围.

【分析】(1)解不等式 $x^2 - (x+1) \leqslant 1$ 得 $-1 \leqslant x \leqslant 2$;$x^2 - (x+1) > 1$ 得 $x<-1$ 或 $x>2$. 则在相应的范围内得方程,求解;(2)转化原方程为 $x^2 \oplus (x+1) = \dfrac{1}{t}$,则在同一坐标系内作出 $y_1 = \begin{cases} x^2(-1 \leqslant x \leqslant 2) \\ x+1(x<-1 \text{ 或 } x>2) \end{cases}$,$y_2 = \dfrac{1}{t}$ 的图像,再根据图像,易解.

【解】(1)当 $-1 \leqslant x \leqslant 2$ 时,$x^2 = \dfrac{7}{2}$,解得 $x = \dfrac{\sqrt{14}}{2}$;

当 $x<-1$ 或 $x>2$ 时,解得 $x = \dfrac{5}{2}$.

(2)原方程为 $x^2 \oplus (x+1) = \dfrac{1}{t}$,

令 $y_1 = \begin{cases} x^2 (-1 \leqslant x \leqslant 2) \\ x+1 (x<-1 \text{ 或 } x>2) \end{cases}$, $y_2 = \dfrac{1}{t}$ 在同一坐

标系中作出这两个函数图像如右图：

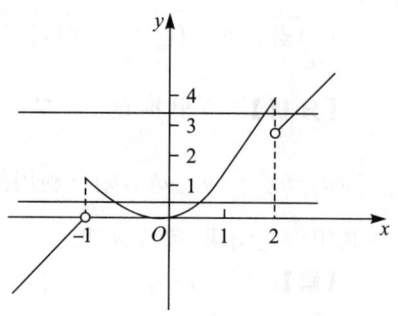

当这两个函数图像有两个不同交点时,适合题意.

故 $0 < \dfrac{1}{t} \leqslant 1$ 或 $3 < \dfrac{1}{t} \leqslant 4$,

解得 $t \geqslant 1$ 或 $\dfrac{1}{4} \leqslant t < \dfrac{1}{3}$.

【评注】由定义,将求原方程的解的问题转化为求一个分段函数图像与一条直线(或其他函数图像)的交点问题,再作出图像求解,这是解决这类问题的常用方法.

【学力训练】

1. 把几个数用大括号围起来,中间用逗号断开,如:{1,2,3},{-2,7,8,19},我们称之为集合,其中的数称其为集合的元素. 如果一个集合满足:当实数 a 是集合的元素时,实数 $8-a$ 也必是这个集合的元素,这样的集合我们称为好的集合. 例如集合{6,2}就是一个好的集合.

   (1) 请你判断集合{1,2},{1,4,7}是不是好的集合；

   (2) 请你写出满足条件的两个好的集合的例子.

2. 如果有理数 m 可以表示成 $2x^2 - 6xy + 5y^2$(其中 x, y 是任意有理数)的形式,我们就称 m 为"世博数".

   (1) 两个"世博数" a, b 之积也是"世博数"吗？为什么？

   (2) 证明:两个"世博数" $a, b (b \neq 0)$ 之商也是"世博数".

3. 定义:将自变量 x 限制在某范围内,在该范围内任取 x_1, x_2,当 $x_1 < x_2$,都有 $f(x_1) < f(x_2)$,称为函数 $f(x)$ 为增函数(即随着 x 的增大,相应的 $f(x)$ 也随着增大的函数).

(1)判断 $f(x) = x + \dfrac{1}{x}(x > 1)$ 是否是增函数?并证明;

(2)已知 $f(x) = x - \dfrac{a}{2x}(x \geqslant 1)$ 是增函数,求 a 的取值范围.

4. 邻边不相等的平行四边形纸片,剪去一个菱形,余下一下四边形,称为第一次操作;在余下的四边形纸片中再剪去一个菱形,又剩下一个四边形,称为第二次操作;……依此类推,若第 n 次操作余下的四边形是菱形,则称原平行四边形为 n 阶准菱形. 如图1, $\square ABCD$ 中,若 $AB = 1, BC = 2$,则 $\square ABCD$ 为 1 阶准菱形.

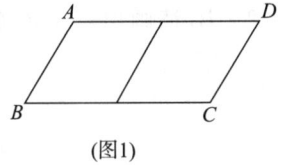
(图1)
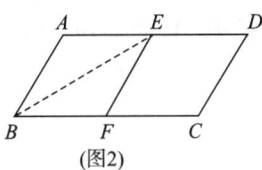
(图2)

(1)判断与推理:

①邻边长分别为 2 和 3 的平行四边形是_____阶准菱形;

②小明为了剪去一个菱形,进行了如下操作:如图2,把 $\square ABCD$ 沿 BE 折叠(点 E 在 AD 上),使点 A 落在 BC 边上的点 F,得到四边形 $ABFE$. 请证明四边形 $ABFE$ 是菱形.

(2)操作、探究与计算:

①已知 $\square ABCD$ 的邻边长分别为 $1, a(a > 1)$,且是 3 阶准菱形,请画出 $\square ABCD$ 及裁剪线的示意图,并在图形下方写出 a 的值;

②已知 $\square ABCD$ 的邻边长分别为 $a, b(a > b)$,满足 $a = 6b + r, b = 5r$,请写出 $\square ABCD$ 是几阶准菱形.

5. 课堂作业中有这样一道题:把一张顶角为 36°的等腰三角形纸片剪两刀,分成 3 张小纸片,使每张小纸片都是等腰三角形,你能办到吗?请画示意图说明剪法.

我们有多种剪法,图 1 是其中的一种方法:

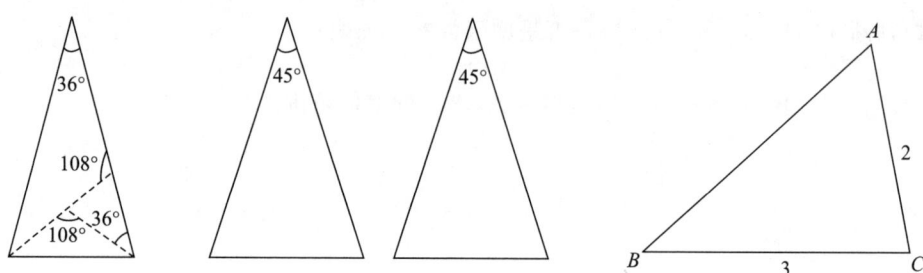

定义:如果两条线段将一个三角形分成 3 个等腰三角形,我们把这两条线段叫做这个三角形的三分线.

(1)请你在图 2 中用两种不同的方法画出顶角为 45°的等腰三角形的三分线,并标注每个等腰三角形顶角的度数(若两种方法分得的三角形成 3 对全等三角形,则视为同一种);

(2)△ABC 中,∠B=30°,AD 和 DE 是△ABC 的三分线,点 D 在 BC 边上,点 E 在 AC 边上,且 AD=BD,DE=CE,设∠C=x°,试画出示意图,并求出 x 所有可能的值;

(3)如图 3,△ABC 中,AC=2,BC=3,∠C=2∠B,请画出△ABC 的三分线,并求出三分线的长.

6. 阅读下面的资料再完成(1),(2),(3)小题:

"由$(a-b)^2=(a^2+b^2)-2ab\geq 0$,可得$a^2+b^2\geq 2ab$,当且仅当$a=b$时,等号成立. 类似的,对于正数$a,b$,由$(\sqrt{a}-\sqrt{b})^2=(a+b)-2\sqrt{ab}\geq 0$,可得$a+b\geq 2\sqrt{ab}$,当且仅当$a=b$时,等号成立. 由此对于函数$y=ax+\dfrac{b}{x}$(常数$a,b$及自变量$x$均大于零),$y=ax+\dfrac{b}{x}\geq 2\sqrt{ax\cdot\dfrac{b}{x}}=2\sqrt{ab}$,当且仅当$a=b$时,等号成立."

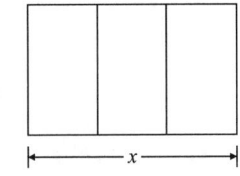

第6题图

(1) 拟建一面积400米²的矩形污水池处理池,池外围(矩形的一周)建造价为每米200元,中间两条隔墙建造价为每米250元,池底建造价为每平方米80元(池壁的厚度忽略不计,且池无盖),如图,为设矩形的一边为x米,求总造价y(元)关于x(米)的函数关系式,并求当处理池两邻边分别为多少米时池的总造价最低,最低部造价为多少?

(2) 一批货物随17列货车从A市均以a千米/时的速度匀速直达B市,已知两地铁路线长400千米,为了安全,两列火车之间的距离不得小于$\left(\dfrac{a}{20}\right)^2$千米,求这批货物全部运到$B$市最快需要几小时,此时货车的运行速度为多少?

(3) 对于$x+\dfrac{9}{x-4}$,若$x>4$,则当$x=$_____时,最小值为_____.(直接写出答案)

第三十一讲　操作与探究

【考点扫描】

操作型探究题是考查学生分析、解决问题的能力和激发学生创新意识的良好载体.探究性问题一般没有明确的条件或结论,没有固定的形式和方法,要求我们从问题所包含的信息出发,通过观察、分析、综合、归纳、概括、猜想和论证等深层次的探索活动得到相应结果.探索研究要求学生通过对题意的理解,由简到难,在承上启下思维顺序启发下,引导学生思考新问题,大胆进行分析、推理和归纳,以特殊去探求一般从而获得结论,有时还要用已学的知识加以论证探求所得结论.操作性问题是让学生按题目要求进行操作,考察学生的动手能力、想象能力和概括能力.

【典例精析】

【例1】三条不相等的整数长度的线段不能构成三角形的总长度和的最小值为 $1+2+3=6$,四条不相等的整数长度的线段任意三条均不能构成三角形的总长度和的最小值为 $1+2+3+5=11$,由此请探究:一根钢管长 1840 cm,现把此钢管截成长度互不相等整数长(单位 cm)的小钢管,使任意三根钢管均不能围成三角形,则这根钢管最多可以截成_____根小钢管.

【分析】根据题意,1840 可截成 1,2,3,5,8,13,21,34,55,89,144,233,377,855 这些钢管,故最多可截成 14 根.

【答案】14.

【评注】应用"三角形两边之和大于第三边,两边之差小于第三边"性质解答.

【例2】任何实数 a,可用 $[a]$ 表示不超过 a 的最大整数,如 $[4]=4$,$[\sqrt{3}]=1$.现对 72 进行如下的操作:$72 \xrightarrow{\text{第一次}} [\sqrt{72}]=8 \xrightarrow{\text{第二次}} [\sqrt{8}]=2 \xrightarrow{\text{第三次}} [\sqrt{2}]=1$,这样对 72 只需进行 3 次操作后变为 1.类似的,①对 81 只需进行_____次操作后变为 1;②只需进行 3 次操作后变为 1 的所有正整数中,最大的是_____.

【分析】①$[\sqrt{81}]=9$,$[\sqrt{9}]=3$,$[\sqrt{3}]=1$,故答案是 3;②最大数是 255.$[\sqrt{255}]=15$,$[\sqrt{15}]=3$,$[\sqrt{3}]=1$,而 $[\sqrt{256}]=16$,$[\sqrt{16}]=4$,$[\sqrt{4}]=2$,$[\sqrt{2}]=1$,∴只需进行 3 次操作后变为 1 的所有正整数中,最大的是 255.

【答案】3;255.

【评注】①参照例题题解操作;②考虑需要进行4次操作后变为1的正整数中,最小的数是多少?这个问题就不难解决了.

【例3】实践与探索:在数学活动课上,老师要求同学们先做下面的"循环分割"操作,然后再探索规律:如图1,是一等腰梯形纸片,其腰长与上底长相等,且底角分别为60°和120°,按要求开始操作(每次分割,纸片均不得留有剩余):

第1次分割:先将原等腰梯形纸片分割成3个全等的正三角形,然后将分割出的一个正三角形分割成3个全等的等腰梯形;

第2次分割:先将上次分割出的3个等腰梯形中的一个分割成3个全等的正三角形;然后将刚分割出的一个正三角形分割成3个全等的等腰梯形;

以后按第2次分割的方法进行下去……

(1)请你在图2中画出第一次分割的方案图.

(2)若原等腰梯形的面积为 a,则第2次、第3次分割后最小的等边三角形的面积是多少?

(3)请你猜想,分割所得的一个最小等边三角形面积 S 与分割次数 n 有何关系?(请直接用含 a 的式子表示,不需写推理过程)

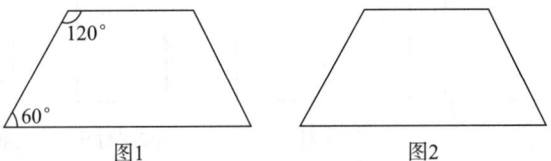

图1 图2

【分析】仔细分析题意,根据数据所包含的信息首先找出哪部分发生了变化,是按照什么规律变化的,再用统一式子表示.

【解】
(1)如图,

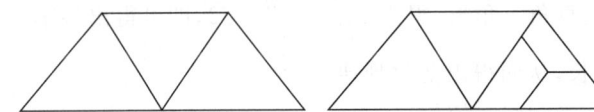

(2)根据图形,第二次分割得到的最小等边三角形面积为 $(\frac{1}{3})^3 a$;第三次分割得到的最小等边三角形面积为 $(\frac{1}{3})^5 a$;

(3)归纳总结得,$\frac{1}{3^{2n-1}}a$.

【评注】根据题意作出图形,然后找出哪部分发生了变化,是按照什么规律变化的,再用统一的式子表示变化的规律,是此类找规律题的难点.

【例4】课本中,把长与宽之比为 $\sqrt{2}$ 的矩形纸片称为标准纸.请思考解决下列问题:

(1)将一张标准纸 $ABCD$($AB<BC$)对开,如图1所示,所得的矩形纸片 $ABEF$ 是标准纸.请给予证明.

(2)在一次综合实践课上,小明尝试着将矩形纸片 $ABCD$($AB<BD$)进行如下操作:

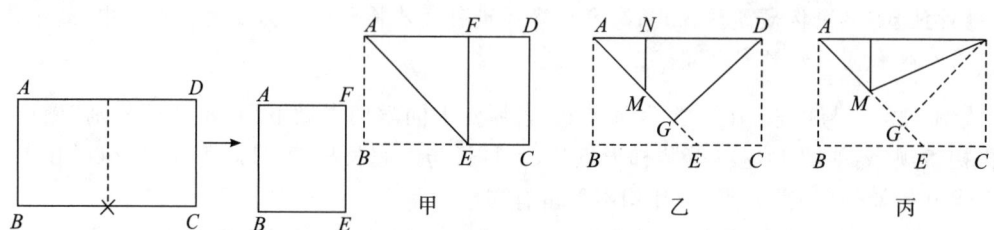

第一步:沿过 A 点的直线折叠,使 B 点落在 AD 边上点 F 处,折痕为 AE(如图 2 甲);

第二步:沿过 D 点的直线折叠,使 C 点落在 AD 边上点 N 处,折痕为 DG(如图 2 乙),此时 E 点恰落在 AE 边上的点 M 处;

第三步:沿直线 DM 折叠(如图 2 丙),此时点 G 恰好与 N 点重合.

请你探究:矩形纸片 $ABCD$ 是否是一张标准纸?请说明理由.

(3)不难发现:将一张标准纸按如图 3 一次又一次对开后,所得的矩形纸片都是标准纸.现有一张标准纸 $ABCD$, $AB=1$, $BC=\sqrt{2}$,问第 5 次对开后所得标准纸的周长是多少?探索直接写出第 2012 次对开后所得标准纸的周长.

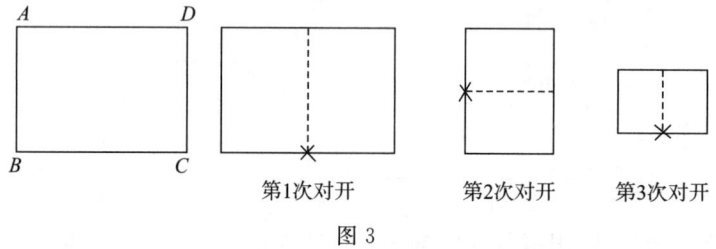

图 3

【分析】(1)根据 $\dfrac{AB}{AF}=\dfrac{AB}{\frac{1}{2}BC}=\sqrt{2}$,得出矩形纸片 $ABEF$ 也是标准纸.

(2)利用已知得出 $\triangle ADG$ 是等腰直角三角形,得出 $\dfrac{AD}{AB}=\dfrac{\sqrt{2}a}{a}=\sqrt{2}$,即可得出答案.

(3)分别求出每一次对折后的周长,从而得出变化规律.

【解】(1)证明:∵矩形 $ABCD$ 是标准纸,∴$\dfrac{BC}{AB}=\sqrt{2}$

由对开的含义知:$AF=\dfrac{1}{2}BC$,∴$\dfrac{AB}{AF}=\dfrac{AB}{\frac{1}{2}BC}=2\cdot\dfrac{AB}{BC}=2\cdot\dfrac{1}{\sqrt{2}}=\sqrt{2}$.

∴矩形纸片 $ABEF$ 也是标准纸.

(2)是标准纸,理由如下:

设 $AB=CD=a$,由图形折叠可知:$DN=CD=DG=a$, $DG\perp EM$.

∵由图形折叠可知:$\triangle ABE\cong\triangle AFE$,∴$\angle DAE=\dfrac{1}{2}\angle BAD=45°$.

∴$\triangle ADG$ 是等腰直角三角形.

∴在 $\text{Rt}\triangle ADG$ 中,$AD=\sqrt{AG^2+DG^2}=\sqrt{2}a$,

∴$\dfrac{AD}{AB}=\dfrac{\sqrt{2}a}{a}=\sqrt{2}$,∴矩形纸片 $ABCD$ 是一张标准纸.

(3)对开次数：

第一次,周长为:$2(1+\frac{1}{2}\sqrt{2})=2+\sqrt{2}$,第二次,周长为:$2(\frac{1}{2}+\frac{1}{2}\sqrt{2})=1+\sqrt{2}$,

第三次,周长为:$2(\frac{1}{2}+\frac{1}{4}\sqrt{2})=\frac{2+\sqrt{2}}{2}$,第四次,周长为:$2(\frac{1}{4}+\frac{1}{4}\sqrt{2})=\frac{1+\sqrt{2}}{2}$,

第五次,周长为:$2(\frac{1}{4}+\frac{1}{8}\sqrt{2})=\frac{2+\sqrt{2}}{4}$,第六次,周长为:$2(\frac{1}{8}+\frac{1}{8}\sqrt{2})=\frac{1+\sqrt{2}}{4}$,…

∴第 5 次对开后所得标准纸的周长为:$\frac{1+\sqrt{2}}{2^{1005}}$.

【评注】本题考查翻折变换(折叠问题),全等三角形的判定和性质,勾股定理,等腰直角三角形,矩形的性质,图形的剪拼,分类归纳(图形的变化类)知识,第(3)小题中,观察变化规律,得第 n 次对开后所得标准纸的周长.

【例 5】阅读材料解答问题:如图,在菱形 ABCD 中,AB＝AC,过点 C 作一条直线,分别交 AB、AD 的延长线于 M、N,则 $\frac{1}{AM}+\frac{1}{AN}=\frac{1}{AC}$.

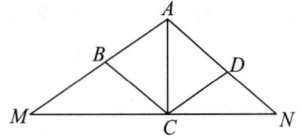

(1)试证明:$\frac{1}{AM}+\frac{1}{AN}=\frac{1}{AC}$;

(2)如图,O 为直线 AB 上一点,OC,OD 将平角 AOB 三等分,点 P_1,P_2,P_3 分别在射线 OA,OD,OB 上,$OP_1=r_1$,$OP_2=r_2$,$OP_3=r_3$,r 与 r′分别满足 $\frac{1}{r}=\frac{1}{r_1}+\frac{1}{r_2}$,$\frac{1}{r'}=\frac{1}{r_1}+\frac{1}{r_2}+\frac{1}{r_3}$,用直尺在图中分别作出长度 r,r′的线段.

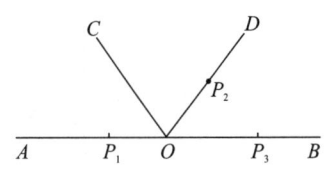

【分析】证 $\frac{1}{AM}+\frac{1}{AN}=\frac{1}{AC}$,因菱形 ABCD 有 AB＝AD＝AC,所以只要证 $\frac{AB}{AM}+\frac{AD}{AN}=1$ 即可;(2)由(1)可得

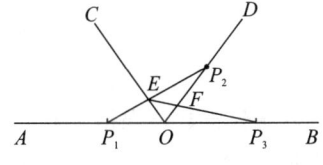

$OP_1=r_1=AM,OP_2=r_2=AN$,∴当 $\frac{1}{r}=\frac{1}{r_1}+\frac{1}{r_2}$ 时,连接 P_1P_2 交 OC 于点 E,则 OE＝r,类似的,连接 EP_3 交 OD 于 F,则 OF＝r′,理由 $\frac{1}{r_1}+\frac{1}{r_2}+\frac{1}{r_3}=\frac{1}{r}+\frac{1}{r_3}=\frac{1}{r'}$.

【解】(1)证明:∵四边形 ABCD 是菱形,

∴BC∥AD,$\frac{AB}{AM}=\frac{CN}{MN}$,

又 CD∥AM,

∴$\frac{AD}{AN}=\frac{CM}{MN}$,

∴$\frac{AB}{AM}+\frac{AD}{AN}=\frac{CN}{MN}+\frac{CM}{MN}=1$,

又 AB＝AD＝AC,

$$\therefore \frac{1}{AM}+\frac{1}{AN}=\frac{1}{AC}.$$

(2)连结 P_1,P_2 交 OC 于点 E,则 $OE=r$,连接 EP_3 交 OD 于点 F,则 $OF=r'$.

【评注】 以几何图形为背景的操作型探究题,一般通过平移、旋转构造出新图形,从图形的形状和位置的变化中去探求函数、方程、全等、相似、解直角三角形等知识间的关系. 本题的解题思路是:(1)应用平行线分线段成比例定理证明;(2)中的作图应根据(1)的证明思路及结论的拓展来解决.

【例6】 (1)问题探究如图1,分别以 $\triangle ABC$ 的边 AC 与边 BC 为边,向 $\triangle ABC$ 外作正方形 ACD_1E_1 和正方形 BCD_2E_2,过点 C 作直线 KH 交直线 AB 于点 H,使 $\angle AHK=\angle ACD_1$.作 $D_1M\perp KH$,$D_2N\perp KH$,垂足分别为点 M,N. 试探究线段 D_1M 与线段 D_2N 的数量关系,并加以证明.

(2)拓展延伸①如图2,若将"问题探究"中的正方形改为正三角形,过点 C 作直线 K_1H_1,K_2H_2,分别交直线 AB 于点 H_1,H_2,使 $\angle AH_1K_1=\angle BH_2K_2=\angle ACD_1$. 作 $D_1M\perp K_1H_1$,$D_2N\perp K_2H_2$,垂足分别为点 M,N. $D_1M=D_2N$ 是否仍成立?若成立,给出证明;若不成立,说明理由.

②如图3,若将①中的"正三角形"改为"正五边形",其他条件不变. $D_1M=D_2N$ 是否仍成立?(要求:在图3中补全图形,注明字母,直接写出结论,不需证明)

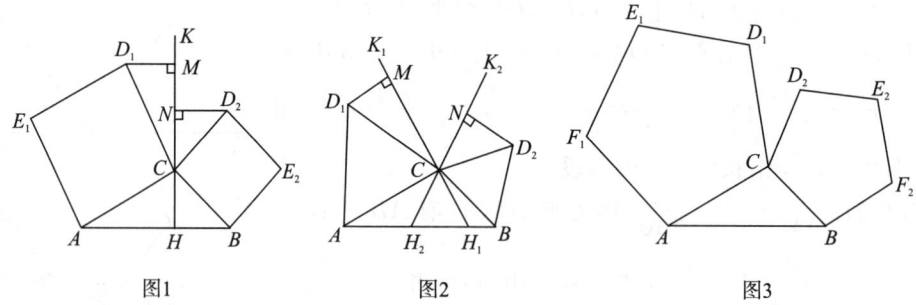

图1　　　　　图2　　　　　图3

【分析】 (1)根据正方形的每一个角都是 $90°$ 可以证明 $\angle AHK=90°$,然后利用平角等于 $180°$ 以及直角三角形的两锐角互余证明 $\angle D_1CK=\angle HAC$,再利用"角角边"证明 $\triangle ACH$ 和 $\triangle CD_1M$ 全等,根据全等三角形对应边相等可得 $D_1M=CH$,同理可证 $D_2N=CH$,从而得证. (2)①过点 C 作 $CG\perp AB$,垂足为点 G,根据三角形的内角和等于 $180°$ 和平角等于 $180°$ 证明得到 $\angle H_1AC=\angle D_1CM$,然后利用"角角边"证明 $\triangle ACG$ 和 $\triangle CD_1M$ 全等,根据全等三角形对应边相等可得 $CG=D_1M$,同理可证 $CG=D_2N$,从而得证. ②结论仍然成立,与①的证明方法相同.

【解】 (1) $D_1M=D_2N$. 证明如下:

$\because \angle ACD_1=90°,\therefore \angle ACH+\angle D_1CK=180°-90°=90°$.

$\because \angle AHK=\angle ACD_1=90°,\therefore \angle ACH+\angle HAC=90°$.

$\therefore \angle D_1CK=\angle HAC$.

在 $\triangle ACH$ 和 $\triangle CD_1M$ 中,$\angle D_1CK=\angle HAC$,$\angle AHC=\angle CMD_1=90°$,$AC=CD_1$,

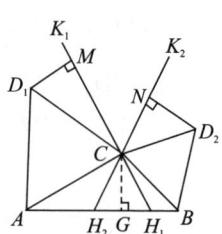

$\therefore \triangle ACH\cong\triangle CD_1M$(AAS). $\therefore D_1M=CH$.

同理可证 $D_2N=CH$.
∴$D_1M=D_2N$.

(2)①$D_1M=D_2N$ 成立. 证明如下:
过点 C 作 $CG⊥AB$,垂足为点 G,
∵∠H_1AC+∠ACH_1+∠AH_1C=180°,
∠D_1CM+∠ACH_1+∠ACD_1=180°,
∠AH_1C=∠ACD_1,
∴∠H_1AC=∠D_1CM.
在△ACG 和△CD_1M 中,∠H_1AC=∠D_1CM,
∠AGC=∠CMD_1=90°,
$AC=CD_1$,
∴△ACG≌△CD_1M(AAS).∴$CG=D_1M$,
同理可证 $CG=D_2N$.
∴$D_1M=D_2N$.
②作图如下:
$D_1M=D_2N$ 还成立.

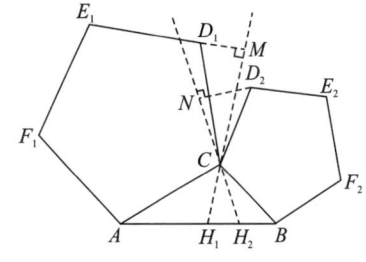

【评注】本题是以几何图形为背景的探究题,从图形的形状和位置的变化中去探求全等三角形、正方形等几何知识间的关系. 本题涉及的知识点是:全等三角形的判定和性质,等边三角形的性质,正方形的性质,正多边形的性质,三角形的内角和定理.

【学力训练】

1. 小明用棋子摆放图形来研究数的规律. 图1中棋子围城三角形,其棵数 3,6,9,12,⋯ 称为三角形数. 类似地,图2中的 4,8,12,16,⋯ 称为正方形数. 下列数中既是三角形数又是正方形数的是( ).

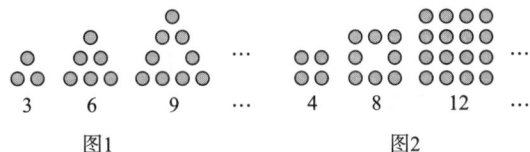

第1题图

A. 2010   B. 2012   C. 2014   D. 2016

2. 如图,直角三角形纸片 ABC 中,$AB=3$,$AC=4$,D 为斜边 BC 中点,第1次将纸片折叠,使点 A 与点 D 重合,折痕与 AD 交与点 P_1;设 P_1D 的中点为 D_1,第2次将纸片折叠,使点 A 与点 D_1 重合,折痕与 AD 交于点 P_2;设 P_2D_1 的中点为 D_2,第3次将纸片折叠,使点 A 与点 D_2 重合,折痕与 AD 交于点 P_3;⋯;设 $P_{n-1}D_{n-2}$ 的中点为 D_{n-1},第 n 次将纸片折叠,使点 A 与点 D_{n-1} 重合,折痕与 AD 交于点 $P_n(n>2)$,则 AP_6 的长为( ).

A. $\dfrac{5×3^5}{2^{12}}$ B. $\dfrac{3^6}{5×2^9}$ C. $\dfrac{5×3^6}{2^{14}}$ D. $\dfrac{3^7}{5×2^{11}}$

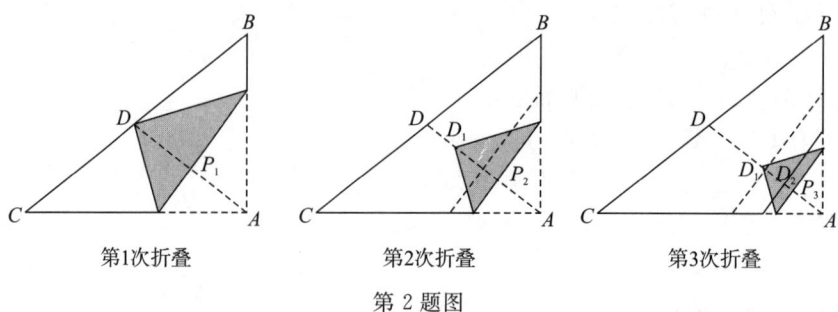

| 第1次折叠 | 第2次折叠 | 第3次折叠 |

第2题图

3. 有依次排列的3个数:3,9,8,对任意相邻的两个数,都用右边的数减去左边的数,所得之差写在这两个数之间,可产生一个新数串:3,6,9,-1,8,这称为第一次操作;做第二次同样的操作后也可产生一个新数串:3,3,6,3,9,-10,-1,9,8,继续依次操作下去,问:从数串3,9,8开始操作第100次以后所产生的那个新数串的所有数之和是多少?(   ).

A. 500   B. 520   C. 780   D. 2000

4. 木匠黄师傅用长 $AB=3$,宽 $BC=2$ 的矩形木板做一个尽可能大的圆形桌面,他设计了四种方案:

方案一:直接锯一个半径最大的圆;

方案二:圆心 O_1,O_2 分别在 CD,AB 上,半径分别是 O_1C,O_2A,锯两个外切的半圆拼成一个圆;

方案三:沿对角线 AC 将矩形锯成两个三角形,适当平移三角形并锯一个最大的圆;

方案四:锯一块小矩形 $BCEF$ 拼接到矩形 $AEFD$ 下面,并利用拼成的木板锯一个尽可能大的圆.

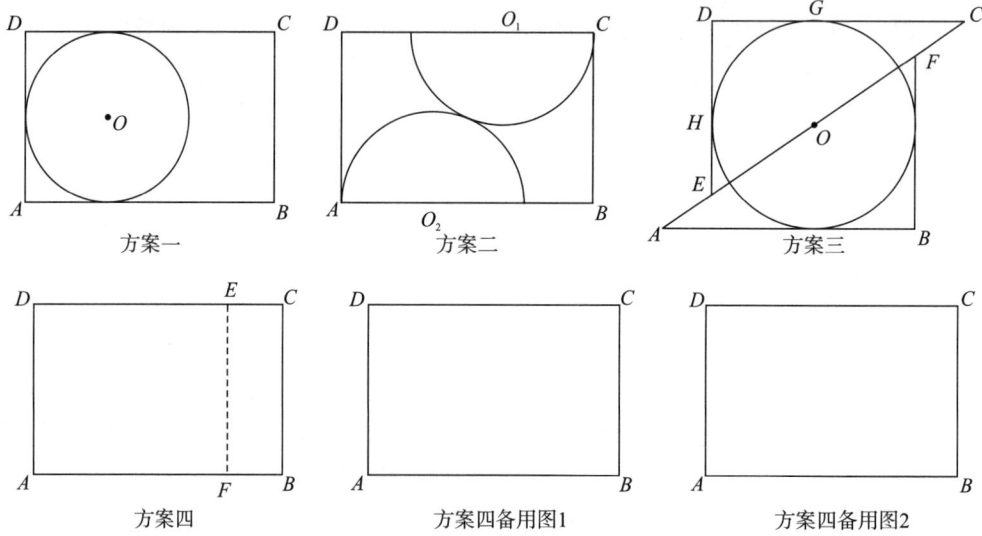

方案一　　方案二　　方案三

方案四　　方案四备用图1　　方案四备用图2

(1)写出方案一中的圆的半径;

(2)通过计算说明方案二和方案三中,哪个圆的半径较大?

(3)在方案四中,设 $CE=x(0<x<1)$,圆的半径为 y,

①求 y 关于 x 的函数解析;

②当 x 取何值时圆的半径最大? 最大半径是多少? 并说明四种方案中,哪一个圆形桌面的半径最大?

5. 玩飞行棋掷骰子,每轮的第一次如果掷得 1~5 点,那么这轮只能掷一次,并移动飞行棋;如果掷 6 点,那么移动飞行棋后将继续投掷并移动飞行棋,直至出现点数不是 6 点或游戏结束(指飞行棋恰好位于终点),如图,A~F 位置是飞行棋临近终点区域,G 位置是飞行棋的终点. 例如张杰的飞行棋现在位于 E 处,他掷得的点数表示该飞行棋向终点前进的格数,例如若他掷得 2 点,则飞行棋位于 G 处(游戏结束);但是当掷出的点数大于飞行棋到达终点所需要的格数时,该飞行棋将由终点再往回退超出部分的格数,例如,他掷得 5 点,则飞行棋位于 D 处.

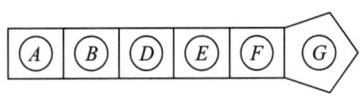

第5题图

(1)掷骰子一次,试分析飞行棋位于何处的可能性最大?

(2)这轮掷骰子,请说明飞行棋不可能位于 A 处;

(3)若这轮掷骰子没能使游戏结束,则以后轮次中飞行棋有可能位于 A 处,请你设计一种可以使飞行棋位于 A 处的方案;

(4)有人认为:这轮掷骰子结束游戏的概率 $\dfrac{1}{6}$,你认同他的观点吗? 请说说理由.

6. 已知 $y=m^2+3m+6$,若 m 为整数,在使得 y 为完全平方数的所有 m 的值,设 m 的最大值为 a,最小值为 b,次小值为 c.(注:一个数如果是另一个整数的平方,那么我们称这个数为完全平方数)

(1)求 a、b、c 的值;

(2)对 a,b,c 进行如下操作:任取两个数求其和再除以 $\sqrt{2}$,同时求其差再除以 $\sqrt{2}$,剩下的另外一个数不变,这样就仍得三个数,例 $(a,b,c)=(3,1,2)$,则 $(\dfrac{3+1}{\sqrt{2}}, \dfrac{3-1}{\sqrt{2}}, 2)$ 可以作为一次操作,再对所得三个数进行如上操作,部能否经过若干次以上操作,使所得三个数的平方和等于2011? 证明你的结论.

7. 在 Rt$\triangle ABC$ 中,$\angle C=90°$,$AC=3$,$BC=4$,$AB=5$.

(Ⅰ)探究新知:

如图①⊙O 是 $\triangle ABC$ 的内切圆,与三边分别相切于点 E、F、G.

(1)求证内切圆的半径 $r_1=1$;

(2)求 $\tan\angle OAG$ 的值;

(Ⅱ)结论应用

(1)如图②若半径为 r_2 的两个等圆⊙O_1、⊙O_2 外切,且⊙O_1 与 AC、AB 相切,⊙O_2 与 BC、AB 相切,求 r_2 的值;

(2)如图③若半径为 r_n 的 n 个等圆⊙O_1、⊙O_2、…、⊙O_n 依次外切,且⊙O_1 与 AC、AB 相切,⊙O_n 与 BC、AB 相切,⊙O_1、⊙O_2、…、⊙O_n 均与 AB 相切,求 r_n 的值.

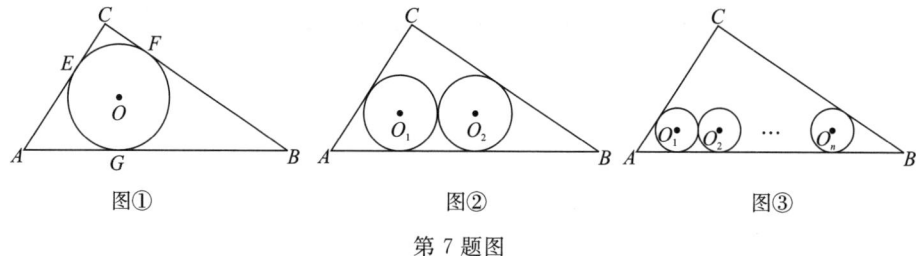

第7题图

第三十二讲　函数图像与几何综合

【考点扫描】

函数图像与几何的综合题,通常以计算为主线,侧重决策思路,往往需综合运作各种几何知识才能较好地解决,这类问题的主要特点是包含知识点多、覆盖面广、逻辑关系复杂、解法灵活.考查方式偏重于考查考生分析问题、探究问题、综合应用数学知识解决实际问题的能力,要求学生熟练掌握各类函数图像性质与三角形、四边形、三角函数、圆等几何知识,能较熟练地应用转化思想、方程思想、分类讨论思想、数形结合思想等常见的数学思想.解题时必须在充分利用几何图形的性质及题设的基础上挖掘几何图形中隐含的数量关系和位置关系,在复杂的"背景"下辨认、分解基本图形,或通过添加辅助线补全或构造基本图形,并善于联想所学知识,突破思维障碍,合理运用方程等各种数学思想才能解决.

解函数图像与几何的综合题,应善于运用坐标、线段长度、抛物线解析式三者之间关系,要充分发挥形的因素,数形互动,把证明与计算相结合是解题的关键.

【典例精析】

【例 1】如图,在直角坐标系中,抛物线 $y=ax^2+bx+c(a\neq 0)$ 与 x 轴交与点 $A(-1,0)$、$B(3,0)$ 两点,抛物线交 y 轴于点 $C(0,3)$,点 D 为抛物线的顶点.直线 $y=x-1$ 交抛物线于点 M、N 两点,过线段 MN 上一点 P 作 y 轴的平行线交抛物线于点 Q.

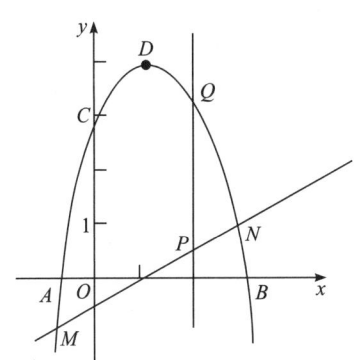

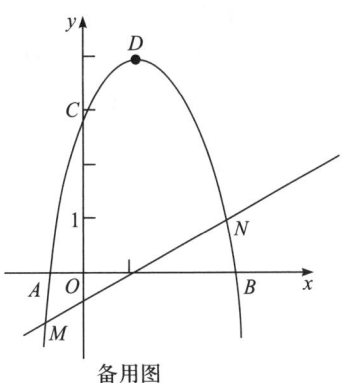

备用图

(1)求此抛物线的解析式及顶点 D 的坐标;
(2)问点 P 在何处时,线段 PQ 最长,最长为多少?
(3)设 E 为线段 OC 上的三等分点,连接 EP,EQ,若 $EP=EQ$,求点 P 的坐标.

【分析】(1)由待定系数法可求抛物线的解析式,化为顶点式可求顶点坐标.(2)把线段

PQ 用含 x 的坐标 $P(x,x-1),Q(x,-x^2+2x+3)$ 来表示,运用二次函数的最值原理可求.

【解】(1)由题意,抛物线交 y 轴于点 $C(0,3)$,故设抛物线的解析式为 $y=ax^2+bx+3$,
把 $A(-1,0)$、$B(3,0)$ 代入,得:

$\begin{cases} a-b+3=0 \\ 9a+3b+3=0 \end{cases}$,解得 $\begin{cases} a=-1 \\ b=2 \end{cases}$.

∴ 抛物线的解析式为 $y=-x^2+2x+3=-(x-1)^2+4$.

∴ 抛物线的顶点坐标为 $(1,4)$.

(2)由题意,得 $P(x,x-1),Q(x,-x^2+2x+3)$,

∴ 线段 $PQ=-x^2+2x+3-(x-1)=-x^2+x+4=-\left(x-\dfrac{1}{2}\right)^2+\dfrac{17}{4}$.

∴ 当 $x=\dfrac{1}{2}$ 时,线段 PQ 最长为 $\dfrac{17}{4}$.

(3)∵ E 为线段 OC 上的三等分点,$OC=3$,∴ $E(0,1)$,或 $E(0,2)$.

∵ $EP=EQ$,PQ 与 y 轴平行,∴ $2\cdot OE=-x^2+2x+3+(x-1)$,

当 $OE=1$ 时,$x_1=0,x_2=3$,点 P 坐标为 $(0,-1)$ 或 $(3,2)$.

当 $OE=2$ 时,$x_1=1,x_2=2$,点 P 坐标为 $(1,0)$ 或 $(2,1)$.

综上所述,点 P 的坐标为 $(0,-1)$ 或 $(3,2)$ 或 $(1,0)$ 或 $(2,1)$.

【评注】本题是一道二次函数与几何的综合题,考查了待定系数法求二次函数的解析式,两点间的距离公式的运用,线段三等分下坐标点的求解方法.

【例2】在平面直角坐标系 xOy 中,点 P 是抛物线 $y=x^2$ 上的动点(点在第一象限内).连接 OP,过点 O 作 OP 的垂线交抛物线于另一点 Q.连接 PQ,交 y 轴于点 M.作 $PA\perp x$ 轴于点 A,$QB\perp x$ 轴于点 B.设点 P 的横坐标为 m.

(1)如图1,当 $m=\sqrt{2}$ 时,

① 求线段 OP 的长和 $\tan\angle POM$ 的值;

② 在 y 轴上找一点 C,使 $\triangle OCQ$ 是以 OQ 为腰的等腰三角形,求点 C 的坐标;

(2)如图2,连接 AM、BM,分别与 OP、OQ 相交于点 D、E.

① 用含 m 的代数式表示点 Q 的坐标;

② 求证:四边形 $ODME$ 是矩形.

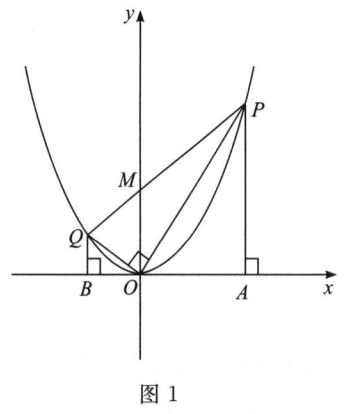

图1

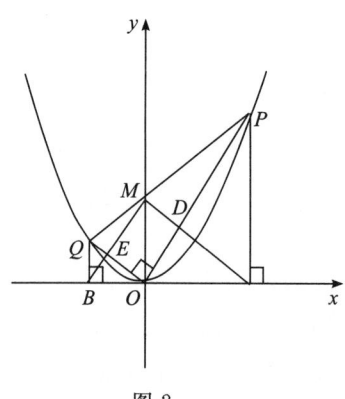

图2

【分析】(1)①已知 m 的值,代入抛物线的解析式中可求出点 P 的坐标;由此确定 PA、OA 的长,通过解直角三角形易得出结论.②题目要求 $\triangle OCQ$ 是以 OQ 为腰的等腰三角形,所以分 $QO=OC$、$QC=QO$ 两种情况来判断;(2)①由 $\angle QOP=90°$,易求得 $\triangle QBO \backsim \triangle MOA$,通过相关的比例线段来表示出点 Q 的坐标.②在四边形 $ODME$ 中,已知了一个直角,只需判定该四边形是平行四边形即可,那么可通过证明两组对边分别平行来证明.

【解】(1)①把 $x=\sqrt{2}$ 代入 $y=x^2$,得 $y=2$,$\therefore P(\sqrt{2},2)$,$\therefore OP=\sqrt{6}$.

$\because PA \perp x$ 轴,$\therefore PA // MO$. $\therefore \tan\angle POM = \tan\angle OPA = \dfrac{OP}{AP} = \dfrac{\sqrt{2}}{2}$.

②设 $Q(n,n^2)$,$\because \tan\angle QOB = \tan\angle POM$,$\therefore \dfrac{n^2}{-n}=\dfrac{\sqrt{2}}{2}$.$\therefore n=-\dfrac{\sqrt{2}}{2}$.

$\therefore Q(-\dfrac{\sqrt{2}}{2},\dfrac{1}{2})$.$\therefore OQ=\dfrac{\sqrt{3}}{2}$.

$\therefore$ 当 $OQ=OC$ 时,则 $C_1(0,\dfrac{\sqrt{3}}{2})$,$C_2(0,-\dfrac{\sqrt{3}}{2})$.

当 $OQ=CQ$ 时,则 $C_3(0,1)$.

(2)① $\because$ 点 P 的横坐标为 m,$\therefore P(m,m^2)$. 设 $Q(n,n^2)$,

$\because \triangle APO \backsim \triangle BOQ$,$\therefore \dfrac{BQ}{AO}=\dfrac{BO}{AP}$.$\therefore \dfrac{n^2}{m}=\dfrac{-n}{m^2}$,得 $n=-\dfrac{1}{m}$.

$\therefore Q(-\dfrac{1}{m},\dfrac{1}{m^2})$.

②设直线 PO 的解析式为:$y=kx+b$,把 $P(m,m^2)$、$Q(-\dfrac{1}{m},\dfrac{1}{m^2})$ 代入,得:

$\begin{cases} m^2=mk+b \\ \dfrac{1}{m^2}=-\dfrac{1}{m} \cdot k+b \end{cases}$,解得 $b=1$,$\therefore M(0,1)$.

$\because \dfrac{QB}{MO}=\dfrac{OB}{AP}=\dfrac{1}{m^2}$,$\angle QBO=\angle MOA=90°$,$\therefore \triangle QBO \backsim \triangle MOA$.

$\therefore \angle MAO=\angle QOB$,$\therefore QO // MA$.

同理可证:$EM // OD$,又 $\because \angle EOD=90°$,

$\therefore$ 四边形 $ODME$ 是矩形.

【评注】本题考查了二次函数综合题,待定系数法,曲线上点的坐标与方程的关系,勾股定理,平行的判定和性质,锐角三角函数定义,等腰三角形的性质,相似三角形的判定和性质,矩形的判定等知识点,是二次函数的一道综合题.

【例3】如图,已知抛物线 $y=\dfrac{k}{8}(x+2)(x-4)$(k 为常数,且 $k>0$)与 x 轴从左至右依次交于 A,B 两点,与 y 轴交于点 C,经过点 B 的直线 $y=-\dfrac{\sqrt{3}}{3}x+b$ 与抛物线的另一交点为 D.

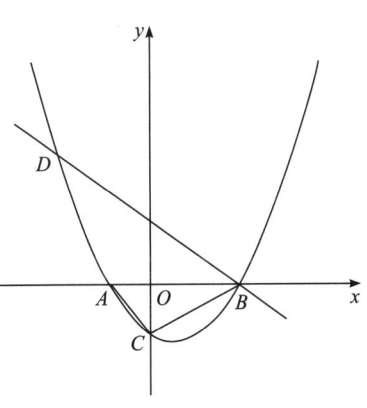

(1)若点 D 的横坐标为 -5，求抛物线的函数表达式；

(2)若在第一象限内的抛物线上有点 P，使得以 A,B,P 为顶点的三角形与 $\triangle ABC$ 相似，求 k 的值；

(3)在(1)的条件下，设 F 为线段 BD 上一点(不含端点)，连接 AF，一动点 M 从点 A 出发，沿线段 AF 以每秒 1 个单位的速度运动到 F，再沿线段 FD 以每秒 2 个单位的速度运动到 D 后停止，当点 F 的坐标是多少时，点 M 在整个运动过程中用时最少？

【分析】(1)首先求出点 A、B 坐标，然后求出直线 BD 的解析式，求得点 D 坐标，代入抛物线解析式，求得 k 的值；(2)因为点 P 在第一象限内的抛物线上，所以 $\angle ABP$ 为钝角。因此若两个三角形相似，只可能是 $\triangle ABC \backsim \triangle APB$ 或 $\triangle ABC \backsim \triangle ABP$。如答图 2，按照以上两种情况进行分类讨论，分别计算；(3)由题意，动点 M 运动的路径为折线 $AF+DF$，运动时间：$t=AF+DF$。如答图 3，作辅助线，将 $AF+DF$ 转化为 $AF+FG$；再由垂线段最短，得到垂线段 AH 与直线 BD 的交点，即为所求的 F 点。

【解】(1)抛物线 $y=\dfrac{k}{8}(x+2)(x-4)$，

令 $y=0$，解得 $x=-2$ 或 $x=4$，$\therefore A(-2,0), B(4,0)$。

$\because$ 直线 $y=-\dfrac{\sqrt{3}}{3}x+b$ 经过点 $B(4,0)$，$\therefore -\dfrac{\sqrt{3}}{3}\times 4+b=0$，解得 $b=\dfrac{4\sqrt{3}}{3}$，

$\therefore$ 直线 BD 解析式为：$y=-\dfrac{\sqrt{3}}{3}x+\dfrac{4\sqrt{3}}{3}$。

当 $x=-5$ 时，$y=3\sqrt{3}$，$\therefore D(-5,3\sqrt{3})$。

$\because$ 点 $D(-5,3\sqrt{3})$ 在抛物线 $y=\dfrac{k}{8}(x+2)(x-4)$，

$\therefore k=\dfrac{8\sqrt{3}}{9}$。

故所求抛物线的解析式为 $y=\dfrac{\sqrt{3}}{9}x^2-\dfrac{2\sqrt{3}}{9}x+\dfrac{8\sqrt{3}}{9}$。

(2)由抛物线解析式，令 $x=0$，得 $y=k$，$\therefore C(0,-k), OC=k$。

因为点 P 在第一象限内的抛物线上，所以 $\angle ABP$ 为钝角。

因此若两个三角形相似，只可能是 $\triangle ABC \backsim \triangle APB$ 或 $\triangle ABC \backsim \triangle ABP$。

①若 $\triangle ABC \backsim \triangle APB$，则有 $\angle BAC = \angle PAB$，如图 1 所示。

设 $P(x,y)$，过点 P 作 $PN \perp x$ 轴于点 N，则 $ON=x$，$PN=y$。

$\tan\angle BAC = \tan\angle PAB$，即：$\dfrac{k}{2}=\dfrac{y}{x+2}$，$\therefore y=\dfrac{k}{2}x+k$。

$\therefore D(x,\dfrac{k}{2}x+k)$，代入抛物线解析式 $y=\dfrac{k}{8}(x+2)(x-4)$，

得 $\dfrac{k}{8}(x+2)(x-4)=\dfrac{k}{2}x+k$，整理得 $x^2-6x-16=0$，

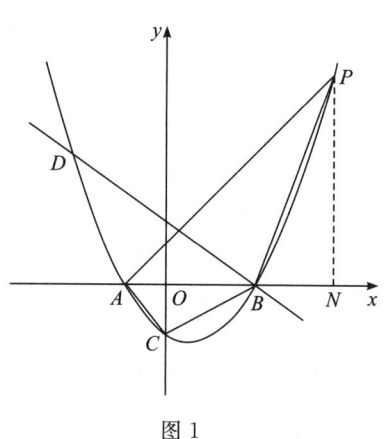

图 1

解得 $x=8$ 或 $x=2$(与点 A 重合,舍去),

∴$P(8,5k)$.

∵△ABC∽△APB,

∴$\dfrac{AC}{AB}=\dfrac{AB}{AP}$,即 $\dfrac{\sqrt{k^2+4}}{6}=\dfrac{6}{\sqrt{25k^2+100}}$,

解得 $k=\dfrac{4\sqrt{5}}{5}$.

②若△ABC∽△ABP,则有∠ABC=∠PAB,如答图 2 所示.

与①同理,可求得 $k=\sqrt{2}$.

综上所述,$k=\dfrac{4\sqrt{5}}{5}$ 或 $k=\sqrt{2}$.

(3)由(1)知:$D(-5,3\sqrt{3})$,

如答图 3,过点 D 作 $DN\perp x$ 轴于点 N,则 $DN=3\sqrt{3}$,$ON=5$,$BN=4+5=9$,

∴$\tan\angle DBA=\dfrac{DN}{BN}=\dfrac{3\sqrt{3}}{9}=\dfrac{\sqrt{3}}{3}$,∴∠$DBA=30°$.

过点 D 作 $DK\parallel x$ 轴,则∠$KDF=\angle DBA=30°$.

过点 F 作 $FG\perp DK$ 于点 G,则 $FG=DF$.

由题意,动点 M 运动的路径为折线 $AF+DF$,运动时间:$t=AF+DF$,

∴$t=AF+FG$,即运动时间等于折线 $AF+FG$ 的长度.

由垂线段最短可知,折线 $AF+FG$ 的长度的最小值为 DK 与 x 轴之间的垂线段.

过点 A 作 $AH\perp DK$ 于点 H,则 $t_{最小}=AH$,AH 与直线 BD 的交点,即为所求之 F 点.

∵A 点横坐标为 -2,直线 BD 解析式为:$y=-\dfrac{\sqrt{3}}{3}x+\dfrac{4\sqrt{3}}{3}$,∴$y=-\dfrac{\sqrt{3}}{3}\times(-2)+\dfrac{4\sqrt{3}}{3}=2\sqrt{3}$,

∴$F(-2,2\sqrt{3})$.

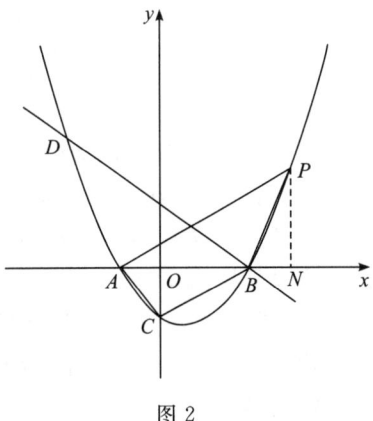

图 2

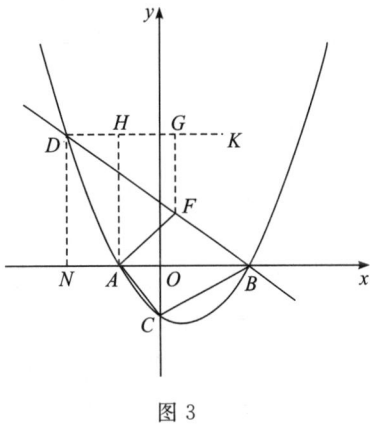

图 3

综上所述,当点 F 坐标为 $(-2,2\sqrt{3})$ 时,点 M 在整个运动过程中用时最少.

【评注】本题是二次函数压轴题,难度很大.第(2)问中需要分类讨论,避免漏解;在计算过程中,解析式中含有未知数 k,增加了计算的难度,注意解题过程中的技巧;第(3)问中,运用了转化思想使得试题难度大大降低,需要认真体会.

【例 4】如图,在平面直角坐标系中,O 为坐标原点,点 A 的坐标为 $(0,4)$,点 B 的坐标为

(4,0),点 C 的坐标为 $(-4,0)$,点 P 在射线 AB 上运动,连结 CP 与 y 轴交于点 D,连结 BD.过 P,D,B 三点作 $\odot Q$ 与 y 轴的另一个交点为 E,延长 DQ 交 $\odot Q$ 于点 F,连结 EF,BF.

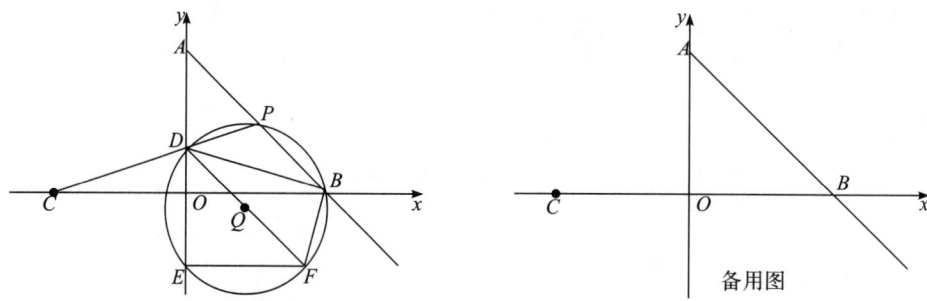

(1)求直线 AB 的函数解析式;
(2)当点 P 在线段 AB(不包括 A,B 两点)上时.
①求证:$\angle BDE=\angle ADP$;
②设 $DE=x,DF=y$.请求出 y 关于 x 的函数解析式;
(3)请你探究:点 P 在运动过程中,是否存在以 B,D,F 为顶点的直角三角形,满足两条直角边之比为 2:1?如果存在,求出此时点 P 的坐标;如果不存在,请说明理由.

【分析】(1)设直线 AB 的函数解析式为 $y=kx+4$,把 $(4,0)$ 代入即可;(2)①先证出 $\triangle BDO \cong \triangle COD$,得出 $\angle BDO=\angle CDO$,再根据 $\angle CDO=\angle ADP$,即可得出 $\angle BDE=\angle ADP$,②先连结 PE,根据 $\angle ADP=\angle DEP+\angle DPE$,$\angle BDE=\angle ABD+\angle OAB$,$\angle ADP=\angle BDE$,$\angle DEP=\angle ABD$,得出 $\angle DPE=\angle OAB$,再证出 $\angle DFE=\angle DPE=45°$,最后根据 $\angle DEF=90°$,得出 $\triangle DEF$ 是等腰直角三角形,从而求出 y 关于 x 的函数解析式;(3)分 $\dfrac{BD}{BF}=2$,$\dfrac{BD}{BF}=\dfrac{1}{2}$ 两种情况讨论,先求出点 D 坐标,进而点 P 坐标.

【解】(1)设直线 AB 的函数解析式为 $y=kx+4$,
代入 $(4,0)$ 得 $4k+4=0$,解得 $k=-1$,
则直线 AB 的函数解析式为 $y=-x+4$;
(2)①由已知得:
$OB=OC,\angle BOD=\angle COD=90°$,
又 $\because OD=OD,\therefore \triangle BDO\cong \triangle CDO,\therefore \angle BDO=\angle CDO$,
$\because \angle CDO=\angle ADP$,
$\therefore \angle BDE=\angle ADP$;

②连结 PE,
$\because \angle ADP$ 是 $\triangle DPE$ 的一个外角,
$\therefore \angle ADP=\angle DEP+\angle DPE$,
$\because \angle BDE$ 是 $\triangle ABD$ 的一个外角,
$\therefore \angle BDE=\angle ABD+\angle OAB$,
$\because \angle ADP=\angle BDE,\angle DEP=\angle ABD$,
$\therefore \angle DPE=\angle OAB$,

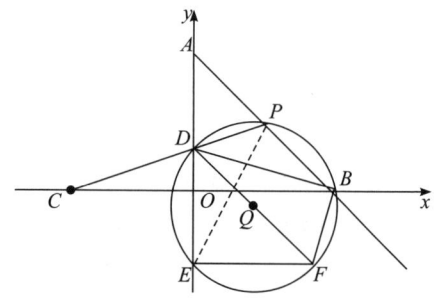

∵$OA=OB=4$,$\angle AOB=90°$,∴$\angle OAB=45°$,∴$\angle DPE=45°$,∴$\angle DFE=\angle DPE=45°$,∵$DF$ 是 $\odot Q$ 的直径,∴$\angle DEF=90°$,∴$\triangle DEF$ 是等腰直角三角形,

∴$DF=\sqrt{2}DE$,即 $y=\sqrt{2}x$;

(3)当 $BD:BF=2:1$ 时,

过点 F 作 $FH\perp OB$ 于点 H,

∵$\angle DBO+\angle OBF=90°$,$\angle OBF+\angle BFH=90°$,∴$\angle DBO=\angle BFH$,

又∵$\angle DOB=\angle BHF=90°$,∴$\triangle BOD\sim\triangle FHB$,

∴$\dfrac{OB}{HF}=\dfrac{OD}{HB}=\dfrac{BD}{FB}=2$.∴$FH=2$,$OD=2BH$,

∵$\angle FHO=\angle EOH=\angle OEF=90°$,∴四边形 $OEFH$ 是矩形,∴$OE=FH=2$,

∴$EF=OH=4-\dfrac{1}{2}OD$,

∵$DE=EF$,∴$2+OD=4-\dfrac{1}{2}OD$,解得:$OD=\dfrac{4}{3}$,∴点 D 的坐标为 $(0,\dfrac{4}{3})$,

∴直线 CD 的解析式为 $y=\dfrac{1}{3}x+\dfrac{4}{3}$.

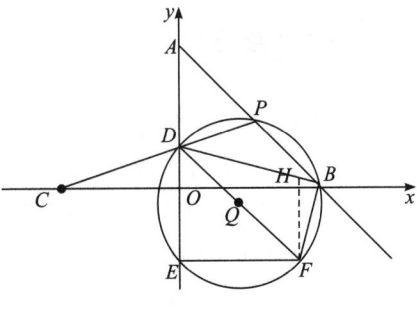

由 $\begin{cases}y=\dfrac{1}{3}x+\dfrac{4}{3}\\y=-x+4\end{cases}$ 得 $\begin{cases}x=2\\y=2\end{cases}$,

则点 P 的坐标为 $(2,2)$;

当 $BD:BF=1:2$ 时,

连结 EB,同(2)①可得 $\angle ADB=\angle EDP$,

而 $\angle ADB=\angle DEB+\angle DBE$,$\angle EDP=\angle DAP+\angle DPA$,

∵$\angle DEB=\angle DPA$,∴$\angle DBE=\angle DAP=45°$,

∴$\triangle DEF$ 是等腰直角三角形,

过点 F 作 $FG\perp OB$ 于点 G,

同理可得 $\triangle BOD\sim\triangle FGB$,

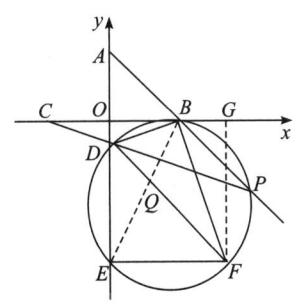

∴$\dfrac{OB}{GF}=\dfrac{OD}{GB}=\dfrac{BD}{BF}=\dfrac{1}{2}$,∴$FG=8$,$OD=\dfrac{1}{2}BG$,

∵$\angle FGO=\angle GOE=\angle OEF=90°$,∴四边形 $OEFG$ 是矩形,

∴$OE=FG=8$,∴$EF=OG=4+2OD$,

∵$DE=EF$,∴$8-OD=4+2OD$,得 $OD=\dfrac{4}{3}$,∴点 D 的坐标为 $(0,-\dfrac{4}{3})$,

直线 CD 的解析式为:$y=-\dfrac{1}{3}x-\dfrac{4}{3}$.

由 $\begin{cases}y=-\dfrac{1}{3}x-\dfrac{4}{3}\\y=-x+4\end{cases}$ 得 $\begin{cases}x=8\\y=-4\end{cases}$,

∴点 P 的坐标为 $(8,-4)$,

综上所述,点 P 的坐标为 $(2,2)$ 或 $(8,-4)$.

【评注】此题考查了一次函数的综合,用到的知识点是一次函数、矩形的性质、圆的性质,关键是综合运用有关知识作出辅助线,列出方程组.

【学力训练】

1. 如图,经过原点的抛物线 $y=-x^2+2mx(m>0)$ 与 x 轴的另一个交点为 A. 过点 $P(1,m)$ 作直线 $PM\perp x$ 轴于点 M,交抛物线于点 B. 记点 B 关于抛物线对称轴的对称点为 $C(B、C$ 不重合). 连结 CB, CP.

   (1)当 $m=3$ 时,求点 A 的坐标及 BC 的长;

   (2)当 $m>1$ 时,连结 CA,问 m 为何值时 $CA\perp CP$?

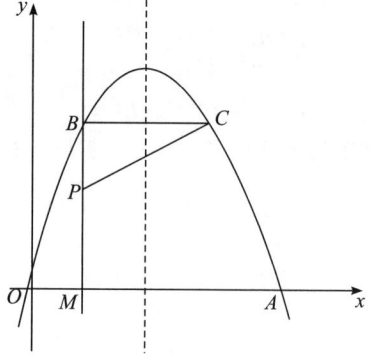

2. 如图 1,已知菱形 $ABCD$ 的边长为 $2\sqrt{3}$,点 A 在 x 轴负半轴上,点 B 在坐标原点. 点 D 的坐标为 $(-\sqrt{3},3)$,抛物线 $y=ax^2+b(a\neq 0)$ 经过 AB、CD 两边的中点.

   (1)求这条抛物线的函数解析式;

   (2)将菱形 $ABCD$ 以每秒 1 个单位长度的速度沿 x 轴正方向匀速平移(如图 2),过点 B 作 $BE\perp CD$ 于点 E,交抛物线于点 F,连接 DF、AF. 设菱形 $ABCD$ 平移的时间为 t 秒 $(0<t<3)$

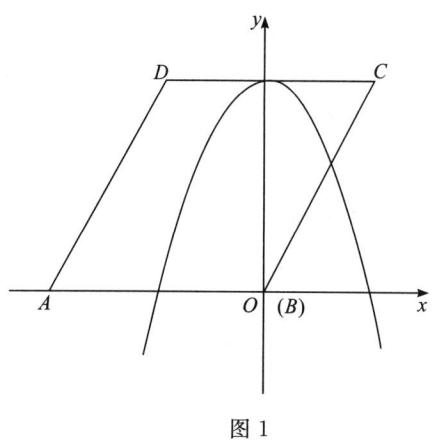

图 1

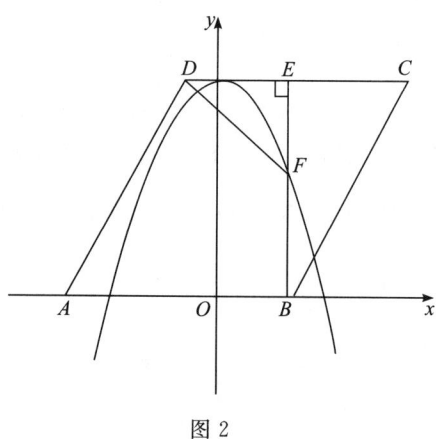

图 2

①是否存在这样的 t，使 $\triangle ADF$ 与 $\triangle DEF$ 相似？若存在，求出 t 的值；若不存在，请说明理由；

②连接 FC，以点 F 为旋转中心，将 $\triangle FEC$ 按顺时针方向旋转 $180°$，得 $\triangle FE'C'$，当 $\triangle FE'C'$ 落在 x 轴与抛物线在 x 轴上方的部分围成的图形中(包括边界)时，求 t 的取值范围.(写出答案即可)

3. 如图1，已知直线 $y=kx$ 与抛物线 $y=-\dfrac{4}{27}x^2+\dfrac{22}{3}x$ 交于点 $A(3,6)$.

(1) 求直线 $y=kx$ 的解析式和线段 OA 的长度；

(2) 点 P 为抛物线第一象限内的动点，过点 P 作直线 PM，交 x 轴于点 M(点 M、O 不重合)，交直线 OA 于点 Q，再过点 Q 作直线 PM 的垂线，交 y 轴于点 N. 试探究：线段 QM 与线段 QN 的长度之比是否为定值？如果是，求出这个定值；如果不是，说明理由；

(3) 如图2，若点 B 为抛物线上对称轴右侧的点，点 E 在线段 OA 上(与点 O、A 不重合)，点 $D(m,0)$ 是 x 轴正半轴上的动点，且满足 $\angle BAE=\angle BED=\angle AOD$. 继续探究：$m$ 在什么范围时，符合条件的 E 点的个数分别是1个、2个？

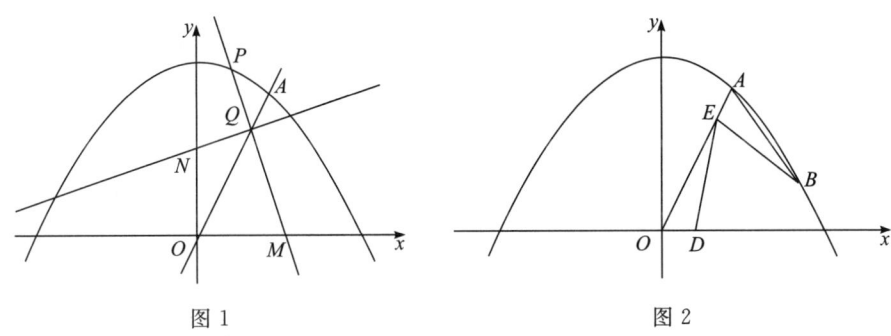

图1　　　　　　　　图2

4. 如图,二次函数 $y=ax^2+bx+c$ 的图像交 x 轴于 $A(-1,0)$, $B(2,0)$, 交 y 轴于 $C(0,-2)$, 过 A,C 画直线.

(1) 求二次函数的解析式;

(2) 点 P 在 x 轴正半轴上,且 $PA=PC$,求 OP 的长;

(3) 点 M 在二次函数图像上,以 M 为圆心的圆与直线 AC 相切,切点为 H.

①若 M 在 y 轴右侧,且 $\triangle CHM \sim \triangle AOC$(点 C 与点 A 对应),求点 M 的坐标;

②若 $\odot M$ 的半径为 $\dfrac{4}{5}\sqrt{5}$,求点 M 的坐标.

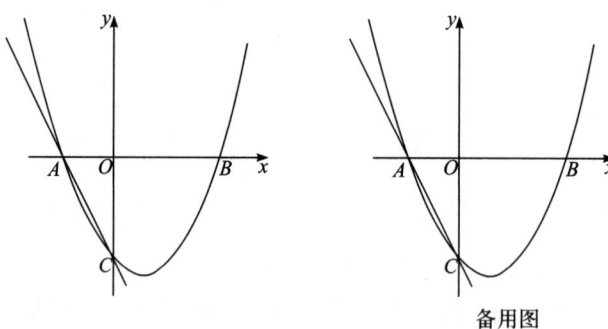

备用图

参考答案

第一讲 代数式的值

1. 0. 提示:$\because b=6-a, a(6-a)=c^2+9, \therefore (a-3)^2+c^2=0, \therefore a=b=3, c=0$.

2. 19. 提示:由 $a^2+4a+1=0$,得 $a+\dfrac{1}{a}=-4, a^2+\dfrac{1}{a^2}=14$,在 $\dfrac{a^4+ma^2+1}{2a^3+ma^2+2a}=3$ 中,分子分母同除以 a^2 得,$\dfrac{a^4+ma^2+1}{2a^3+ma^2+2a}=\dfrac{a^2+\dfrac{1}{a^2}+m}{2(a+\dfrac{1}{a})+m}=\dfrac{14+m}{2\times(-4)+m}=3$,解得 $m=19$.

3. 17. 提示:参照例 4.

4. 11. 提示:降次 $a^2=8a+5$ 代入原式解答.

5. 4. 提示:$\because x=\sqrt{2}-1, \therefore x+1=\sqrt{2}$,再变形可得 $x^2+2x=1, x^4+2x^3=x^2, x^6+2x^5=x^4$,代入原式得,原式=4.

6. 6. 提示:$a-b=-4ab$ 代入,解之.

7. $\dfrac{1}{52}$. 提示:$\dfrac{ab}{a+b}=\dfrac{1}{24}, \dfrac{a+b}{ab}=24, \dfrac{1}{a}+\dfrac{1}{b}=24$,同理 $\dfrac{1}{b}+\dfrac{1}{c}=36, \dfrac{1}{c}+\dfrac{1}{a}=44$,

得 $\therefore 2(\dfrac{1}{a}+\dfrac{1}{b}+\dfrac{1}{c})=104, \dfrac{ab+bc+ca}{abc}=52, \dfrac{abc}{ab+bc+ac}=\dfrac{1}{52}$.

8. 1. 提示:$a=\dfrac{1}{b}$ 代入原式化简之.

9. 提示:$a-b=1, b+c=1, c+a=2$. 原式=$\dfrac{1}{2}[(a-b)^2+(b+c)^2+(c+a)^2]=3$.

10. 提示:由题意,不妨设:$a<0, b>0, c>0$. 化简得:$x=0$. 故 $ax^3+bx^2+cx+1=1$.

11. 原式=$\dfrac{a}{b}+\dfrac{a}{c}+\dfrac{b}{c}+\dfrac{b}{a}+\dfrac{c}{a}+\dfrac{c}{b}=\dfrac{a+b}{c}+\dfrac{b+c}{a}+\dfrac{c+a}{b}=\dfrac{-b}{c}+\dfrac{-c}{a}+\dfrac{-a}{b}=-3$.

12. $\because \dfrac{2x^2-2014}{x^3+1}\cdot x=\dfrac{2x^3-2014x}{x^3+1}=\dfrac{x^3+x^3-2014x}{x^3+1}=\dfrac{x^3+1}{x^3+1}=1, \therefore$ 原式=3.

第二讲 二次根式

1. $2\sqrt{2}$. 提示:$\sqrt{3\pm 2\sqrt{2}}=\sqrt{(\sqrt{2})^2\pm 2\sqrt{2}+1}=\sqrt{2}\pm 1$.

2. 2. 提示:$\sqrt{17\pm 12\sqrt{2}}=\sqrt{3^2\pm 2\times 3\times 2\sqrt{2}+(2\sqrt{2})^2}=3\pm 2\sqrt{2}$.

3. $\sqrt{2014}-1$. 提示:原式=$\sqrt{2}-1+\sqrt{3}-\sqrt{2}+\sqrt{4}-\sqrt{3}+\cdots+\sqrt{2014}-\sqrt{2013}=\sqrt{2014}-1$.

4. 11002. 提示:$\sqrt{5+2\sqrt{6}}=\sqrt{2}+\sqrt{3}$,得 $a=0, b=1, c=1$.

5. 2009. 提示：$a \geqslant 2009$，$\therefore a-2008+\sqrt{a-2009}=a$，$\sqrt{a-2009}=2008$，$\therefore a-2008^2=2009$.

6. $\dfrac{5}{2}$. 提示：$\because 2<\sqrt{7}<3$，$\therefore m=2$，$n=3-\sqrt{7}$，则 $a\times(3-\sqrt{7})+b(3-\sqrt{7})^2=1$，$(6a+16b)-(2a+6b)\sqrt{7}=1$，$\therefore \begin{cases} 6a+16b=1 \\ -(2a+6b)=0 \end{cases}$；解得 $\begin{cases} a=\dfrac{3}{2} \\ b=-\dfrac{1}{2} \end{cases}$.

7. 2011. 提示：$\left[\dfrac{1}{n+1-\sqrt{n\times(n+1)}}\right]=\left[\dfrac{1}{\sqrt{n+1}(\sqrt{n+1}-\sqrt{n})}\right]=\left[\dfrac{\sqrt{n+1}+\sqrt{n}}{\sqrt{n+1}}\right]$
$=\left[1+\dfrac{\sqrt{n}}{\sqrt{n+1}}\right]=1$.

8. $\dfrac{10200}{101}$. 提示：$\sqrt{S_1}=1$；$\sqrt{S_2}=1-\dfrac{1}{2}$，$\sqrt{S_3}=1+\dfrac{1}{2}-\dfrac{1}{3}$，$\cdots$，$\sqrt{S_{100}}=1+\dfrac{1}{100}-\dfrac{1}{101}$.

第三讲　数列

1. B. 提示：因为当数阵中有 n 排时共有 $\dfrac{n(n+1)}{2}$ 个数，而 $64\times 63\div 2=2016>2014$，所以 2014 在 63 排上，$2016-2014=63-x$，$x=61$，故选 B.

2. $-\dfrac{3}{2}(3^{-1010}-1)$.

3. $\dfrac{1}{4}(5^{2011}-5)$. 提示：参照例 4.

4. 2. 提示：$a_1=1$，$a_2=2$，$\therefore 1+2+a_3=7$，$a_3=4$；同理得 $a_4=1$，$a_5=2$，$a_6=4$，$\cdots$
又 $2008\div 3=669\cdots 1$，所以 $a_{2008}=2$.

5. $a_1=1$，$a_2=2$；$a_3=1$，$a_4=4$；$a_5=1$，$a_6=6$；$\cdots$，
$\therefore S_1=a_1+a_3+a_5+\cdots+a_{99}=50$，$S_2=a_2+a_4+a_6+\cdots+a_{100}=\dfrac{(100+2)\times 50}{2}=2550$，
$\therefore$ 原式 $=2600$.

6. (1) 从前面简单的图形中寻找规律：第 1 个图形，黑色棋子个数：$3=1\times 3$；第 2 个图形，黑色棋子个数：$8=2\times 4$；第 3 个图形，黑色棋子个数：$15=3\times 5$；第 4 个图形，黑色棋子个数：$24=4\times 6$，$\cdots$，则第 n 个图形，黑色棋子个数：$n(n+2)$；(2) 由题意得 $n(n+2)=80$，解得 $n=8$ 或 $n=-10$（舍去），$\therefore$ 第 8 个图形，黑色棋子个数为 80 个.

7. (1) $\dfrac{2}{5}n+\dfrac{1}{2}\leqslant 5$，$\therefore \dfrac{2}{5}n\leqslant \dfrac{9}{2}$，$\therefore n\leqslant \dfrac{45}{4}$，$n_{\max}=11$，$\therefore b_5=11$；

(2) $2n-1\leqslant m$，$\therefore n\leqslant \dfrac{m+1}{2}$，$b_m=n_{\max}=2011$，$\therefore m=4021$ 或 4022；

(3) $kn+b\leqslant m$，$n_{\max}=3m+2$，$\therefore \dfrac{m-b}{k}-1<3m+2\leqslant \dfrac{m-b}{k}$，若 $\dfrac{1}{k}>3$，
则 $\dfrac{m-b}{k}-1<3m+2$，不成立；若 $\dfrac{1}{k}<3$，则 $3m+2\leqslant \dfrac{m-b}{k}$ 不成立，$\therefore \dfrac{1}{k}=3$，
则 $3b+1>-2\geqslant 3b$，故 $-1<b\leqslant -\dfrac{2}{3}$.

第四讲　不等式

1. $a\leqslant 1$. 提示：原不等式的解为 $\begin{cases} x>1 \\ x<a \end{cases}$，因为原不等式无解，所以 $a\leqslant 1$.

2. $-3<a\leqslant 2$. 提示:原不等式的解为 $\begin{cases} x\geqslant a \\ x<2 \end{cases}$,所以它有四个整数解:$-2,-1,0,1$.

3. $x<5$. 提示:由题意得 $\begin{cases} 2m-n<0 \\ \dfrac{5n+m}{2m-n}=\dfrac{13}{4} \end{cases}$ 成立,则 $(m-n)x>m+n$ 的解集为 $x<\dfrac{m+n}{m-n}$,即 $x<5$.

4. $x>-8$. 提示:由题意得 $2a-b>0,\dfrac{a-2b}{2a-b}=\dfrac{5}{2}$,解得 $b=8a,\therefore 2a-b=2a-8a=-6a>0$,
$\therefore a<0,\therefore x>-\dfrac{b}{a}=-8$,故 $x>-8$.

5. (1)原不等式化简为 $(k-1)x>k^2-2k-3$,所以当 $k>1$ 时,$x>\dfrac{k^2-2k-3}{k-1}$;$k=1$ 时,$0>-4$,x 为全体实数;$k<0$ 或 $0<k<1$ 时,$x<\dfrac{k^2-2k-3}{k-1}$.

   (2)由题意得 $k>1$ 时,$\dfrac{k^2-2k-3}{k-1}=-\dfrac{5}{3}$ 解得,$k=\dfrac{7}{3}$.

6. (1)$a=0$ 时,原不等式为 $-x+1<0,x>1$. (2)$a\neq 0$ 时,原不等式化为 $(ax-1)(x-1)<0$,即 $a(x-\dfrac{1}{a})(x-1)<0$,1)若 $a>0$,则 $(x-\dfrac{1}{a})(x-1)<0$,此时当 $a>1$ 时,$\dfrac{1}{a}<x<1$;$a<1$ 时,$1<x<\dfrac{1}{a}$;$a=1$ 时,不等式无解;2)若 $a<0$,则 $(x-\dfrac{1}{a})(x-1)>0$,得 $x<\dfrac{1}{a}$ 或 $x>1$.

7. 将 $a^2+ab+b^2=1,t=ab-a^2-b^2$ 两式相加得 $2ab=t+1$,故 $ab=\dfrac{t+1}{2}$,又因为 $(a+b)^2=a^2+2ab+b^2=1+ab=\dfrac{t+3}{2}\geqslant 0,\therefore t\geqslant -3$,且 $a+b=\pm\sqrt{\dfrac{t+3}{2}}$,于是可知 a,b 是关于方程 $x^2\mp\sqrt{\dfrac{t+3}{2}}x+\dfrac{t+1}{2}=0$ 的两实数根,所以 $\Delta\geqslant 0$,即 $t\leqslant -\dfrac{1}{3}$,综上所述 t 的取值范围:$-3\leqslant t\leqslant -\dfrac{1}{3}$.

第五讲 方程

1. B. 提示:令 $y=x^2+3x$,用换元法解之.

2. B. 提示:分情况讨论:当 $x^2+x-1=1$ 时,解得 $x=-2$ 或 $x=1$;当 $x^2+x-1=-1$ 时,解得 $x=0$ 或 $x=-1$(不合题意,舍去);当 $x^2+x-1\neq 1,x+3=0$ 时,解得 $x=-3$.

3. $-2\leqslant x\leqslant 3$. 提示:分三种情况讨论:(1)当 $x\leqslant -2$ 时,原方程的解为 $x=-2$;(2)当 $-2<x\leqslant 3$ 时,方程的解为全体实数;(3)当 $x>3$ 时,原方程的解为 $x=3$(舍去).

4. 1005. 提示:$1+2+3+\cdots+n=\dfrac{n(n+1)}{2}$,而 $\dfrac{2}{n(n+1)}=2(\dfrac{1}{n}-\dfrac{1}{n+1})$,所以方程 $2x(\dfrac{1}{1\times 2}+\dfrac{1}{2\times 3}+\dfrac{1}{3\times 4}+\cdots+\dfrac{1}{2009\times 2010})=2x(1-\dfrac{1}{2010})=2009,x=1005$.

5. 0. 提示:$\Delta=1+4a^2>0$,关于 $|x|$ 的方程有两个不相等的实数根.

6. $-\dfrac{5}{7}$. 提示:$a=7c-3\geqslant 0,b=7-11c\geqslant 0,\therefore \dfrac{3}{7}\leqslant c\leqslant \dfrac{7}{11}$,而 $m=3c-2$ 随 c 的增大而增大,所以,当 $c=\dfrac{3}{7}$ 时,$m|_{\min}=-\dfrac{5}{7}$.

7. $m=1$ 或 $m>\dfrac{3}{2}$. 提示:$1-m^2=0$,则 $m=1$ 时,$x=\dfrac{1}{2}$,$m=-1$ 时,$x=-\dfrac{1}{2}$(舍去);$1-m^2\neq 0$,则 $m\neq\pm 1$ 时,$0<x_1=\dfrac{1}{m-1}<2,0<x_2=\dfrac{1}{m+1}<2$,解得 $m>\dfrac{3}{2}$. 综上所述,$m=1$ 或 $m>\dfrac{3}{2}$.

8. $(x-1)(x^2+15x+56)=0$,解得 $x_1=1, x_2=-7, x_3=-8$.

第六讲　一元二次方程根的判别式

1. D. 提示：由题意得 $2003a-\sqrt{2003}b+c=0$,所以 $-\sqrt{2003}$ 是方程 $ax^2+bx+c=0$ 的一个根.

2. $m\leqslant\dfrac{4}{3}$ 且 $m\neq 0$ 或 $m\geqslant 2$. 提示：三个函数的判别式中至少一个非负：$1-4m\geqslant 0$, 或 $4(m^2-4)\geqslant 0$, 或 $m(4-3m)\geqslant 0$; 解得 $m\leqslant\dfrac{1}{4}$; $m\leqslant -2$ 或 $m\geqslant 2$; $0\leqslant m\leqslant\dfrac{4}{3}$.

   $\therefore m\leqslant\dfrac{4}{3}$ 且 $m\neq 0$ 或 $m\geqslant 2$.

3. $b\leqslant 4$. 提示：由题意得 $\Delta=(2a+1)^2-4(b+4)\geqslant 0$, 所以 $(2a+1)^2\geqslant 4(b+4)$ 而 a 为任何实数,故 $b\leqslant -4$.

4. $-1\leqslant k<2$ 且 $k\neq\dfrac{1}{2}$. 提示：由 $\Delta\geqslant 0, k+1\geqslant 0, 1-2k\neq 0$, 得 $-1\leqslant k<2$ 且 $k\neq\dfrac{1}{2}$.

5. $[a-(x-1)][a-(x^2+x+1)]=0$ 解得 $a=x-1$ 或 $a=x^2+x+1$ 于是 $x=a+1$ 或 $x^2+x+(1-a)=0$, 因原方程只有一个实数根,$\therefore \Delta=1-4(1-a)<0$, 得 $a<\dfrac{3}{4}$.

6. 原方程化为 $2x^2+2x+a+4=0$, 若 $\Delta=0$, 则 $a=-\dfrac{7}{2}$; 若 $\Delta\neq 0, x=1$, 则 $a=-8$; 若 $\Delta\neq 0, x=-1$, 则 $a=-4$. 综上所述,a 的值为 -4 或 -8 或 $-\dfrac{7}{2}$.

7. 设 $x^2-2x=T$, 则 $T+\dfrac{3k^2-9k}{T-2k}=3-2k$, 解得 $T_1=-k, T_2=k+3$, $\therefore \begin{cases} x^2-2x+k=0 \\ x^2-2x-k-3=0 \end{cases}$,
   $\therefore \begin{cases} \Delta_1=4-4k>0 \\ \Delta_2=4+4k+12>0 \end{cases}$, 解得 $-4<k<1$. 又 $\because -k\neq k+3$, $\therefore k\neq -\dfrac{3}{2}$. 又 $\because x^2-2x-2k\neq 0$, 即 $-k\neq 2k$, $k+3\neq 2k$. $\therefore k\neq 0, 3$, $\therefore -4<k<1$ 且 $k\neq -\dfrac{3}{2}, 0$.

第七讲　一元二次方程根与系数关系

1. A. 提示：$x_1+x_2=-1, x_1x_2=k$, 代入 $x_1^2+x_1x_2+x_2^2=2k^2$, 即 $(x_1+x_2)^2-x_1x_2=k^2$, 解得 $k=-1$ 或 $k=\dfrac{1}{2}$（舍去,因为此时 $\Delta=1-4\times\dfrac{1}{2}=-1<0$）.

2. $2\sqrt{2}$. 提示：由根与系数关系得 $x+y=-4<0, xy=2>0, \therefore x<0, y<0$. 所以原式 $=\dfrac{\sqrt{xy}}{|y|}+\dfrac{\sqrt{xy}}{|x|}=$
   $-\sqrt{2}\left(\dfrac{x+y}{xy}\right)=2\sqrt{2}$.

3. -4, 提示：(1) 消去 y 整理得 $x^2+2x+b-4=0$, 由 $\Delta=4-4(b-4)>0$, 解得 $b<5$；(2) 由题意得 $y_1+y_2=2(x_1+x_2)+2b, x_1+x_2=-2, \therefore$ 原式 $=-4$.

4. $\dfrac{9}{5}$. 提示：显然 $b\neq 0$, 由 $9b^2+2014b+5=0$ 得 $5\left(\dfrac{1}{b}\right)^2+2014\times\dfrac{1}{b}+9=0$, 又 $ab\neq 1, \therefore a, \dfrac{1}{b}$ 是方程 $5x^2+2014x+9=0$ 的两个根, $\therefore$ 由根与系数关系得 $a\times\dfrac{1}{b}=\dfrac{9}{5}$, 即 $\dfrac{a}{b}=\dfrac{9}{5}$.

5. $\dfrac{39}{2}$. 提示：$x_1^2=-3x_1+2, \dfrac{x_1^2}{x_2}+\dfrac{11}{x_1}=\dfrac{2x_1-3x_1^2+11x_2}{x_1x_2}=\dfrac{-6+11(x_1+x_2)}{x_1x_2}=\dfrac{39}{2}$.

6. 由题意可得原方程有实数解,所以 $\Delta=4(k+1)^2-4k^2\geqslant0, k\geqslant-\frac{1}{2}$;又 $m=-2(k+1)>-4, k<1$.
∴$-\frac{1}{2}\leqslant k<1$.

7. ∵$a^2+b^2+c^2+2ab=1, 2ab(a^2+b^2+c^2)=\frac{1}{4}$,从而以 $a^2+b^2+c^2, 2ab$ 两数为根的方程是

$x^2-x+\frac{1}{4}=0, \therefore x_1=x_2=\frac{1}{2}. \therefore \begin{cases}a^2+b^2+c^2=\frac{1}{2}\\2ab=\frac{1}{2}\end{cases}, \therefore(a-b)^2+c^2=0, \therefore a=b=\pm\frac{1}{2}, c=0.$ 从而由

$\alpha+\beta=1, \alpha\beta=-1, \therefore\frac{\alpha^3+\beta^3}{\alpha+\beta}=\frac{(\alpha+\beta)(\alpha^2-\alpha\beta+\beta^2)}{\alpha+\beta}=(\alpha+\beta)^2-3\alpha\beta=4.$

第八讲 方程的整数解

1. B. 提示:

x	-1	0	1	2
y	1	-3	9	5

$y=\frac{6x+3}{2x-1}=3+\frac{6}{2x-1}.$

2. $\begin{cases}x=-3\\y=0\end{cases}; \begin{cases}x=-2\\y=-1\end{cases}; \begin{cases}x=0\\y=3\end{cases}; \begin{cases}x=1\\y=2\end{cases}.$ 提示: $y=1+\frac{2}{x+1}.$

3. $(-4,-2),(-2,-3),(-1,-5),(1,3),(2,1),(4,0).$ 提示: $y=-1+\frac{4}{x}.$

4. 10. 提示: $y=3+\frac{92}{x-5}=3+\frac{2^2\times23}{x-5}.$

5. 当 $k=4$ 时,得 $x=1$;当 $k=8$ 时,得 $x=-2$;当 $k\neq4, k\neq8$ 时,得式 $x_1=\frac{8}{4-k}, x_2=\frac{4}{8-k}$;当 $4-k=\pm1,\pm2,\pm8,4$,即 $k=3,5,2,6,0,-4,12$ 时,x_1 是整数;当 $8-k=\pm1,\pm2,-4$ 即 $k=7,9,6,10,12$ 时,x_2 是整数;综上所述 $k=4,6,8,12$ 时,原方程的解是整数.

6. 若 $r=0, \therefore 2x-2=0, x=1.$ 若 $r\neq0$,设两根为 x_1, x_2,从而 $\begin{cases}x_1+x_2=-\frac{r+2}{r}=-1-\frac{2}{r}\\x_1x_2=\frac{3r-2}{r}=3-\frac{2}{r}\end{cases}, \therefore x_1x_2-$

$(x_1+x_2)=4, (x_1-1)(x_2-1)=5, \because x_1, x_2$ 是整数,不妨设 $x_1\geqslant x_2$,则 $\begin{cases}x_1-1=5\\x_2-1=1\end{cases}, \begin{cases}x_1-1=-1\\x_2-1=-5\end{cases},$

解得,$\begin{cases}x_1=6\\x_2=2\end{cases}$ 或 $\begin{cases}x_1=0\\x_2=-4\end{cases}, \therefore 3-\frac{2}{r}=12$ 或 $3-\frac{2}{r}=0, \therefore r_1=-\frac{2}{9}, r_2=\frac{2}{3}.$ 所以 r 的值为 $0, -\frac{2}{9},$

$\frac{2}{3}.$

7. $k=1$,不合题意,所以 $k\neq1.$ 设方程的两整数根为 x_1, x_2,则由根与系数关系知 $x_1+x_2=\frac{p}{k-1}, x_1x_2$

$=\frac{k}{k-1}=1+\frac{1}{k-1}$ 为整数,$\therefore k=2$ 或 $k=0$(舍去). 当 $k=2$ 时,$x_1x_2=2, \therefore p=3.$

第九讲　一次函数

1. B. 提示：若点 P 第二象限，则有 $\begin{cases} a+1<0 \\ a-1>0 \end{cases}$，不等式无解.

2. B. 提示：第一、二、三…个正方形的四条边上的整数点个数分别是 4、8、12….

3. C. 提示：消去 y，整理得 $x=-1-\dfrac{4}{k-1}$，$\therefore x=-3,-1,0,2,3,5$ 时，x,y 的值是整数.

4. $y=-2x+1$. 提示：$l_1 \perp l_2 \Leftrightarrow k_1 \cdot k_2 = -1$.

5. $|k|<|b|$. 提示：设一次函数的图像与 x 轴交于 $(x_0,0)$，则 $k>0, b<0, x_0=-\dfrac{b}{k}>1, \therefore -b>k$.

6. $\sqrt{26}$. 提示：点 A 关于 x 轴的对称点 $A_1(3,-2)$，点 x,y 关于直线 $y=x$ 的对称点 $A_2(2,3)$，连结 A_1A_2，则 $A_1M=AM, A_2N=AN$，所以 $\triangle AMN$ 周长为 $AM+AN+MN=A_2M+MN+A_1N$，在平面图形中，两点间的直线段最短，所以 $\triangle AMN$ 的周长的最小值是线段 $A_1A_2=\sqrt{26}$.

7. 12. 提示：一次函数的解析式为 $y=kx+3-2k$，则 $A(\dfrac{2k-3}{k},0), B(0,3-2k), \therefore S_\triangle = \dfrac{1}{2} \cdot \dfrac{2k-3}{k} \cdot (3-2k)$，整理得 $4k^2-(12-2S)k+9=0, k$ 为实数，$\therefore \Delta=(12-2S)^2-36=-S(12-S)\geqslant 0$，解得 $S\leqslant 0$ 或 $S\geqslant 12$.

8. $P_1(-2,\dfrac{3}{2}), P_2(4,\dfrac{9}{2}), P_3(1,3), P_4(-\dfrac{7}{5},\dfrac{9}{5})$.

第十讲　反比例函数

1. D. 提示：设双曲线的解析式为：$y=\dfrac{k}{x}$，则 $S_\triangle=\dfrac{1}{2}|xy|=\dfrac{1}{2}|k|$.

2. $(4\sqrt{2},0)$. 提示：设 $P_1(a,\dfrac{4}{a})$，则 $a=\dfrac{4}{a}, a=2(a>0)$，则可设 $P_2(4+b,b) \therefore (4+b)b=2, b^2+4b-2=0$，解得 $b=2\sqrt{2}-2, \therefore A_2(4\sqrt{2},0)$.

3. $k=2$. 提示：由题意得：$E、M、D$ 位于反比例函数图像上，则 $S_{\triangle OCE}=\dfrac{1}{2}|k|, S_{\triangle OAD}=\dfrac{1}{2}|k|$，过点 M 作 $MG\perp y$ 轴于点 G，作 $MN\perp x$ 轴于点 N，则 $S_{\square ONMG}=|k|$，又 $\because M$ 为矩形 $ABCO$ 对角线的交点，则 $S_{矩形ABCO}=4S_{\square ONMG}=4|k|$，由于函数图像在第一象限 $k>0$，则由 $\dfrac{1}{2}k+\dfrac{1}{2}k+6=4k$，解得 $k=2$.

4. $(\dfrac{\sqrt{5}-1}{2},\dfrac{\sqrt{5}+1}{2})$. 提示：易得 $P_1(1,1)$，可设 $P_2(a,a+1), \therefore a(a+1)=1$，解得 $a=\dfrac{\sqrt{5}-1}{2}, \therefore P_1(\dfrac{\sqrt{5}-1}{2},\dfrac{\sqrt{5}+1}{2})$.

5. 2. 提示：延长 BC 交 x 轴于点 M，设点 $C(a,\dfrac{2}{a})$，则由题意得，$BC=B'C=CM=\dfrac{2}{a}, \therefore B(a,\dfrac{4}{a})$，$A(\dfrac{1}{2}a,\dfrac{4}{a})$，所以，四边形 $OABC$ 的面积 $=S_{四边形ABMO}-S_{\triangle OCM}=\dfrac{1}{2}(\dfrac{1}{2}a+a)\times\dfrac{4}{a}-\dfrac{1}{2}a\cdot\dfrac{2}{a}=2$.

6. $(\dfrac{3}{2}\sqrt{2},\sqrt{2})$. 提示：过点 D 作 $DF\perp Ox$ 轴于点 F，过点 E 作 $EH\perp DF$ 于点 H，则 $\triangle BDE、\triangle DEH、\triangle ADF$ 均是等腰直角三角形. 设点 $D(a,\dfrac{3}{a}), E(b,\dfrac{3}{b}), \therefore \begin{cases} \sqrt{2}-\dfrac{3}{a}=b-a \\ b-a=\dfrac{3}{a}-\dfrac{3}{b} \end{cases}$ 解得 $b=\dfrac{3}{2}\sqrt{2}, \dfrac{3}{b}=\sqrt{2}$.

7. (1)$k=4$,分别作 $AK/\!/x$ 轴,$BK/\!/y$ 轴,作 $BL\perp x$ 轴于 L,则 Rt$\triangle ABK\cong$Rt$\triangle CBL$,设 $B(b,\dfrac{4}{b})$,则 $b-2=\dfrac{4}{b}$,得 $b=\sqrt{5}+1$,$\therefore B(\sqrt{5}+1,\sqrt{5}-1)$. (2)直线 AB 的方程为 $y=\dfrac{1-\sqrt{5}}{2}x+(\sqrt{5}+1)$,$\therefore M(3+\sqrt{5},0),N(0,\sqrt{5}+1)$ $\therefore AN=BM=\sqrt{10-2\sqrt{5}}$,$\therefore AN=BM$

8. (1)$C(1,5)$ 在直线 $y=-kx+b(k>0)$ 上,$\therefore b=k+5$,又 $A(a,0)$ 在直线 $y=-kx+k+5(k>0)$ 上,$\therefore a=\dfrac{5}{k}+1$;(2)易得 $D(9,\dfrac{5}{9})$,代入 $y=-kx+k+5(k>0)$,解得 $k=\dfrac{5}{9}$. 直线的解析式:$y=-\dfrac{5}{9}x+\dfrac{50}{9}$,$\therefore A(10,0),B(0,\dfrac{50}{9})$. $\therefore S_{\triangle OCD}=S_{\triangle AOB}-S_{\triangle OBC}-S_{\triangle ODA}=\dfrac{1}{2}\times 10\times\dfrac{50}{9}-\dfrac{1}{2}\times\dfrac{50}{9}\times 1-\dfrac{1}{2}\times 10\times\dfrac{5}{9}=22\dfrac{2}{9}$.

9. (1)由题意得,E、F 两点坐标分别为 $E(\dfrac{k}{3},3),F(4,\dfrac{k}{4})$,$\therefore S_{\triangle ECF}=\dfrac{1}{2}EC\cdot CF=\dfrac{1}{2}(4-\dfrac{1}{3}k)(3-\dfrac{1}{4}k)$,$\therefore S_{\triangle EoF}=S_{矩形 AOBC}-S_{\triangle AOE}-S_{\triangle BOF}-S_{\triangle EFC}=12-\dfrac{1}{2}k-\dfrac{1}{2}k-S_{\triangle ECF}$,$\therefore S=S_{\triangle OEF}-S_{\triangle ECF}=12-k-2S_{\triangle ECF}=12-k-(4-\dfrac{1}{3}k)(3-\dfrac{1}{4}k)=-\dfrac{1}{12}k^2+k$,$\therefore$ 当 $k=6$ 时,S 有最大值.

(2)由(1)得 $k=6$,$\therefore E(2,3),F(4,\dfrac{3}{2})$,则直线 MN 的解析式为 $y=-\dfrac{3}{4}x+\dfrac{9}{2}$,$\therefore M(6,0)$,$N(0,\dfrac{9}{2})$. $\therefore EM=5,FN=5,\therefore EM\cdot FN=25$.

10. (1)$k=\dfrac{9}{2}$;

(2)证明:$M(x,\dfrac{9}{2x})(x>0)$,$|MC|-|MA|=\sqrt{(x+3)^2+(\dfrac{9}{2x}+3)^2}-\sqrt{(x-3)^2+(\dfrac{9}{2x}-3)^2}=\sqrt{(x+\dfrac{9}{2x})^2+6(x+\dfrac{9}{2x})+9}-\sqrt{(x+\dfrac{9}{2x})^2-6(x+\dfrac{9}{2x})+9}=x+\dfrac{9}{2x}+3-(x+\dfrac{9}{2x}-3)=6$(当 $x>0$ 时,$x+\dfrac{9}{2x}\geq 3\sqrt{2}$,当 $x_0<0$ 时,$x+\dfrac{9}{2x}\leq -3\sqrt{2}$).

第十一讲　全等三角形

1. B. 提示:斜边上的中线长为 3,则斜边为 6,设一条直角边为 x,则另一条直角边为 $8-x$,由勾股定理得:$x^2+(8-x)^2=36,x^2-8x+14=0\therefore S_{\triangle}=\dfrac{1}{2}x(8-x)=\dfrac{1}{2}\times 14=7$.

2. C. 提示:$\dfrac{1}{2}ab=\dfrac{1}{2}ch,h=\dfrac{ab}{c},\therefore\dfrac{c}{ab}=\dfrac{1}{h},\therefore\dfrac{1}{a^2}+\dfrac{1}{b^2}=\dfrac{b^2+a^2}{a^2b^2}=\dfrac{c^2}{a^2b^2}=\dfrac{1}{h^2}$.

3. 45°或 36°. 提示:有两种情况:图①中 $\angle C=\angle B=45°$;图②中 $\angle C=\angle B=\angle BAC=36°$,$\angle CDA=\angle CAD=72°$.

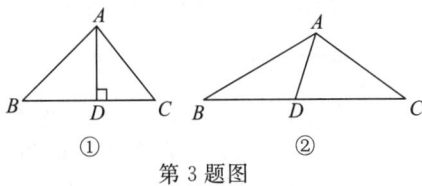

第 3 题图

4. 4. 提示:由 AD 边向左侧作等边三角形 ADE,连接 CE,可证 $\triangle EAC\cong\triangle DAB$,则 $EC=5,ED=3$,得 $CD=4$.

5. 2.5. 提示:延长 FM、CA 交于点 T,过 M 作 $MN/\!/BC$ 交 AC 于 N,可知 MN 为 $\triangle TFC$ 的是中位线,$ED=\dfrac{1}{2}MN=\dfrac{1}{4}FC=2.5$

6. ∵在△ABC中,∠ACB=90°,∠A=20°(已知),∴∠2=180°-90°-20°=70°(三角形内角和为180°),∵将△ABC绕点C按逆时针方向旋转角α至△A′B′C的位置,其中A′、B′分别是A、B的对应点,∴∠A=∠A′=20°,∠B′=∠2=70°,CB=CB′,∴∠1=∠B′=70°(等边对等角),∴∠3=180°-∠1-∠2=180°-70°-70°=40°,∴∠BDC=∠3+∠A′=40°+20°=60°(三角形的外角等于与它不相邻的两个内角的和).

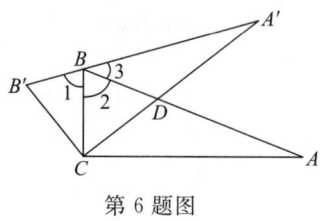

第6题图

7. (1)AG、BG变化,CG不变,CG=2;
   (2)$y=\frac{1}{3}\sqrt{3x^2+36}$,0<x<6;(3)AC=2或$\sqrt{6}$(分三种情况讨论).

8. (1)∵△ABC与△DCE是等边三角形,∴AC=BC,DC=EC,∠ACB=∠DCE=60°,∴∠ACD+∠DCB=∠ECB+∠DCB=60°,∴∠ACD=∠BCE,∴△ACD≌△BCE(SAS);
   (2)过点C作CH⊥BQ于H,∵△ABC是等边三角形,AO是角平分线,∴∠DAC=30°,∵△ACD≌△BCE,∴∠QBC=∠DAC=30°,∴$CH=\frac{1}{2}BC=\frac{1}{2}\times 8=4$,∵PC=CQ=5,CH=4,∴PH=QH=3,∴PQ=6.

第十二讲　四边形

1. $\frac{1}{2}$.提示:设边数为x,y,z的正多边形,则$\frac{(x-2)\times 180}{x}+\frac{(y-2)\times 180}{y}+\frac{(z-2)\times 180}{z}=360$,整理得$\frac{1}{x}+\frac{1}{y}+\frac{1}{z}=\frac{1}{2}$.

2. A.提示:设B′C′与CD交于点E,连结AE,可证△ADE≌△AB′E,则∠EAD=∠EAB′=∠B′AB=30°,∵AB=1,∴$BE=\frac{\sqrt{3}}{3}$,∴$S_{阴}=1-2\times\frac{1}{2}\times 1\times\frac{\sqrt{3}}{3}=1-\frac{\sqrt{3}}{3}$.

3. 2 提示:延长DF交BC于点G,则$S_{\triangle DGC}=4,S_{\triangle BDC}=8,S_{\triangle BGF}=2,\therefore S_{\triangle BDF}=2$.

4. 6 提示:连接AG_1并延长交BC于F点;连接DG_3并延长交BC于G点;连接EG_2并延长交AD于K点,则,四边形AFGD是平行四边形,由重心的性质知,四边形G_3G_1FG为平行四边形,∴$G_3G_1=6$,又可得△$G_1G_2G_3$的边G_1G_3的高等于梯形高的$\frac{1}{3}$,即边G_1G_3的高为2,∴△$G_1G_2G_3$的面积=6.

5. $2\sqrt{3}$.提示:连结BD,∵B、D关于AC对称,∴PD+PE的和最小值是BE,∵△ABE是等边三角形,∴$BE=AB=2\sqrt{3}$.

6. 6.点E和点N在AC同侧,找其中一个点关于直线的对称点,连接该点和另一个点,与直线的交点即为到两个点的距离之和最小的点的位置,作N点关于AC的对称点N′,连接N′E交AC于M,根据等边对等角,两直线平行内错角相等,可知$CN'=CN=2=\frac{1}{2}AD$,而E是AB中点,由梯形中位线可知$EN'=6$,则EM+MN的最小值等于6.

7. 15°或165°.提示:分两种情况:当△AEF在正方形ABCD内部时,∠BAE=45°-30°=15°;当△AEF在正方形ABCD外部时,∠BAE=135°+30°=165°.

8. (1)由$a^4+b^4+c^4+d^4=4abcd$.得$a^4+b^4-2a^2b^2+c^4+d^4-2c^2d^2+2(a^2b^2-2abcd+c^2d^2)=0$,即$(a^2-b^2)^2+(c^2-d^2)^2+2(ab-cd)^2=0$,∴$a^2-b^2=0,c^2-d^2=0,ab-cd=0$,∴$a=b=c=d$,则四边形ABCD是菱形;

(2)设四边形 ABCD 的两条对角线交于点 O,四边形 ABCD 面积为 S,$OA=x$,$OB=y$,则由(1)知: $x^2+y^2=4$,$S=4S_{\triangle OAB}=4\times\frac{1}{2}xy\leqslant x^2+y^2=4$. 当 $x=y$ 时,即四边形 ABCD 为正方形,此时面积的最大值为 4.

9. (1)∵ 四边形 ABCD 是菱形,∴∠BCA=∠ACD,AB∥CD. ∴∠1=∠ACD. ∵∠1=∠2,∴∠ACD=∠2. ∴MC=MD. ∵MF⊥CD,∴∠CFM=90°,$CF=\frac{1}{2}CD$. ∵E 为 BC 的中点,∴$CE=BE=\frac{1}{2}BC$. ∴CF=CE. ∵CM=CM,∴△CFM≌△CEM. ∴∠CEM=∠CFM=90°,即 DE⊥BC.

(2)延长 AB 交 DE 于点 N,∵AB∥CD,CE=BE,∴NE=DE,∠N=∠2. ∵∠1=∠2,∴∠1=∠N. ∴AM=MN. ∵NM=NE+ME,∴AM=DE+ME. ∵ME=MF,∴AM=DE+MF.

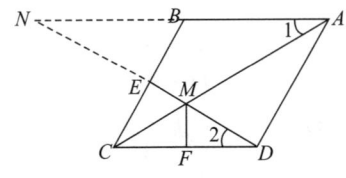
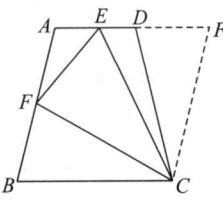
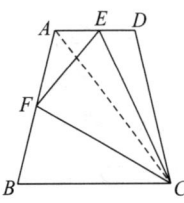

第9题图　　　　　　　　第10题图①　　　　　　　第10题图②

10. (1)如图①,旋转△BCF 使 BC 与 CD 重合,∵FC=F'C,EC=EC,∠ECF'=∠BCF+∠DCE=∠ECF,∴△FCE≌△F'CE,∴DF'=EF=DF'+ED,∴BF=EF−ED;

(2)如图②,连接 AC∵AB=BC,∠B=80°∴∠ACB=50°,由(1)得∠FEC=∠DEC=70°∴∠ECB=70° 而∠B=∠BCD=80°∴∠DCE=10°,∴∠BCF=30°.

第十三讲　二次函数

1. D. 提示:三个函数的判别式中至少一个非负:$1-4m\geqslant 0$ 或 $4(m^2-4)\geqslant 0$,或 $m(4-3m)\geqslant 0$;解得 $m\leqslant\frac{1}{4}$;$m\leqslant-2$ 或 $m\geqslant 2$;$0\leqslant m\leqslant\frac{4}{3}$. ∴$m\leqslant\frac{4}{3}$ 且 $m\neq 0$ 或 $m\geqslant 2$.

2. ②.

3. $\sqrt{d^2+8}$. 提示:当 $x=c$ 时 $y=-2$;当 $x=a$ 时 $y=0$;当 $x=b$ 时 $y=0$. ∴$a<c<b$. 又由抛物线 $y=x^2-(2c+d)x+c^2+cd-2$,则 $AB=\frac{\sqrt{\Delta}}{|a|}=\sqrt{d^2+8}$. 所以 $|a-c|+|c-b|=-(a-c)-(c-b)=b-a=\sqrt{d^2+8}$.

4. $y=x^2+2x+1$. 提示:当 $x=1$ 时有 $a+b+c=4$ 成立,当 $x=0$ 时有 $0\leqslant c\leqslant 2$,∵$ax^2+(b-4)x+c\geqslant 0$ 在实数范围内恒成立,∴$\Delta=(b-4)^2-4ac=(4-a-c-4)^2-4ac=(a-c)^2\leqslant 0$,∴$a=c$;又∵$(a-2)x^2+bx+c-2\leqslant 0$ 在实数范围内恒成立,∴$a-2<0$,$\Delta=b^2-4(a-2)(c-2)\leqslant 0$,∴$a=c$,从而只能取 $a=c=1$,$b=2$,故所求二次函数的解析式为 $y=x^2+2x+1$.

5. 25. 提示:二次函数图像的顶点坐标为 $(4,\frac{25}{4})$,与 x 轴的两个交点坐标分别为 $(\frac{3}{2},0)$,$(\frac{13}{2},0)$,则列表得,

x	2	3	4	5	6
y	$\frac{9}{4}$	$\frac{21}{4}$	$\frac{25}{4}$	$\frac{21}{4}$	$\frac{9}{4}$
个数	3	6	7	6	3

6. $y=\frac{1}{2}x^2-3x+\frac{11}{2}$. 提示：由题意得，此抛物线的顶点坐标为$(3,1)$，且经过$(1,3),(5,3)$，令二次函数的表达式为$y=a(x-3)^2+1$，把$x=1,y=3$代入，解得$a=\frac{1}{2}$. ∴所求的二次函数的表达式为 $y=\frac{1}{2}(x-3)^2+1$，即 $y=\frac{1}{2}x^2-3x+\frac{11}{2}$.

7. (1)设 $y_1=a(x-m)^2+6(a>0)$，则 $y_2=2x^2-3x+9-a(x-m)^2-6$，当 $x=m$ 时，$y_2=5$，所以 $2m^2-3m+9-6=5$，解得 $m_1=2,m_2=-\frac{1}{2}$（舍去）. ∴$m=2$.

(2)$m=2,y_2=(2-a)x^2+(4a-3)x+3$，∵$y_2$ 的最小值为 $\frac{5}{6}$，∴$\frac{4(2-a)\times3-(4a-3)^2}{4(2-a)}=\frac{5}{6}$. 解得 $a=\frac{1}{2}$. ∴$y_1=\frac{1}{2}(x-2)^2+6,y_2=\frac{3}{2}x^2-x+1$.

8. $x_1+x_2=-b,x_3+x_4=-b^2$，∴$b^2-b=x_1+x_2-x_3-x_4=6$，解得 $b_1=-2,b_2=3$.
当 $b_1=-2$ 时，方程为 $x^2+4x+20=0$，此时 $\Delta=4^2-4\times20=-64<0$，方程无解.
当 $b_2=3$ 时，方程为 $x^2+9x+20=0$，解得 $x_3=-5,x_4=-4$. 得 $x_1=-2,x_2=-1$.
所求二次函数的解析式为 $y=x^2+3x+2$，顶点坐标为 $\left(-\frac{3}{2},-\frac{1}{4}\right)$.

9. (1)$x_2-x_1=\sqrt{(x_2+x_1)^2-4x_1x_2}=\sqrt{(b-1)^2-4c}>1$，∴$b^2-2b+1-4c>1$，则 $b^2>2(b+2c)$；(2)$t^2+bt+c>x_1$.
证明：∵$x^2+(b-1)x+c=(x-x_1)(x-x_2)$，
∴$x^2+bx+c=(x-x_1)(x-x_2)+x$，∴$t^2+bt+c=(t-x_1)(t-x_2)+t$，则有
$s=t^2+bt+c-x_1=(t-x_1)(t-x_2)+t-x_1=(t-x_1)(t-x_2+1)$，
∵$t<x_1$，∴$t-x_1<0$；∵$x_2-x_1>1$，∴$t<x_1<x_2-1$，∴$t-x_2+1<0$，∴$s>0$.
即 $t^2+bt+c>x_1$.

10. (1)当 $x=1$ 时，$y=5-5(p+1)+(71p-1)x+1-66p=0$，∴$y$ 能被 $x-1$ 整除；
(2)可得 $y=(x-1)(5x^2-5px+66p-1)=0$，∴$x=1$ 是方程的一个根，可见 $5x^2-5px+66p-1=0$ 必有两个实数根，设这两根为 m,n（且 $m\leq n$），则 $m+n=-\frac{-5p}{5}=p,mn=\frac{66p-1}{5}$，消去 p，得 $5mn=66(m+n)-1,n=\frac{66m-1}{5m-66}$，∴$5m-66>0,m>\frac{66}{5},m\geq14$. ∵$m\leq n$ ∴$n=\frac{66m-1}{5m-66}\geq m$ 即 $5m^2-132m+1\leq0$，则 $m\leq\frac{66+\sqrt{66^2-5}}{5}<\frac{132}{5}$，∴$14\leq m\leq26$，∵$m,n$ 为自然数，∴当 $m=17$，$n=59$ 时，满足题意，则 $p=m+n=76$.

第十四讲 抛物线与全等型几何

1. B. 提示：根据抛物线的解析式可得 $C(0,-3)$，然后表示出抛物线与 x 轴的两个交点的横坐标，再根据 $\triangle ABC$ 是等腰三角形分三种情况讨论（讨论哪两腰长相等），求得 k 的值，即可求出答案：根据题意，得 $C(0,-3)$. 令 $y=0$，则 $k(x+1)\left(x-\frac{3}{k}\right)=0$，解得 $x=-1$ 或 $x=\frac{3}{k}$. 设 A 点的坐标为 $(-1,0)$，则 $B\left(\frac{3}{k},0\right)$；①当 $AC=BC$ 时，$OA=OB=1$，B 点的坐标为 $(1,0)$，∴$\frac{3}{k}=1,k=3$；②当 $AC=AB$ 时，点 B 在点 A 的右面时，∵$AC=\sqrt{1^2+3^2}=\sqrt{10}$，∴$AB=AC=\sqrt{10}$，$B$ 点的坐标为 $(\sqrt{10}-1,0)$，∴$\frac{3}{k}=\sqrt{10}-1,k=\frac{\sqrt{10}+1}{3}$；③当 $AC=AB$ 时，点 B 在点 A 的左面时，B 点的坐标为 $(\sqrt{10},0)$，

∴ $\frac{3}{k} = \sqrt{10}$, $k = \frac{3\sqrt{10}}{10}$. ∴ 能使△ABC为等腰三角形的抛物线的条数是 3 条. 故选 B.

2. (1)原一次函数变形为: $y=(x+2)a+2$, ∴ $C(-2,2)$, $|AB| = \frac{\sqrt{\Delta}}{|a|} = \sqrt{4} = 2$.

   (2) $AB=BC, b=-4$; $BC=CA, b=-3$; $CA=AB, b=-2$.

3. (1) $a=1, y=x^2$;

   (2)证明:设 $P(m,n)$,有 $n=m^2$,∴ $PF = \sqrt{m^2+(n-\frac{1}{4})^2} = \sqrt{n^2-\frac{1}{2}n+\frac{1}{16}+n} = \sqrt{n^2+\frac{1}{2}n+\frac{1}{16}}$
   $= n+\frac{1}{4} = PN$.

   (3) $PE+PF=PE+PN \geqslant EN=5$, ∴ $PE+PF$ 有最小值 5, 此时 $P(2,4)$.

4. (1) ∵ 抛物线 $y=\frac{2}{3}x^2+bx+c$ 经过点 $B(0,4)$, ∴ $c=4$. ∵ 顶点在直线 $x=\frac{5}{2}$ 上, ∴ $-\frac{b}{2\times\frac{2}{3}} = \frac{5}{2}$,

   解得 $b=-\frac{10}{3}$. ∴ 所求函数关系式为 $y=\frac{2}{3}x^2-\frac{10}{3}x+4$;

   (2)在 Rt△ABO 中, $OA=3, OB=4$, ∴ $AB=\sqrt{OA^2+OB^2}=5$. ∵ 四边形 ABCD 是菱形, ∴ $BC=CD$
   $=DA=AB=5$. ∴ C、D 两点的坐标分别是 $(5,4)$、$(2,0)$, 当 $x=5$ 时, $y=\frac{2}{3}\times 5^2-\frac{10}{3}\times 5+4=$
   4; 当 $x=2$ 时, $y=\frac{2}{3}\times 2^2-\frac{10}{3}\times 2+4=0$. ∴ 点 C 和点 D 都在所求抛物线上.

   (3)设 CD 与对称轴交于点 P, 则 P 为所求的点, 设直线 CD 对应的函数关系式为 $y=kx+b$, 则
   $\begin{cases} 5k+b=4 \\ 2k+b=0 \end{cases}$, 解得 $\begin{cases} k=\frac{4}{3} \\ b=-\frac{8}{3} \end{cases}$. ∴ 直线 CD 对应的函数关系式为 $y=\frac{4}{3}x-\frac{8}{3}$. 当 $x=\frac{5}{2}$ 时, $y=\frac{4}{3}$
   $\times \frac{5}{2} - \frac{8}{3} = \frac{2}{3}$, ∴ $P(\frac{5}{2},\frac{2}{3})$.

5. (1)由 $y=\left|\frac{1}{3}(2x^2-x-6)\right|$ 和 $y=\frac{4}{3}$ 联立方程组, 消去 y 得, $\left|\frac{1}{3}(2x^2-x-6)\right|=\frac{4}{3}$, 解得 $x_1=$
   $-2, x_2=\frac{5}{2}, x_{3,4}=\frac{1\pm\sqrt{17}}{4}$, 所以所求的坐标为 $(-2,\frac{4}{3})$, $(\frac{5}{2},\frac{4}{3})$, $(\frac{1\pm\sqrt{17}}{4},\frac{4}{3})$;

   (2)过点 D 作 $DM \perp x$ 轴于点 M, 过点 C 作 $CN \perp x$ 轴于点 N. 设 D 的坐标为 (a,b), 易证 △DMA≌
   △ANC, 可以得到 $DM=AN, AM=CN$. 又 $DM=b, AM=2-a$, 则 $AN=DM=b, CN=AM=$
   $2-a$, 所以 C 的坐标 $(b+2, 2-a)$, 又点 D 在 AB 之间的曲线上, 则 $-\frac{1}{3}(2a^2-a-6)=b$, 点 C 在
   点 A 右侧的曲线上, 则 $\frac{1}{3}[2(b+2)^2-(b+2)-6]=2-a$, 联立这个方程解得: $a=-3$ 或 2 或
   -1. 但由于点 D 在 AB 之间的曲线上, 则 $a=-1$. 将 $a=-1$ 代入到方程中, 解得 $b=1$. 则 $AM=3$,
   $DM=1$, 在 Rt△AMD 中, 得 $AD=\sqrt{10}$, 所以 Rt△ADC 的面积=5.

6. (1) ∵ 点 $A(-2,2)$ 在双曲线 $y=\frac{k}{x}$ 上, ∴ $k=-4$. ∴ 双曲线的解析式为 $y=-\frac{4}{x}$. ∵ BC 与 x 轴之间
   的距离是点 B 到 y 轴距离的 4 倍, 从而可设 B 点坐标为 $(m,-4m)(m>0)$ 代入双曲线解析式得
   $m=1$. ∴ 抛物线 $y=ax^2+bx+c(a<0)$ 过点 $A(-2,2)$、$B(1,-4)$、$O(0,0)$ 即 $\begin{cases} 4a-2b+c=2 \\ a+b+c=-2 \\ c=0 \end{cases}$, 解

得 $\begin{cases} a=-1 \\ b=-3 \\ c=0 \end{cases}$ ∴抛物线的解析式为 $y=-x^2-3x$;

(2)∵抛物线的解析式为 $y=-\left(x+\dfrac{3}{2}\right)^2+\dfrac{9}{4}$,∴顶点 $E\left(-\dfrac{3}{2},\dfrac{9}{4}\right)$,对称轴为 $x=-\dfrac{3}{2}$. ∵$B(1,-4)$,∴$-x^2-3x=-4$,解得:$x_1=1$,$x_2=-4$,∴$C(-4,-4)$. ∴$S_{\triangle ABC}=\dfrac{1}{2}\times 5\times 6=15$,由 A、B 两点坐标为$(-2,2)$,$(1,-4)$ 可求得直线 AB 的解析式为:$y=-2x-2$. 设抛物线的对称轴与 AB 交于点 F,则 F 点的坐标为$\left(-\dfrac{3}{2},1\right)$,∴$EF=\dfrac{9}{4}-1=\dfrac{5}{4}$. ∴$S_{\triangle ABE}=S_{\triangle AEF}+S_{\triangle BEF}=\dfrac{1}{2}\times\dfrac{5}{4}\times 3=\dfrac{15}{8}$.

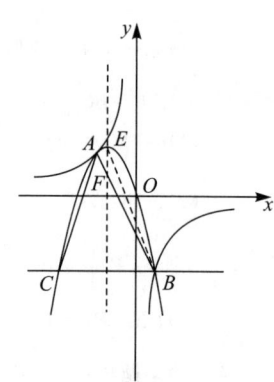

第十五讲 函数 $f(x)$ 型

1. C.

2. C. 提示:$f(1)=\sqrt{2}-1$,$f(2)=\sqrt{3}-\sqrt{2}$,…$f(n)=\sqrt{n+1}-\sqrt{n}$,∴$S(x)=\sqrt{n+1}-1<9$,$n<99$.

3. A. 提示:∵$s(x)=4x^2-4tx+3t^2+t-1=4\left(x-\dfrac{t}{2}\right)^2+2t^2+t-1$,∵$4<0$,∴$s(x)$ 的最小值 $g(t)=2t^2+t-1$. ∵$f(x)-g(x)=3t^2-t+1-(2t^2+t-1)=t^2-2t+2=(t-1)^2+1$. ∵$(t-1)^2\geq 0$,∴$(t-1)^2+1>0$,∴$f(t)>g(t)$.

4. 2009. 提示:二次函数的图像的对称轴是直线 $x=1$.

5. 当 $x=y=0$,$f(0)=2f(0)+1$,解得 $f(0)=-1$. 所以,当 $y=0$,$f(x)=2f(0)+(x+1)^2=2\times(-1)+x^2+2x+1=x^2+2x-1$.

6. $f(x)+f\left(\dfrac{1}{x}\right)=\dfrac{x^2}{x^2+1}+\dfrac{\left(\dfrac{1}{x}\right)^2}{\left(\dfrac{1}{x}\right)^2+1}=1$,∴$M+N=f(1)+\left[f(2)+f\left(\dfrac{1}{2}\right)\right]+\cdots+\left[f(2014)+f\left(\dfrac{1}{2014}\right)\right]=\dfrac{1}{2}+1\times 2013=2013\dfrac{1}{2}$.

7. (1)$2013=3\times 11\times 61$,∴$f(2013)=\dfrac{33}{61}$;

   (2)①其中$[f(1)]=[f(4)]=1$,其余均为 0,故原式$=2$;②因 1,2,3…2013 中共有 44 个完全平方数,∴原式$=44$.

第十六讲 函数与方程的根

1. $0<b\leq 1$. 提示:作图解之.

2. 0. 提示:作出 $y=2x-x^2$,$y=\dfrac{2}{x}$ 的图像,由图像知 $x>0$ 范围内,没有交点.

3. $-6\dfrac{1}{4}$ 或 -6. 提示:$x\geq 1$ 时,$y=x^2-7x=\left(x-\dfrac{7}{2}\right)^2-\dfrac{49}{4}$,$x<1$ 时,y

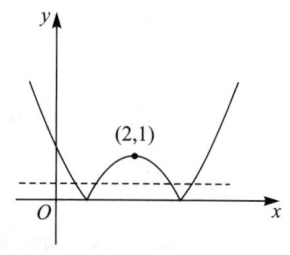

第 1 题图

$= x^2-x-6=(x-\dfrac{1}{2})^2-\dfrac{25}{4}$.

4. $t=4, x_1=-1, x_2=-1+\sqrt{2}$,或 $t=2, x_1=-2, x_2=0$.提示:因$|x|(x+2)$ $=2-\dfrac{4}{t}$作图如下:由图得,$2-\dfrac{4}{t}=1$ 或 0 时,符合题意.$t=4, x_1=$ $-1, x_2=-1+\sqrt{2}$,或 $t=2, x_1=-2, x_2=0$.

5. $-1 \leqslant a < -\dfrac{1}{2}$ 或 $a=3-2\sqrt{3}$.提示:当顶点在线段 AB 上时,$\Delta=$ $(a-3)^2-4 \times 3=0$,解得 $a=3 \pm 2\sqrt{3}$,因为对称轴直线 $x=-\dfrac{a-3}{2}$ 经 过线段 AB,即 $1 \leqslant x \leqslant 2$,$\therefore a=3-2\sqrt{3}$.当顶点在 x 轴下方时,$f(1)=$ $a+1 \geqslant 0, f(2)=2a+1 < 0$.或 $f(1)=a+1 < 0, f(2)=2a+1 \geqslant 0$,解得 $-1 \leqslant a < -\dfrac{1}{2}$.

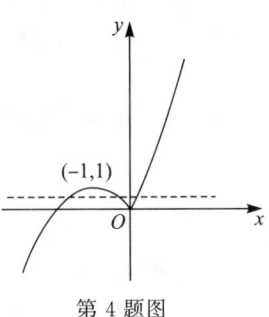

第4题图

6. $-\dfrac{\sqrt{15}}{3} \leqslant a \leqslant \dfrac{\sqrt{15}}{3}$.提示:$x^2-4x-2=-3a^2$,令 $y_1=x^2-4x-2, y_2=-3a^2$,则 y_1 在 $-1 \leqslant x \leqslant 1$ 上 随 x 的增大而减小,且 $f(-1)=-5, f(1)=3$,$\therefore$ 由图像可知 $-5 \leqslant -3a^2 \leqslant 3$,解得 $-\dfrac{\sqrt{15}}{3} \leqslant a \leqslant \dfrac{\sqrt{15}}{3}$.

7. 令 $f(x)=7x^2-(m+13)x+m^2-m-2$ 由题意得, $\begin{cases} f(0)=m^2-m-2>0 \\ f(1)=m^2-2m-8<0 \\ f(2)=m^2-3m>0 \end{cases}$,得 $\begin{cases} m<-1 \text{ 或 } m>2 \\ -2<m<4 \\ m<0 \text{ 或 } m>3 \end{cases}$, 所以,$m$ 的取值范围是 $-2<m<-1$ 或 $3<m<4$.

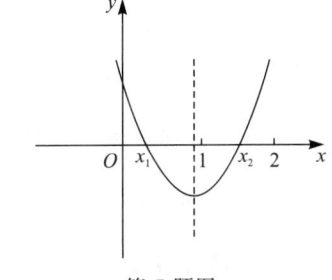

第7题图

8. (1)证明:

$\Delta=[2(1-a)]^2-4 \times 3[-a(a+2)]=(4a+2)^2 \geqslant 0$

$\therefore$ 函数的图像与 x 轴一定有交点;

(2)解方程 $3x^2+2(1-a)x-a(a+2)=0$ 得,$x_1=a, x_2=-\dfrac{a+2}{3}$,

$\therefore \begin{cases} -1<a<1 \\ -1<-\dfrac{a+2}{3}<1 \end{cases}$ 解得 $-1<a<1$.

9. (1)设 $x^3-3x+q=(x-a)^2(x-b)=x^3-(2a+b)x^2+(a^2+2ab)x-a^2b$,$\therefore 2a+b=0, a^2+2ab=$ $-3, -a^2b=q$,解得 $a=\pm 1, q=2a^3=\pm 2$.

(2)令 $y_1=\dfrac{q}{x}, y_2=-x^2+3$ 则这两个函数的图像在第三或第四象限内必有一个交点,由(1)知当 $q=\pm 2$ 时,双曲线的一个分支与抛物线相切,此时有两个交点.所以,当 $|q|>2$ 时,两个函数图 像仅有一个交点,故方程仅有一个实数根.

第十七讲 代数最值问题

1. $2\sqrt{2}-2$.提示:两边平方,整理得,$y^2=4+2\sqrt{-(x-3)^2+4}$,所以,当 $x=3$ 时,y^2 有最大值 8,则 $y_{\max}=2\sqrt{2}$,满足 $1 \leqslant x \leqslant 5$ 的条件;且当 $x=1$ 或 $x=5$ 时,$y_{\min}=2$.y 的最大值与最小值的差为 $2\sqrt{2}-2$.

数学专题讲座

2. 2013. 提示：$p=a^2+2b^2+2a+4b+2016=(a+1)^2+2(b+1)^2+2013$，所以，当 $a=-1,b=-1$ 时，$p_{\min}=2013$.

3. $\sqrt{11}$. 提示：参照例2.

4. 设 $x-1=\dfrac{y+1}{2}=\dfrac{x-2}{3}=k$，则 $\begin{cases}x=k+1\\y=2k-1\\z=3k+2\end{cases}$，令 $w=x^2+y^2+z^2=14k^2+10+6$

    所以，当 $k=-\dfrac{5}{14}$ 时，$w_{\min}=\dfrac{49}{14}$.

5. 原式配方得：$(bx+ay+4)^2+(ax-by)^2-k^2+k+12\geqslant 0$ 恒成立，故 $-k^2+k+12\geqslant 0$，即 $k^2-k-12\leqslant 0$，解得 $-3\leqslant k\leqslant 4$.

6. 1 提示：根据绝对值的几何意义：$|a-2|+|3-a|$ 在当 $2\leqslant a\leqslant 3$ 时，有最小值为1.

7. 18. 提示：按顺序排列零点：1,2,9,9,10,11，显然 x 取 9 时，原式的最小值为 18，故 m 的最大值为 18.

8. 函数 $y=x^2+2ax+a^2-1=(x+a)^2-1$，若对称轴直线 $x=-a$ 满足 $0\leqslant x\leqslant 3$ 的条件，即 $-3\leqslant a\leqslant 0$ 时，$y_{\max}=-1<3$，不合题意，舍去. 因抛物线 $y=x^2+2ax+a^2-1$ 开口向上，所以当对称轴直线 $x=-a$ 在直线 $x=0$ 的左侧时，$-a<0$ 即 $a>0$ 时，有 $\begin{cases}f(0)=a^2-1=3\\f(3)=a^2+6a+8=24\end{cases}$，解得 $a=2$；当对称轴直线 $x=-a$ 在直线 $x=3$ 的右侧时，$-a>3$ 即 $a<-3$ 时，有 $\begin{cases}f(0)=a^2-1=24\\f(3)=a^2+6a+8=3\end{cases}$，解得 $a=-5$. 综上所述：实数 a 的值为 $a=2$ 或 $a=-5$.

9. (1) $y=3x-2,z=-2x+3$；

    (2) $\because x,y,z$ 均为非负实数，$\therefore \dfrac{2}{3}\leqslant x\leqslant \dfrac{3}{2}$ 从而 $w=4x^2+yz=-2x^2+13x-6$，$\therefore$ 抛物线开口向下，在 $x\leqslant \dfrac{13}{4}$ 范围内 y 随 x 的增大而增大，则当 $x=\dfrac{3}{2}$ 时，w 取得最大值为 9.

10. 由题意得 $\Delta=-24m+16\geqslant 0$ 即 $m\leqslant \dfrac{2}{3}$，又由根与系数的关系，得

    $x_1^2+x_2^2=2\left(m-\dfrac{3}{4}\right)^2+\dfrac{7}{8}$，$\because \dfrac{2}{3}<\dfrac{3}{4}$，于是当 $m=\dfrac{2}{3}$ 时，$x_1^2+x_2^2$ 有最小值 $\dfrac{8}{9}$.

11. (1) 当 $a=1$ 时，有 $f(x)=x^2+x-2$，对称轴为 $x=-\dfrac{1}{2}$，由图像得 $x=1$ 时 $f(x)$ 的最大值为 0，取 $x=-\dfrac{1}{2}$ 时 $f(x)$ 的最小值为 $-\dfrac{9}{4}$，$\therefore -\dfrac{9}{4}\leqslant f(x)\leqslant 0$；(2) 由图像得 $f(-1)=1-a+a-\dfrac{3}{a}=1-\dfrac{3}{a}\leqslant 0$，$f(1)=1+2a-\dfrac{3}{a}\leqslant 0$，解得 $0<a\leqslant 1$；(3) 当 $a\geqslant 2$ 时对称轴 $x=-\dfrac{a}{2}\leqslant -1$ 只需 $f(-1)\leqslant 0$，解得 $2\leqslant a\leqslant 3$.

12. 解：(1) 由 $y_1=a(x+2)^2-1$，可知抛物线 C_1 的顶点为 $M(-2,-1)$，由图知点 $M(-2,-1)$ 关于点 $R(1,0)$ 中心对称的点为 $N(4,1)$，以 $N(4,1)$ 为顶点，与抛物线 C_1 关于点 $R(1,0)$ 中心对称的图像 C_2 也是抛物线，且 C_1 与 C_2 的开口方向相反，故抛物线 C_2 的函数解析式为 $y_2=-a(x-4)^2+1$，即 $y_2=-ax^2+8ax-16a+1$；(2) 若 $a>0$，$y_{2\max}=f(4)=1<\sqrt{5}$（不合题意，舍去），$\therefore a<0$，$-a>0$，则抛物线 y_2 开口向上，$\therefore$ 当 $x=2$ 时，y_2 有最大值 $f(2)=-4a+1=\sqrt{5}$，解得 $a=\dfrac{1-\sqrt{5}}{4}$.

13. (1) 由题意得，$S_{\triangle ABC}=\dfrac{\sqrt{3}}{4}$，$BP=1-z$，$AN=1-y$，$CM=1-x$，$\because x+y+z=1$，$\therefore S_{\triangle MNP}=\dfrac{\sqrt{3}}{4}(xy+$

$yz+zx)$;

(2)∵$x+y+z=1$,$S_{\triangle MNP}=\frac{\sqrt{3}}{4}(xy+yz+zx)$,∴$\begin{cases}x+y=1-z\\xy=z^2-z+\frac{4\sqrt{3}}{3}s\end{cases}$,∴$x,y$是方程$m^2-(1-z)m$

$+z^2-z+\frac{4\sqrt{3}}{3}s=0$ 的解,∴$\Delta=(1-z)^2-4(z^2-z+\frac{4\sqrt{3}}{3}s)=-3z^2+2z+1-\frac{16\sqrt{3}}{3}s\geqslant0$.

∴$s\leqslant-\frac{16\sqrt{3}}{3}(z-\frac{1}{3})^2+\frac{\sqrt{3}}{12}\leqslant\frac{\sqrt{3}}{12}$.所以△MNP 面积的最大值$\frac{\sqrt{3}}{12}$,此时$x=y=z=\frac{1}{3}$.

第十八讲　圆的基本性质

1. D.

2. $\frac{a^2+b^2}{4}\pi$.提示:作直径 BD,连接 AD、CD,∴∠DCB=Rt∠,∵∠A-∠B=90°,∴∠DAC=∠C,则

   $CD=AC=b$,由勾股定理得,$BD^2=a^2+b^2$.$S_{圆O}=\pi R^2=\frac{a^2+b^2}{4}\pi$.

3. 10π.提示:连接 OC,AD,BE,设 AD 与 BE 交于点 P,∵弧 AB
   =弧 BC,弧 CD=弧 DE,∴弧 BC+弧 CD=弧 AB+弧 DE=
   90°,∴∠BAC=∠BED=45°,又∵AE 是直径,∠ABE=
   ∠ADE=90°,∴$BP=AB=4\sqrt{2}$,$PD=DE=4$,∴$PE=4\sqrt{2}$,
   $BE=8\sqrt{2}$,在 Rt△ABE 中,$AE=\sqrt{(4\sqrt{2})^2+(8\sqrt{2})^2}=4$
   $\sqrt{10}$,又 $S_{阴}=\frac{1}{4}S_{圆}=\frac{1}{4}\times(2\sqrt{10})^2\pi=10\pi$.

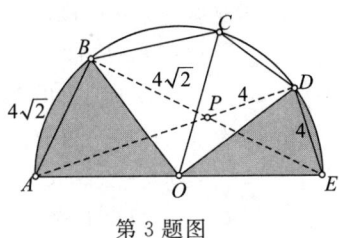

第3题图

4. (1)过 C 作 $CH\perp MN$ 于 H,则 H 为 MN 的中点,∵$OB=1+\sqrt{2}$,$OC=\sqrt{2}$,∴$CB=1$,又∵∠ABC=
   45°,∴$CH=\frac{\sqrt{2}}{2}$,连接 OM,ON,∴$MH=\sqrt{MC^2-CH^2}=\frac{\sqrt{6}}{2}$,$MN=2MH=\sqrt{6}$

   (2)在 Rt△MCH 中,∵$CH=\frac{\sqrt{2}}{2}$,$MC=\sqrt{2}$,∴∠MCH=60°,$\angle MON=\frac{1}{2}\angle MCN=\angle MCH$=60°.

5. (1)设∠$DFC=x$,∠$BFC=\angle BAD=2x$,∵$AB=AD$,∠$DCF=\angle ABD=90°-x$,∴∠$CDF=180°$
   $-(x+90°-x)=90°$.

   (2)∵∠$BFC=2x$,∠$BCF=90°-x$,∴∠$FBC=90°-x$,∴$FB=FC$,过 F 作 $FM\perp BC$,垂
   足为 M,则有△$FBM\cong\triangle FCM\cong\triangle FCD$,$BC=2CD$.$BC:CD=2$.由上可知,∠$FCB$=
   ∠FCD,由角平分线性质知,$\frac{BE}{DE}=\frac{BC}{CD}=2$.

6. (1)可证∠$ECA=\angle EAC=\angle ACB$,$AB=AD=6$;

   (2)连接 OE,OA,过点 A 作 $EF\perp BC$ 交于 F.∵$EA=EC$,$OA=OC$,∴OE 垂直平分 AC,∵∠ECA
   =∠OCA,∴$OC=EC=7=OB=OA$.又 $OE//AB$,∴四边形 $ABOF$ 是平行四边形,∴$OE=6$,设
   $OF=x$,则 $CF=7-x$,∴$EF^2=6^2-x^2=7^2-(7-x)^2$,∴$x=\frac{18}{7}$,$BE^2=BF^2+EF^2=(7+\frac{18}{7})^2$

   $+[6^2-(\frac{18}{7})^2]=121$,∴故 $BE=11$.

199

第十九讲　辅助圆

1. $150°$. 提示：首先通过观察我们可以发现 $\angle BCD$ 应该是最大的内角.

   以 A 为圆心，AB 长为半径画圆，再延长 BA 交圆于点 E，连结 DE，$\because AB=AD=BD$ $\therefore$ 三角形 ABD 为等边三角形 $\therefore \angle BAD=60°$，$\therefore \angle BED=\dfrac{1}{2}\angle BAD=30°$. $\because$ 点 B、C、D、E 四点共圆 $\therefore \angle BCD+\angle E=180°$，$\therefore \angle BCD=180°-\angle E=150°$.

2. 证明：延长 HD 到 P，使得 $DH=DP$，连接 AP、CP，可知四边形 $APCH$ 是平行四边形，易得 E、A、P、H 四点共圆，有 $\angle HEP=\angle HAP$，同理 $\angle EFP=\angle HBP$，$\therefore \angle HEP=\angle EFP$，$PE=PF$，由三线合一得 $HE=HF$.

3. 证明：延长 BA，CD 交于点 E，连接 PE，$\because \angle DPC=\angle PBC+\angle PCB=\angle PDA+\angle PAD=\angle ABD+\angle ACD$，$\therefore \angle DPC=60°$，$\therefore P$、$A$、$E$、$D$ 四点共圆，$\therefore \angle ABD=\angle ADB=\angle PEB$，$\therefore PE=PB$. 同理可证：$PE=PC$，$\therefore PB=PC$.

4. (1) 证明：连接 OC、OA、OF，$\because O$ 是 $\triangle ABC$ 的外心，$\therefore \angle AOC=2\angle B$，$\because C$、$E$、$O$、$F$ 四点共圆，$\therefore \angle FOC=\angle FEC=\angle BAC$，$\therefore \angle AOC+\angle FOC=2\angle B+\angle BAC=180°$，$\therefore A$、$O$、$F$ 三点共线；

   (2) $\because C$、E、O、F 四点共圆，$\therefore \angle OFE=\angle OCE=\angle OAC$，$\therefore EA=EF$.

5. (1) 易证 $\angle BOC=\angle BHC=120°$；

   (2) $\because \angle BOC=\angle BHC=120°$，$\therefore B$、$O$、$H$、$C$ 四点共圆，$\therefore \angle OBM=\angle OCH$，则 $OB=OC$，又 $\because BM=CH$，$\therefore \triangle BOM \cong \triangle COH$；

   (3) 作 $OG\perp BC$，垂足为 G，由 (2) 可知 $OM=OH$，$\angle BOM=\angle COH$，可证 $\angle MOH=\angle BOC=120°$，则 $\angle OHG=30°$，$\therefore$ 设 $OG=x$，则 $OH=2x$，$HG=\sqrt{3}x$，$\therefore MH=2HG=2\sqrt{3}x$，$\therefore \dfrac{MH}{OH}=\dfrac{2\sqrt{3}x}{2x}=\sqrt{3}$.

第二十讲　相似三角形

1. 6. 提示：设这张正方形纸条是第 n 张，则 $\dfrac{22.5-3n}{22.5}=\dfrac{3}{15}$，解得 $n=6$.

2. $4:3$. 提示：$CE\parallel DF$，$CF=CE=3$，$BC=5$，$\therefore BE=DF=4$，$DM:MC=DF:EC=4:3$.

3. $\dfrac{1}{3}$. 提示：连 BO 并延长交 MN 于 F，交 AC 于 E，$\because \triangle ABC$ 为等边三角形，$MN\parallel AC$，$\therefore \triangle BMN$ 为等边三角形，而 O 为 $\triangle BMN$ 的外心，$\therefore BF\perp MN$，$BO:OF=2:3$①，又 $\because MN\parallel AC$，$\therefore BF\perp AC$，$BO:BF=2:3$①，又 $\because MN\parallel AC$，$\therefore BF:BE=MB:BA$，而 $MB:AM=3:2$，即有 $BM:AB=3:5$，$\therefore BF:BE=3:5$②，令 $BO=2x$，则 $OE=3x$，设 $AB=AC=a$，由 $\dfrac{S_{\triangle AOD}}{S_{\triangle ABC}}=\dfrac{1}{5}$，得 $\dfrac{S_{\triangle AOD}}{S_{\triangle ABC}}=\dfrac{\dfrac{1}{2}\times AD\times 3x}{\dfrac{1}{2}\times a\times 5x}=\dfrac{1}{5}$，解得 $AD=\dfrac{1}{3}a$，$\therefore \dfrac{AD}{AC}=\dfrac{1}{3}$.

4. $\dfrac{5}{4}$. 提示：分别过点 E、F 作 EM、FN 平行于 BC 且与 AD 交于 M、N 两点，则 $\dfrac{FN}{DC}=\dfrac{AF}{AC}=\dfrac{3}{5}$，$\dfrac{EM}{BD}=$

$\dfrac{AE}{AB}=\dfrac{3}{4}$,又 $BD=DC$,∴ $\dfrac{FN}{EM}=\dfrac{4}{5}$,∴ $\dfrac{EP}{PF}=\dfrac{EM}{FN}=\dfrac{5}{4}$.

5. $\dfrac{6\sqrt{7}}{7}$. 提示:根据题意可得:△ABH∽△BEC,∴ $\dfrac{AB}{BE}=\dfrac{AH}{BC}$,而可得,$CE=BF=\dfrac{4}{3}$,$BE=\dfrac{2\sqrt{7}}{3}$,

   ∴ $\dfrac{2}{\frac{2\sqrt{7}}{3}}=\dfrac{AH}{2}$,解得,$AH=\dfrac{6\sqrt{7}}{7}$.

6. 证明:$\dfrac{PD}{AD}=\dfrac{S_{\triangle PCD}}{S_{\triangle ACD}}=\dfrac{S_{\triangle PBD}}{S_{\triangle ABD}}=\dfrac{S_{\triangle PBC}}{S_{\triangle ABC}}$,同理,$\dfrac{PE}{BE}=\dfrac{S_{\triangle PAC}}{S_{\triangle ABC}}$,$\dfrac{PF}{CF}=\dfrac{S_{\triangle PAB}}{S_{\triangle ABC}}$,∴ $T=\dfrac{PD}{AD}+\dfrac{PE}{BE}+\dfrac{PF}{CF}=\dfrac{S_{\triangle PBC}}{S_{\triangle ABC}}$

   $+\dfrac{S_{\triangle PAC}}{S_{\triangle ABC}}+\dfrac{S_{\triangle PAB}}{S_{\triangle ABC}}=1$.

7. (1)证明:$\dfrac{AD}{DB}=\dfrac{AD}{DE}=\dfrac{AC}{BC}$,$\angle EDA=\angle C$,∴ △ADE∽△ACB;

   (2)∵ $\angle BAC=\angle EAD$,∴ $\angle EAB=\angle DAC$,∴ $\dfrac{AE}{AD}=\dfrac{AB}{AC}$,∴ △AEB∽△ADC;

   (3)证明:$\dfrac{AB\cdot CD}{AC\cdot BD}=\dfrac{AB}{AC}\cdot\dfrac{CD}{BD}=\dfrac{AE}{AD}\cdot\dfrac{CD}{BD}=\dfrac{CD}{AD}\cdot\dfrac{AE}{BD}=\dfrac{BE}{AE}\cdot\dfrac{AE}{BD}=\dfrac{BE}{BD}=\sqrt{2}$.

8. (1)证明:延长 CE 到 F,使 $EF=2BD$,∵ △ABC 中,$\angle ACB=\angle CAB+30°=\angle ABC+60°$,

   ∴ $\angle ACB=90°$,$\angle ABC=30°$,$\angle CAB=60°$,∴ $AB=2AC$,∵ $AC\cdot CE+AB\cdot BD=BC^2$,∴ BC^2

   $=AC(CE+2BD)=AC\times CF$,∴ $\dfrac{AC}{BC}=\dfrac{BC}{CF}$,∴ △ABC∽△BFC,∴ $\angle CFB=\angle CBA=30°$,

   ∴ $\angle CEB > \angle ABC$;

   (2)由(1)知 $\dfrac{BD}{EF}=\dfrac{1}{2}=\dfrac{BC}{BF}$,又 $\angle CFB=\angle CBA=30°$,∴ △NDC∽△BEF,∴ $\dfrac{BD}{EF}=\dfrac{1}{2}=\dfrac{BC}{BF}=\dfrac{DC}{BE}$,

   ∴ $BE=2CD$.

9. 证明:(1)∵ △ABC 是等腰直角三角形,∴ $\angle B=45°$,∴ $\angle BME+\angle MEB=135°$,又∵ △DEF 是等腰直角三角形,∴ $\angle DEF=45°$,∴ $\angle NEC+\angle MEB=135°$,∴ $\angle BME=\angle NEC$,而 $\angle B=\angle C=45°$,∴ △BEM∽△CNE;

   (2)与(1)同理 △BEM∽△CNE,可得 $\dfrac{BE}{CN}=\dfrac{EM}{NE}$,又由 $BE=EC$,即可得 $\dfrac{EC}{CN}=\dfrac{EM}{NE}$,然后由 $\angle ECN=\angle MEN=45°$,证得△ECN∽△MEN.

第二十一讲 几何与列函数解析式

1. D.

2. (1)假设四边形 PQCM 是平行四边形,则 $PM\parallel QC$,∴ $AP=AM$,∴ $10-2t=2t$,解得 $t=\dfrac{10}{3}$,∴ 当 $t=\dfrac{10}{3}$ 时,四边形 PQCM 是平行四边形.

   (2)过 P 作 $PE\perp AC$,交 AC 于 E. ∵ $PQ\parallel AC$,∴ △PBQ∽△ABC. ∴ △PBQ 是等腰三角形. ∴ $PQ=PB=t$. ∴ $\dfrac{BF}{BD}=\dfrac{BP}{BA}$,即 $\dfrac{BF}{8}=\dfrac{t}{10}$,∴ $BF=\dfrac{4}{5}t$. ∴ $FD=BD-BF=8-\dfrac{4}{5}t$. 又 ∵ $MC=AC-AN=$

   $10-2t$,∴ $y=\dfrac{1}{2}(PQ+MC)\cdot FD=\dfrac{1}{2}(t+10-2t)\left(8-\dfrac{4}{5}t\right)=\dfrac{2}{5}t^2-8t+40$. ∴ y 与 t 之间的函数关系式为:$y=\dfrac{2}{5}t^2-8t+40$. (3)∵ $S_{\triangle ABC}=\dfrac{1}{2}AC\cdot BD=\dfrac{1}{2}\times 10\times 8=40$. ∴ 当 $y=\dfrac{9}{16}S_{\triangle ABC}$

201

$=\frac{9}{16}\times 40=\frac{45}{2}$时,$\frac{2}{5}t^2-8t+40=\frac{45}{2}$,$4t^2-80t+175=0$.解得$t_1$

$=\frac{5}{2}$,$t_2=\frac{35}{2}$(舍去).∴当$t=\frac{5}{2}$s时,$S_{四边形PQCM}=\frac{9}{16}S_{\triangle ABC}$.

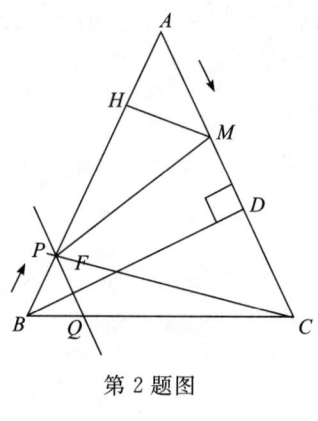

第2题图

3.(1)∵△AOB 是等腰直角三角形,∴∠A=∠B=45°,∵∠AFO=∠B+∠BOF=45°+∠BOF,又∠BOE=∠EOF+∠BOF=45°+∠BOF,∴∠AFO=∠BOE,∴△AOF∽△BEO;

(2)∵△BOE∽△AOF,∴$\frac{BE}{OA}=\frac{OB}{AF}$,∴AF·BE=4;

(3)作斜边 AB 上的高 OD,并记 OM=a,ON=b,则易得 ME=2−a,OD=$\sqrt{2}$,DF=BD−BF=BD−$\sqrt{2}$BN=$\sqrt{2}-\sqrt{2}(2-b)=\sqrt{2}(b-1)$,由已知条件易得:△MOE∽△DOF,∴$\frac{ME}{DF}=\frac{OM}{OD}$,

$\frac{2-a}{\sqrt{2}(b-1)}=\frac{a}{\sqrt{2}}$,∴ab=2,即 OM·ON=2;

(4)EF=AB−AE−BF=$2\sqrt{2}-\sqrt{2}(2-a)-\sqrt{2}(2-b)=\sqrt{2}(a+b)-2\sqrt{2}=\sqrt{2}(\sqrt{a}-\sqrt{b})^2+2\sqrt{2ab}-2\sqrt{2}=\sqrt{2}(\sqrt{a}-\sqrt{b})^2+4-2\sqrt{2}$.∴当$\sqrt{a}=\sqrt{b}$,$a=b=\sqrt{2}$,时,EF 取得最小值 $4-2\sqrt{2}$.

4.(1)如图 1,连接 OB,∵BC=2,OC=1,∴OB=$\sqrt{4-1}=\sqrt{3}$,

∴B(0,$\sqrt{3}$).将 A(3,0),B(0,$\sqrt{3}$)代入二次函数的表达式,得

$\begin{cases}-\frac{\sqrt{3}}{3}\times 9+3b+c=0\\c=\sqrt{3}\end{cases}$,解得:$\begin{cases}b=\frac{2\sqrt{3}}{3}\\c=\sqrt{3}\end{cases}$.

∴抛物线的解析式为 $y=-\frac{\sqrt{3}}{3}x^2+\frac{2\sqrt{3}}{3}x+\sqrt{3}$.

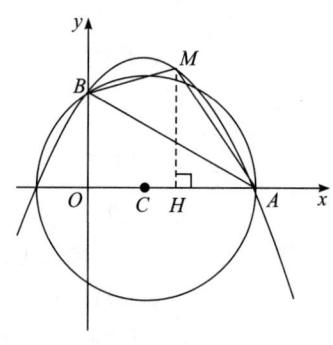

第4题图

(2)如图 3,作 MH⊥x 轴于点 H,设 $M(x_m,y_m)$,则 $S_{\triangle MAB}=S_{梯形MBOH}+S_{\triangle MHA}-S_{\triangle OAB}=\frac{1}{2}(MH+OB)\cdot OH+\frac{1}{2}HA\cdot MH-\frac{1}{2}OA\cdot OB=\frac{1}{2}(y_m+\sqrt{3})x_m+\frac{1}{2}(3-x_m)y_m-\frac{1}{2}\times 3\times\sqrt{3}=\frac{\sqrt{3}}{2}x_m+\frac{3}{2}y_m-\frac{3}{2}\sqrt{3}$.∵$y_m=-\frac{\sqrt{3}}{3}x_m^2+\frac{2\sqrt{3}}{3}x_m+\sqrt{3}$,∴$S_{\triangle MAB}=\frac{\sqrt{3}}{2}x_m+\frac{3}{2}(-\frac{\sqrt{3}}{3}x_m^2+\frac{2\sqrt{3}}{3}x_m+\sqrt{3})-\frac{3\sqrt{3}}{2}=-\frac{\sqrt{3}}{2}x_m^2+\frac{3\sqrt{3}}{2}x_m=-\frac{\sqrt{3}}{2}(x_m-\frac{3}{2})^2+\frac{9\sqrt{3}}{8}$.∴当 $x_m=\frac{3}{2}$时,$S_{\triangle MAB}$取得最大值,最大值为$\frac{9\sqrt{3}}{8}$.

5.(1)设二次函数的解析式为 $y=ax^2+bx+c$,由题意得

$\begin{cases}-\frac{b}{2a}=4\\c=12\\4a+2b+c=0\end{cases}$,解得$\begin{cases}a=1\\b=-8\\c=12\end{cases}$.∴二次函数的解析式为

$y=x^2-8x+12$,点 P 的坐标为(4,−4).

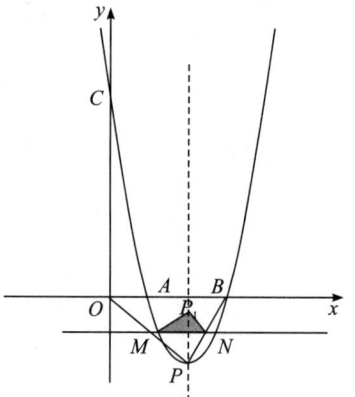

(2)①当 $0<t\leqslant 2$时,∵运动速度为每秒$\sqrt{2}$个单位长度,运动时

间为 t 秒,则 $MP=\sqrt{2}t$,∴ $PH=t$, $MH=t$, $HN=\frac{1}{2}t$,

∴ $MN=\frac{3}{2}t$. ∴ $S=\frac{3}{2}t\cdot t\cdot\frac{1}{2}=\frac{3}{4}t^2$

②当 $2<t<4$ 时, $P_1G=2t-4$, $P_1H=t$ ∵ $MN\parallel OB$,

∴ $\triangle P_1EF\sim\triangle P_1MN$. ∴ $\frac{S_{\triangle P_1EF}}{S_{\triangle P_1MN}}=\left(\frac{P_1G}{P_1H}\right)^2$,∴ $\frac{S_{\triangle P_1EF}}{\frac{3}{4}t^2}$

$=\left(\frac{2t-4}{t}\right)^2$. ∴ $S_{\triangle P_1EF}=3t^2-12t+12$, ∴ $S=\frac{3}{4}t^2-(3t^2$

$-12t+12)=-\frac{9}{4}t^2+12t-12$. ∴ $S=$

$\begin{cases}\frac{3}{4}t^2\ (0<t\leq 2)\\-\frac{9}{4}t^2+12t-12\ (0<t<4)\end{cases}$.

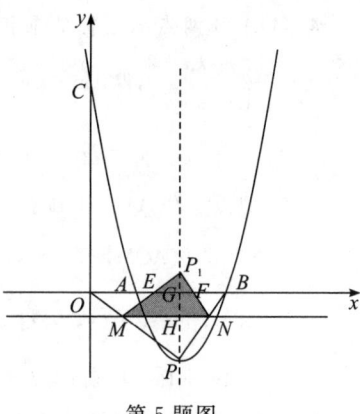

第 5 题图

第二十二讲 函数图像与几何

1. $(\frac{3}{2}\sqrt{2},\sqrt{2})$. 提示:过点 D 作 $DF\perp ox$ 轴于点 F,过点 E 作 $EH\perp DF$ 于点 H,当 $\triangle BDE\sim\triangle BCA$ 时,

则 $\triangle BDE$、$\triangle DEH$、$\triangle ADF$ 均是等腰直角三角形. 设点 $D(a,\frac{3}{a})$,$E(b,\frac{3}{b})$,$\begin{cases}\sqrt{2}-\frac{3}{a}=b-a\\b-a=\frac{3}{a}-\frac{3}{b}\end{cases}$ 解得

$b=\frac{3}{2}\sqrt{2}$.

2. (1)直线的解析式为 $y=-2x+6$,根据相似三角形的性质可得: $\frac{l}{3}=\frac{6-m}{6}$,∴ $l=-\frac{1}{2}m+3$ ($0\leq m$ <6);

(2)当 $0\leq m<6$ 时,$\frac{1}{2}(-\frac{1}{2}m+3)m=2$,解得 $m_1=2$,$m_2=4$;当 $m<0$ 时,$\frac{1}{2}(-\frac{1}{2}m+3)(-m)=$ 2,解得 $m_3=3-\sqrt{7}$,$m_4=3+\sqrt{7}$(舍去);∴ 当 $m=2,4$ 或 $3-\sqrt{7}$ 时,$S_{\triangle APC}=2$.

3. (1)∵ $\angle CAO+\angle BAE=90°$,∴ $\angle CAO=\angle ABE$,∴ Rt$\triangle CAO\sim$ Rt$\triangle ABE$,∴ $\frac{CA}{AB}=\frac{AO}{BE}$,即 $\frac{2AB}{AB}=$ $\frac{t}{4}$,解得 $t=8$.

(2)由 Rt$\triangle CAO\sim$ Rt$\triangle ABE$ 可知:$BE=\frac{1}{2}t$,$AE=2$,当 $0<t<8$ 时,$S=\frac{1}{2}CD\cdot BD=\frac{1}{2}(2+t)$ $(4-\frac{t}{2})=\frac{25}{4}$,解得 $t_1=t_2=3$;当 $t>8$ 时,$S=\frac{1}{2}CD\cdot BD=\frac{1}{2}(2+t)(\frac{t}{2}-4)=\frac{25}{4}$,解得 $t_3=$ $3+5\sqrt{2}$,$t_4=3-5\sqrt{2}$(为负数,舍去);∴ 当 $t=3$ 或 $3+5\sqrt{2}$ 时,$S=\frac{25}{4}$.

(3)过 M 作 $MN\perp x$ 轴于 N,则 $MN=\frac{1}{2}CO=2$. 当 $MB\parallel OA$ 时,$BE=MN=2$,$OA=2BE=4$,∵ 抛物线 $y=ax^2-10ax=a(x-5)^2-25a$ 的顶点 $(5,-25a)$,∴ 它的顶点在直线 $x=5$ 上移动,∵ 直线 $x=5$ 交 MB 于点 $(5,2)$,交 AB 于点 $(5,1)$,∴ $1<-25a<2$ ∴ $-\frac{2}{25}<a<-\frac{1}{25}$.

203

数学专题讲座

4. (1) A、B 两点纵坐标的乘积是一个确定的值. 理由：设直线 AB 的解析式为 $y=kx+2$，由 $\begin{cases} y=kx+2 \\ y=ax^2 \end{cases}$，得 $ax^2-kx-2=0$，设 $A(x_1,y_1)$，$B(x_2,y_2)$，且 $x_1<x_2$. 则 $x_1+x_2=\dfrac{k}{a}$，$x_1x_2=-\dfrac{2}{a}$，$\therefore y_1y_2=ax_1^2 \cdot ax_2^2=a^2(x_1x_2)^2=a^2\times(-\dfrac{2}{a})^2=4$.

(2) 过点 A 作 $AM\perp x$ 轴于 M，过点 B 作 $BN\perp x$ 轴于 N，$\because \angle AOB=90°$，$\therefore \angle AOM+\angle BON=90°$，$\therefore \angle AOM=\angle OBN$，$\therefore Rt\triangle AOM\backsim Rt\triangle OBN$，$\therefore \dfrac{AM}{ON}=\dfrac{MO}{NB}$，即 $\dfrac{y_1}{x_2}=\dfrac{-x_1}{y_2}$，$\therefore -x_1x_2=y_1y_2$，由 $-(-\dfrac{2}{a})=4$ 得 $a=\dfrac{1}{2}$，$\therefore y=\dfrac{1}{2}x^2$，(3) $S_{\triangle AOB}=x_2-x_1=\sqrt{(x_1+x_2)^2-4x_1x_2}=\sqrt{4k^2+16}=4\sqrt{2}$ 解得 $k=\pm 2$，$\therefore$ 直线 AB 的解析式为 $y=\pm 2x+2$.

5. (1) $\because$ 抛物线顶点坐标为 $(1,-2)$，设顶点式为 $y=a(x-1)^2-2$，即有 $y=ax^2-2ax+a-2$. 设 $A(x_1,0)$，$B(x_2,0)$，$C(0,a-2)$，$\because OC^2=OA \cdot OB$，知 $(a-2)^2=|x_1x_2|=\left|\dfrac{a-2}{a}\right|$，即 $a^3-4a^2+4a=|a-2|$，当 $0<a<2$ 时，有 $a^3-4a^2+5a-2=0$，即 $(a-1)^2(a-2)=0$，解得 $a_1=1$，$a_2=2$（舍去），当 $a=1$ 时，得 $y=x^2-2x-1$；当 $a>2$ 时，有 $a^3-4a^2+3a+2=0$ 即 $(a-2)(a^2-2a-1)=0$，解得 $a_1=1+\sqrt{2}$，$a_2=1-\sqrt{2}$（舍去），$a_3=2$（舍去），$\therefore$ 当 $a=1+\sqrt{2}$ 时，得，$y=(1+\sqrt{2})x^2-(2+2\sqrt{2})x+\sqrt{2}-1$，所以，所求的二次函数为：$y=x^2-2x-1$ 或 $y=(1+\sqrt{2})x^2-(2+2\sqrt{2})x+\sqrt{2}-1$.

(2) 由 $S_{\triangle ABC}=\dfrac{1}{2}AB \cdot OC$，有下列两种情况：当 $y=x^2-2x-1$ 时，$AB=2\sqrt{2}$，$OC=1$，$\therefore S_{\triangle ABC}=\dfrac{1}{2}AB \cdot OC=\dfrac{1}{2}\times 2\sqrt{2}\times 1=\sqrt{2}$；当 $y=(1+\sqrt{2})x^2-(2+2\sqrt{2})x+\sqrt{2}-1$ 时，$AB=2\sqrt{2(\sqrt{2}-1)}$，$OC=\sqrt{2}-1$，$\therefore S_{\triangle ABC}=\dfrac{1}{2}AB \cdot OC=\dfrac{1}{2}\times 2\sqrt{2(\sqrt{2}-1)}\times(\sqrt{2}-1)=(\sqrt{2}-1)\sqrt{2(\sqrt{2}-1)}$.

6. (1) 因为点 $A(1,4)$ 在双曲线 $y=\dfrac{k}{x}$ 上，所以 $k=4$. 故双曲线的函数表达式为 $y=\dfrac{4}{x}$. 设点 $B\left(t,\dfrac{4}{t}\right)$，$t<0$，$AB$ 所在直线的函数表达式为 $y=mx+n$，则有 $\begin{cases} 4=m+n \\ \dfrac{4}{t}=mt+n \end{cases}$，解得 $m=-\dfrac{4}{t}$，$n=\dfrac{4(t+1)}{t}$. 于是，直线 AB 与 y 轴的交点坐标为 $\left(0,\dfrac{4(t+1)}{t}\right)$，故 $S_{\triangle AOB}=\dfrac{1}{2}\times\dfrac{4(t+1)}{t}(1-t)=3$，整理得 $2t^2+3t-2=0$，解得 $t=-2$，或 $t=\dfrac{1}{2}$（舍去）. 所以点 B 的坐标为 $(-2,-2)$. 因为点 A，B 都在抛物线 $y=ax^2+bx$ $(a>0)$ 上，所以 $\begin{cases} a+b=4 \\ 4a-2b=-2 \end{cases}$，解得 $\begin{cases} a=1 \\ b=3 \end{cases}$.

(2) 如图，因为 $AC // x$ 轴，所以 $C(-4,4)$，于是 $CO=4\sqrt{2}$. 又 $BO=2\sqrt{2}$，所以 $\dfrac{CO}{BO}=2$. 设抛物线 $y=ax^2+bx$ $(a>0)$ 与 x 轴负半轴相交于点 D，则点 D 的坐标为 $(-3,0)$. 因为 $\angle COD=\angle BOD=45°$，所以 $\angle COB=90°$. (i) 将 $\triangle BOA$ 绕点 O 顺时针旋转 $90°$，得到 $\triangle B'OA_1$. 这时，点 $B'(-2,2)$ 是 CO 的中点，点 A_1 的坐标为 $(4,-1)$. 延长 OA_1 到点 E_1，使得 $OE_1=2OA_1$，这时点 $E_1(8,-2)$ 是符合条件的点. (ii) 作 $\triangle BOA$ 关于 x 轴的对称图形 $\triangle B'OA_2$，得到点 $A_2(1,-4)$；延长 OA_2 到点 E_2，使得 $OE_2=2OA_2$，这时点 E_2

$(2,-8)$ 是符合条件的点. 所以, 点 E 的坐标是 $(8,-2)$, 或 $(2,-8)$.

第二十三讲 三角函数

1. C. 提示: 在 $\triangle ABC$ 中, 若 $b=6, c=10, B=30°$, 由作图可知: $60°<C<120°$, C 有两个解, 一个锐角, 一个钝角; 所以三角形有两个解.

2. $\sqrt{10}$. 提示: 易得, $a^2=b^2+c^2$, $\therefore \triangle ABC$ 是以 BC 为斜边的直角三角形, $\therefore b\sin B+c\sin C=b\cdot\dfrac{b}{a}+c\cdot\dfrac{c}{a}=\dfrac{b^2+c^2}{a}=a=\sqrt{10}$.

3. 145. 提示: $\sin A=\dfrac{5}{13}$, $\therefore \cos A=\dfrac{12}{13}$, $\tan A=\dfrac{5}{12}$, 过点 C 作 AB 边上的高 CD, D 为垂足, 设 $CD=2x$, 则 $BD=x$, $\therefore AD=29-x$, $\therefore \tan A=\dfrac{5}{12}=\dfrac{2x}{29-x}$, 解得 $x=5$, $\therefore \triangle ABC$ 的面积 $=\dfrac{1}{2}\times AB\times CD=\dfrac{1}{2}\times 29\times 10=145$.

4. 1. 提示: 由 $\sin^2 A+\cos^2 B=\dfrac{5}{4}t$, $\cos^2 A+\sin^2 B=\dfrac{3}{4}t^2$, 两式相加得, $3t^2+5t-8=0$, 解得, $t_1=1$, $t_2=-\dfrac{8}{3}$ (舍去); $\therefore t=1$, 则实数 t 所有可能值的和是 1.

5. 设 $EF=x$, 由余弦定理得, $13=16+x^2-2x\cos 60°$, 解得 $x=1$ 或 3, 故 $EF=1$ 或 3.

(2) 如图, 将一副三角板拼合, 得 $\angle ADC=105°$, $\angle ABC=120°$, 设 $CD=1$, 则 $AD=2\sqrt{2}$, $\therefore AC^2=4+3-2\times 2\times\sqrt{3}\times\cos 120°=1+8-2\times 1\times 2\sqrt{2}\times\cos 105°$, 得 $\cos 105°=\dfrac{\sqrt{2}-\sqrt{6}}{4}$.

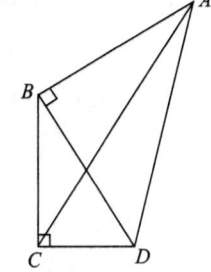

6. $\sin\alpha-\cos\alpha=\dfrac{1}{5}$, $(\sin\alpha-\cos\alpha)^2=\dfrac{1}{25}$, 展开得 $1-\sin\alpha\cos\alpha=\dfrac{1}{25}$, $2\sin\alpha\cos\alpha=\dfrac{24}{25}$, $(\sin\alpha+\cos\alpha)^2=1+2\sin\alpha\cos\alpha=\dfrac{49}{25}$, $\sin\alpha+\cos\alpha=\dfrac{7}{5}$, 由 $\begin{cases}\sin\alpha-\cos\alpha=\dfrac{1}{5}\\ \sin\alpha+\cos\alpha=\dfrac{7}{5}\end{cases}$,

得 $\begin{cases}\sin\alpha=\dfrac{4}{5}\\ \cos\alpha=\dfrac{3}{5}\end{cases}$, $\tan\alpha=\dfrac{\sin\alpha}{\cos\alpha}=\dfrac{4}{3}$.

7. p,q 应满足以下条件 $\begin{cases}\Delta=p^2-4q\geqslant 0\\ \sin A+\sin B=-p\\ \sin A\cdot\sin B=q\\ 0<\sin A<1\\ 0<\sin B<1\\ \sin^2 A+\sin^2 B=1\end{cases}$ 解得, $AD=\sqrt{3}-1$.

8. 连接 AD, 则 $AD=\sqrt{3}-1$, $\angle HAD=\angle EAD=30°$.

(1) $\because ED=EC$, $\therefore \angle ECD=\angle EDC=15°$, $\angle AED=30°$. $\angle ADH=60°$, $\angle A=60°$. $\therefore AH=AD\cos 60°=\dfrac{3-\sqrt{3}}{2}$, $\therefore EH=\sqrt{3}AH=\dfrac{3\sqrt{3}-3}{2}$;

(2) $\because S_{\triangle AHD}+S_{\triangle ADE}=S_{\triangle AHE}$,即 $\frac{1}{2}\times AH\times AD\sin 30°+\frac{1}{2}\times AE\times AD\sin 30°=\frac{1}{2}\times AH\times AE\sin 60°$,

$\therefore y=\frac{(\sqrt{3}-1)x}{\sqrt{3}x-\sqrt{3}+1}$. x 的取值范围 $4-2\sqrt{3}\leqslant x\leqslant 2$.

第二十四讲 直线与圆

1. C. 提示:如图,圆在 AB、BC、CA 三边作无滑动滚动时,$\because$ 等边三角形的边长与圆的周长相等,$\therefore$ 圆转了 3 圈,而圆从一边转到另一边时,圆心绕三角形的一个顶点旋转了三角形的一个外角的度数,圆心要绕其三角形的顶点旋转 $120°$,$\therefore$ 圆绕三个顶点共旋转了 $360°$,即它转了一圈,$\therefore$ 圆回到原出发位置时,共转了 4 圈.故选 C.

2. 证明:过点 A 作 FG 的平行线分别交 DF、DG 的延长线于点 M、N,则 $\angle AMF=\angle BDF$,由由相似三角形知识可得 $BF=BD$,$AF=AE$. $\therefore \angle BDF=\angle BFD$,又 $\because \angle BFD=\angle AFM$,$\therefore \angle AMF=\angle AFM$,$\therefore AM=AF$. 同理:$AN=AE$,$\therefore AM=AN$,又 $FG\parallel MN$,$\therefore \triangle DFH\backsim\triangle DMA$,$\therefore \frac{HF}{AM}=\frac{DH}{DA}$,同理:$\frac{HG}{AN}=\frac{DH}{DA}$,$\therefore \frac{HF}{AM}=\frac{HG}{AN}$,$\therefore HG=HF$.

3. (1)证明:在矩形 $BCDF$ 中,$BD=FC$,$\because \angle FEC=\angle FDC=90°$,$\therefore FE\perp AC$. $\because E$ 是 AC 的中点,$\therefore AF=FC$,$\therefore BD=AF$. (2)$\because AF=BD=5$,$BF=DC=3$,$\therefore AB=8$,$\therefore \tan\angle BAC=\frac{PD}{AD}=\frac{OB}{OA}=\frac{1}{2}$.

(3)$\because \angle BCD=90°$,$\therefore BD$ 是 $\odot O$ 的直径,当 AD 是 $\odot O$ 的切线时,$\angle ADB=90°=\angle BCD$,又 $\because \angle ABD=\angle BDC$,$\therefore \triangle ABD\backsim\triangle BDC$,设 $DC=BF=a$,$AF=FC$ 得 $\frac{a}{c}=\frac{c}{c+a}$,$a^2+ac-c^2=0$,解得 $a_1=\frac{\sqrt{5}-1}{2}c$,$a_2=\frac{-\sqrt{5}-1}{2}c$(舍去). $\therefore \frac{BF}{AF}=\frac{a}{c}=\frac{\sqrt{5}-1}{2}$.

4. 连接 OM、OB、OC,则 $OM\perp BC$,设 AX 与 $\odot O$ 交于 N,连接 OX、ON,证 $XB^2=XM\cdot XO$,$XB^2=XN\cdot XA$,则可证得 $\triangle AMX\backsim\triangle ONX$,$\therefore \frac{AM}{AX}=\frac{ON}{OX}=\frac{OB}{OX}=\cos\angle 60°=\frac{1}{2}$.

5. (1)当 $x=0$ 时,$y=1$;当 $y=0$ 时,$x=-\sqrt{3}$,$\therefore OA=1$,$OB=\sqrt{3}$. $\therefore A$ 的坐标是 $(0,1)$. $\therefore \tan\angle ABO=\frac{OA}{OB}=\frac{1}{\sqrt{3}}=\frac{\sqrt{3}}{3}$,$\therefore \angle ABO=30°$.

(2)$\because \triangle CDE$ 为等边三角形,点 $A(0,1)$,$\therefore \tan 30°=\frac{OD}{OA}$,$\therefore OD=\frac{\sqrt{3}}{3}$,$\therefore D$ 的坐标是 $(-\frac{\sqrt{3}}{3},0)$,E 的坐标是 $(\frac{\sqrt{3}}{3},0)$,把点 $A(0,1)$,$D(-\frac{\sqrt{3}}{3},0)$,$E(\frac{\sqrt{3}}{3},0)$ 代入 $y=a(x-m)^2+n$,得

$\begin{cases}1=am^2+n\\0=a\left(-\frac{\sqrt{3}}{3}-m\right)^2+n\\0=a\left(\frac{\sqrt{3}}{3}-m\right)^2+n\end{cases}$,解得 $\begin{cases}a=-3\\m=0\\n=1\end{cases}$. $\therefore a=-3$.

(3)如图,设切点分别是 Q,N,P,连接 MQ,MN,MP,ME,过点 C 作 $CH\perp x$ 轴,H 为垂足,过 A 作 $AF\perp CH$,F 为垂足. $\because \triangle CDE$ 是等边三角形,$\angle ABO=30°$,$\therefore \angle BCE=90°$,$\angle ECN=90°$. $\because CE$,AB 分别

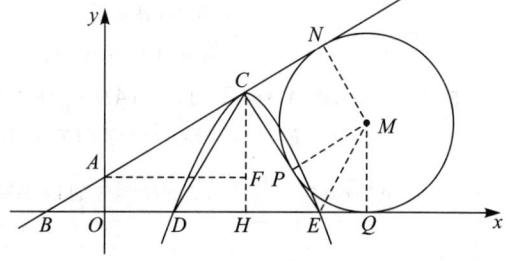

206

与 ⊙M 相切，∴∠MPC＝∠CNM＝90°. ∴四边形 $MPCN$ 为矩形. ∵MP＝MN，∴四边形 $MPCN$ 为正方形. ∴MP＝MN＝CP＝CN＝$3(1-\sqrt{3})a(a<0)$. ∵EC 和 x 轴都与 ⊙M 相切，∴EP＝EQ. ∵∠NBQ＋∠NMQ＝180°，∴∠PMQ＝60°. ∴∠EMQ＝30°. ∴在 Rt△MEP 中，$\tan 30°=\dfrac{PE}{PM}$，∴$PE=(\sqrt{3}-3)a$. ∴$CE=CP+PE=3(1-\sqrt{3})a+(\sqrt{3}-3)a=-2\sqrt{3}a$. ∴$DH=HE=-\sqrt{3}a$，$CH=-3a$，$BH=-\sqrt{3}a$，∴$OH=-3\sqrt{3}a-\sqrt{3}$，$OE=-4\sqrt{3}a-\sqrt{3}$. ∴$E(-4\sqrt{3}a-\sqrt{3},0)$，$C(-3\sqrt{3}a-\sqrt{3},-3a)$. 设二次函数的解析式为：$y=a(x+3\sqrt{3}a+\sqrt{3})^2-3a$，∵$E$ 在该抛物线上，∴$a(-4\sqrt{3}a-\sqrt{3}+3\sqrt{3}a+\sqrt{3})^2-3a=0$，得：$a^2=1$，解之得 $a_1=1$，$a_2=-1$. ∵$a<0$，∴$a=-1$. ∴$AF=2\sqrt{3}$，$CF=2$，∴$AC=4$. ∴点 C 移动到 4 秒时，等边△CDE 的边 CE 第一次与 ⊙M 相切.

第二十五讲　圆中比例线段

1. $r=\dfrac{15}{2}$. 提示：连接 CO，可知 $CO \parallel AD$，∴△$ADE \sim $△$COE$，∴$\dfrac{AD}{CO}=\dfrac{DE}{OE}$，则 $\dfrac{5}{r}=\dfrac{3}{r-3}$，解得 $r=\dfrac{15}{2}$.

2. 1. 提示：连接 BD，过 A 点作 BC 边的垂线 AE. 由已知得：∠ABP＝∠BCD，AB＝1/2BC，∠PAB＝∠BDA＝∠DBC，AB＝DC，∵∠ABP＝∠BCD，$2AB$＝BC，∠PAB＝∠DBC ∴△$ABP \sim $△$BCD$，∴$PB=\dfrac{1}{2}DC=\dfrac{1}{2}AB=\dfrac{1}{4}BC$，又∵△$APB$ 与平行四边形 $ABCE$ 等高，设高为 AE，平行四边形 $ABCD$ 的面积＝$BC \times AE=8$，∴$S_{\triangle APB}=\dfrac{1}{2}PB \times AE=\dfrac{1}{2}(\dfrac{1}{4}BC) \times AE=\dfrac{1}{8}\times 8=1$.

3. $\dfrac{24}{5}$. 提示：AD，BE，CF 为△ABC 的三条高，易知 B，C，E，F 四点共圆，可证△$AEF \sim $△$ABC$，∴$\dfrac{AE}{AB}=\dfrac{AF}{AC}=\dfrac{EF}{BC}=\dfrac{3}{5}$，而 $AB=6$，∴$AE=\dfrac{18}{5}$，∴$BE=\sqrt{6^2-\left(\dfrac{18}{5}\right)^2}=\dfrac{24}{5}$.

4. 证明：可证△$ADE \sim $△$FCB$，设 $DE=x$，$AD=a$，$AB=\sqrt{2}a$. 则 $\dfrac{x}{a}=\dfrac{a}{CF}$，∴$CF=\dfrac{a^2}{x}$，$CE=x+\sqrt{2}a$，$DF=\dfrac{a^2}{x}+\sqrt{2}a$，$EF=x+\dfrac{a^2}{x}+\sqrt{2}a$，∴$CE^2+DF^2=(x+\sqrt{2}a)^2+(\dfrac{a^2}{x}+\sqrt{2}a)^2=(x+\dfrac{a^2}{x}+\sqrt{2}a)^2=EF^2$，得证.

5. (1)证明：∵$AB=AC$，∴∠CDF＝∠ABC，∠ACB＝∠ABC，∵∠ADB＝∠ACB，∠ADB＝∠EDF，
∴∠CDF＝∠EDF，∴DF 平分∠EDC.
(2)证明：易证△$ADC \sim $△$ACF$，∴$\dfrac{AF}{AC}=\dfrac{AB}{AD}$，$AB^2=AF \cdot AD$，∴$AB^2=AF(AF-DF)=AF^2-AF \cdot DF$，故 $AF^2-AB^2=AF \cdot DF$.

6. ∵$ABCD$ 是平行四边形，∴△$ADE \sim $△$CFE$，∴$\dfrac{DE}{EF}=\dfrac{AE}{EC}$，同理∴△$DCE \sim $△$PAE$，∴$\dfrac{AE}{EC}=\dfrac{EP}{DE}$，∴$\dfrac{DE}{EF}=\dfrac{EP}{DE}$，连接 FG，PG，则△$EGF \sim $△$EPG$，∴$\dfrac{EF}{EG}=\dfrac{EG}{EP}$，$EG^2=DE^2$，$EG=DE$.

7. (1)∵A、B、C、O 四点共圆，∴∠CAO＝∠CBO＝45°；
(2)作 $BH \perp OA$ 交 OA 的延长线于 H，则∠BAH＝45°，∴$AH=BH=2$，$\dfrac{BH}{OH}=\dfrac{1}{3}$，∵△$CBA \sim $△$OBH$，∴$\dfrac{AB}{AC}=\dfrac{1}{3}$；
(3)∵$\dfrac{AB}{AC}=\dfrac{1}{3}$，$AB=2\sqrt{2}$，∴$AC=6\sqrt{2}$，$BC^2=AB^2+AC^2=80$，∴正方形 $BCEF$ 的面积为 80.

8. (1) 连接 AC,EB，则 $\angle CAM=\angle BEM$，又 $\angle AMC=\angle EMB$，$\therefore \triangle AMC \backsim \triangle EMB$，$\dfrac{EM}{AM}=\dfrac{MB}{MC}$，$\therefore AM \cdot MB = EM \cdot MC$；

(2) $\because DC$ 为 $\odot O$ 的直径，$\therefore \angle DEC=90°$，$EC=\sqrt{DC^2-DE^2}=\sqrt{8^2-(\sqrt{15})^2}=7$，$\because OA=OB=4$，$M$ 为 OB 的中点，$\therefore AM=6$，$BM=2$，设 $EM=x$，则 $CM=7-x$，代入(1)，得 $6 \times 2 = x(7-x)$，解得 $x_1=3$，$x_2=4$，但 $EM>MC$，$\therefore EM=4$.

(3) 由(2)知，$OE=EM=4$，作 $EF \perp OB$ 于点 F，则 $OF=MF=\dfrac{1}{4}OB=1$，$\therefore$ 在 Rt$\triangle EOF$ 中，$EF=\sqrt{OE^2-OF^2}=\sqrt{4^2-1^2}=\sqrt{15}$．$\therefore \sin\angle EOB=\dfrac{EF}{OE}=\dfrac{\sqrt{15}}{4}$.

第二十六讲　圆与圆

1. D. 提示：两圆有公共点，则两圆的位置关系可以是相交或相切，两圆内切时只有 1 条公切线，两圆外切时，有 3 条公切线，两圆相交时有 2 条公切线．不可能有 4 条．

2. $\dfrac{\sqrt{3}}{4}-\dfrac{\pi}{9}$．提示：如图，连接 OB、OD，设小圆心为 P，$\odot P$ 与 $\odot O$ 的切点为 G，过 G 作两圆的公切线 EF，交 AB 于 E，交 BC 于 F，则 $\angle BEF=\angle BFE=90°-30°=60°$，$\therefore \triangle BEF$ 是等边三角形，$\therefore$ 点 P 是 $\triangle BEF$ 的内心，也是重心，$PG=\dfrac{1}{3}BG$，在 Rt$\triangle OBD$ 中，可得，$OD=\dfrac{\sqrt{3}}{6}$，$OB=\dfrac{\sqrt{3}}{3}$，$BG=OB-OG=\dfrac{\sqrt{3}}{6}$，$\therefore PG=\dfrac{\sqrt{3}}{18}$，则 $S_{阴影}=S_{\triangle ABC}-S_{圆O}-3S_{圆P}=\dfrac{\sqrt{3}}{4}-\dfrac{\pi}{12}-\dfrac{3\pi}{36}=\dfrac{\sqrt{3}}{4}-\dfrac{\pi}{9}$.

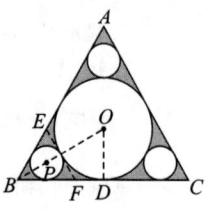

第 2 题图

3. $\dfrac{15}{8}$ cm. 提示：设 $\odot O_1$ 的半径为 $3x$，$\odot O_2$ 的半径为 $3y$，则 $BO_1=5x$，$DO_2=5y$，$BD=5x+3x+3y+5y=5$，$\therefore x+y=\dfrac{5}{8}$，$\therefore O_1O_2=3(x+y)=\dfrac{15}{8}$.

4. $\dfrac{\pi}{4}$．提示：由题意得，$MN=\dfrac{1}{2}AB$ 时，区域面积 S 值最大，又 $\because \angle AMB=90°$，$\therefore S=\dfrac{1}{4}S_{\odot M}=\dfrac{\pi}{4}$.

5. $\dfrac{\sqrt{16-\pi^2}}{2}$．提示：设圆的半径为 r，四边形 $ABCD$ 面积 $S=AB \times 2r=$半圆面积$\times 2-$中间阴影的面积$+$上下两块面积$=\pi$．$\therefore AB=\dfrac{\pi}{2}$．$\therefore PQ=2\sqrt{r^2-(\dfrac{1}{2}AB)^2}=2\sqrt{1^2-(\dfrac{\pi}{4})^2}=\dfrac{\sqrt{16-\pi^2}}{2}$.

6. $\dfrac{3}{5}$．提示：设正方形边长为 y，$EC=x$，由题意知，$AE^2=AB^2+BE^2$，即 $(y+x)^2=y^2+(y-x)^2$，化简得，$y=4x$，$\therefore \sin\angle EAB=\dfrac{BE}{AE}=\dfrac{3}{5}$.

7. $\dfrac{20}{9}$．提示：连接 O_1E，O_2D，O_1O_2．设半圆 O_2 的半径是 x，根据勾股定理，得 $2^2+(2-x)^2=(2+x)^2$，解得：$x=\dfrac{4}{3}$，$\because \triangle ABC$ 是等腰直角三角形，$\therefore \angle B=\angle C=45°$，$\therefore \angle O_2DC=\angle C=45°$，$\angle O_1EB=\angle B=45°$，$\therefore \angle CO_2D=\angle EO_1B=90°$，$\therefore$ 阴影部分的面积$=$直角三角形 ABC 的面积$-2($直角三角形 CO_2D 的面积$+$直角三角形 BO_1E 的面积$)=\dfrac{1}{2}\times 4^2-2(\dfrac{1}{2}\times\dfrac{16}{9}+\dfrac{1}{2}\times 4)=\dfrac{20}{9}$.

8. 当点 P 运动时，CD 的长保持不变．理由如下：连结 AD，$\because A,B$ 是 $\odot O$ 与 $\odot O'$ 的交点，$\therefore$ 弦 AB 与点 P 的位置关系无关，$\because \angle ADP$ 在 $\odot O'$ 中所对的弦为 AB，$\therefore \angle ADP$ 为定值，$\because \angle P$ 在 $\odot O$ 中所对的

弦为 AB,∴$\angle P$ 为定值.∵$\angle CAD=\angle ADP+\angle P$,∴$\angle CAD$ 为定值,在 $\odot O$ 中 $\angle CAD$ 对弦 CD,∴CD 的长与点 P 的位置无关.

9. (1) $\dfrac{\sqrt{39}}{2}$;

(2)延长 PQ 交圆 O 于点 T,连接 PD,TD,易证 $PD^2=PQ^2=PE\cdot PT$,故 $PE=\dfrac{1}{4}PT$,∴$PE=EQ$.

10. (1)由题意得,$AC=AD$.∵$AF_1-AF_2=2a$,∴$CF_1-DF_2=2a$,又∵$F_1C=F_1P_1$,$F_1D=F_2P_1$,∴$P_1F_1-P_1F_2=2a$,同理 $P_2F_1-P_2F_2=2a$,∴P_1,P_2 重合;

(2)由(1)知:$MP_1\perp F_1F_2$,$NP_2\perp F_1F_2$,P_1,P_2 重合,∴M,P_1,N 共线,且 $MN\perp F_1F_2$,连接 MN,NE,MD,则 $\angle NED=\angle MDE=90°$,过 N 作 $MH\perp MD$,H 为垂足,∵$\angle MP_1F_2=\angle MDF_2=90°$,∴$\angle HMN=\angle BF_2F_1$,$\sin\angle HMN=\sin\angle BF_2F_1=\dfrac{8}{9}$,又 $MN=\dfrac{9}{2}$,∴$NH=MN\cdot\sin\angle HMN=4$,∴$ED=4$.而 $DF_2=F_2P_1=F_2E$,∴$F_2P_1=2$,又由(1)$P_1F_1-P_1F_2=2a$,∴$P_1F_1=2+2a$,∴$P_1F_1+P_1F_2=2+2+2a=2\sqrt{a^2+20}$,解得 $a=4$.

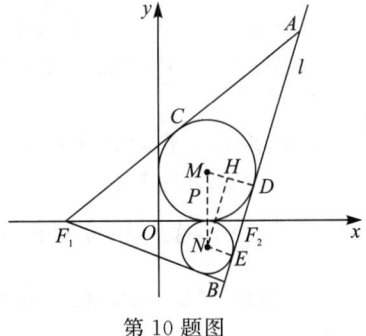

第10题图

第二十七讲　立体图形

1. B. 提示:根据题意,先将圆柱体展开,再根据两点之间线段最短.连接 AC,则 $AC=\sqrt{12^2+4^2}=4\sqrt{10}$.

2. B. 提示:如果水瓶形状是圆柱,$V=\pi r^2h$,r 不变,V 是 h 的正比例函数,其图像应该是过原点的直线,与已知图像不符.由已知函数图可以看出,随着高度 h 的增加 V 也增加,但随 h 变大,每单位高度的增加,体积 V 的增加量变小,图像上升趋势变缓,其原因只能是瓶子平行底的截面的半径由底到顶逐渐变小.

3. C. 提示:三视图知识运用.

4. C. 提示:第1个图1,第2个图 $1+5=6$,第3个图 $1+5+9=15$,第4个图 $1+5+9+13=28$,单算相邻层之间每次递增4,∴第七个图 $1+5+9+13+17+21+25=91$.

5. 6. 提示:(略).

6. 8;15.

7. $4\sqrt{10}$. 提示:"化曲为平",$2\sqrt{2^2+4^2}=4\sqrt{10}$.

8. 提示:根据从正南方向看如图(1),从正西方向看如图(2),分别当作主视图,左图:可知共有两层,底层至少需4块;上层至少2块.因此,造型最少需 $4+2=6$ 块.

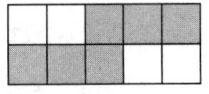

9. 提示:根据体积计算:$\dfrac{1}{3}\times\dfrac{1}{2}\times3\sqrt{2}\times3\sqrt{2}\times3\sqrt{2}=\dfrac{1}{3}\times\dfrac{1}{2}\times6\times2\sqrt{3}\times h$,解得 $h=\sqrt{6}$.

10. (1)如图,

(2)如图,设 $AB=3$,$BC=4$,则 $\triangle AEF\sim\triangle BGF$,且相似比为 $1:4$,设 $BE=x$,那么 $AE=3-x$,$AF=\dfrac{x}{4}$,$BG=4AE=12-4x$,$CG=4-BG=4x-8$,∴$4x-8=\dfrac{x}{4}$,$x=\dfrac{32}{15}$,∴$AE=\dfrac{13}{15}$,$AF=\dfrac{8}{15}$,∴$EF=$

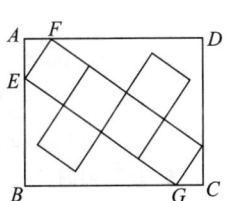

$$\sqrt{\left(\frac{13}{15}\right)^2+\left(\frac{8}{15}\right)^2}=\frac{\sqrt{233}}{15}>1.$$

第二十八讲　统计与概率

1. 120. 提示：用样本估计总体：在频数分布表中，54.5~57.5这一组的频率是0.12，那么估计总体数据落在54.5~57.5这一组的频率同样是0.12，那么其大约有$1000\times0.12=120$个. $0.12\times50=6$，在总体1000个数据中，数据落在54.5~57.5之间的约有120个.

2. D.

3. D. 提示：列表或画树状图.

4. C. 提示：画树状图.

5. $\frac{7}{10}$. 提示：这三张卡片拼在一起组成一个三位数共有$5\times4\times2=40$个；最后一位是0或2或4或6的数共有28个. 故这个三位数是偶数的概率是$\frac{28}{40}=\frac{7}{10}$.

6. $\frac{1}{27}$. 提示：由题意得，三人出布概率为$\frac{1}{3}$，则同时出布概率为$\left(\frac{1}{3}\right)^3=\frac{1}{27}$.

7. $\frac{1}{32}$. 提示：显然从长度为3,4,5,6和7的细木棒中任意取三根都能构成三角形，共有$2\times2\times2\times2=32$种情况. 根据直角三角形的三边关系：其中能构成三角形的有3,4,5一种情况，故概率是$\frac{1}{32}$.

8. 10种；取得礼物可能性最大的是丙同学. 提示：甲乙丙丁戊取礼物的顺序为：$C-B-D-A-E$，$C-B-D-E-A$，$C-B-A-D-E$，$C-D-B-E-A$，$C-D-B-A-E$，$C-D-E-B-A$，$D-C-B-A-E$，$D-C-B-E-A$，$D-C-E-B-A$.

9. 设取红球、白球、黄球分别为x,y,z个，$0\leqslant x\leqslant2,0\leqslant y\leqslant3,0\leqslant z\leqslant5$，则$10<5x+2y+z<15$，$x+y+z=5$，分类：①当$x=0$时，$y$不存在；②当$x=1$时，$1<y<6$，取$y=2,3$；③当$x=2$时，$-3<y<2$，取$y=0,1$；取法总数为110种.

第二十九讲　应用题

1. D. 提示若A真，则C真，显然不符合题意的要求；若C真，则A、B必有一个是真命题，显然也不符合题意；因此只有一种情况，即：B真，A、C为假命题，那么此时球队踢进求的个数是0个.

2. B. 提示：设难题x道，中档题y道，容易题z道，则可列方程组：$\begin{cases}x+y+z=100\\x+2y+3x=60\times3\end{cases}$消去$y$，得$x-z=20$. ∴难题比容易题多20道.

3. 50. 提示：设小林自己走的路程为S. 由题意得，$\frac{S}{人速}=\frac{S}{车速}+40=\frac{S}{\frac{S}{10}}+40=50$

4. 6. 提示：缺少吴家订的报纸种数，设为x；缺少报纸F的订户，设为y，那么报纸总种数应相同，得：$1+4+2+2+2+y=2+2+4+3+5+x$，解得$y=x+5$，由题意得吴家至少订一种报纸，那么y至少等于6. 因此报纸F共有6家订户.

5. 设这种商品售价定为每个x元，每日可获y元利润，当$x\geqslant16$时，$y=[60-(x-16)\times5](x-10)=5[-(x-19)^2+81]$，∴当$x=19$时，$y_{max}=405$；当$x<16$时，$y=[60+(16-x)\times10](x-10)=$

$10[-(x-16)^2+36]$,∴当 $x=16$ 时 $y_{max}=10×36=360<405$.综上所述,为获得每日最大利润,此商品售价应定为每个 19 元.

6. 填表如下:

班级	内环	中环	外环
(1)班	1	3	4
(2)班	2	3	2
(3)班	3	3	0

理由如下:可设 t 枪脱靶,x 枪射中内环,y 枪射中中环,则有 $8-x-y-z-t$ 枪射中外环,∴$50x+35y+25(8-x-y-t)=255$,化简得 $y=5+2(t-x)+\frac{1}{2}(1+t-x)$.

对于(1)班,$t=0$,$y=5-2x+\frac{1}{2}(1-x)$,x 为奇数,只能取 $x=1$,得 $y=3$;

对于(2)班,$t=1$,$y=7-2x+\frac{1}{2}(2-x)$,x 为偶数,只能取 $x=2$,得 $y=3$;

对于(3)班,$t=2$,$y=9-2x+\frac{1}{2}(3-x)$,x 为奇数,只能取 $x=3$,得 $y=3$.

7. (1)根据上衣和裤子的比例:A 为 0.8,B 为 0.75,C 为 0.6,D 为 0.86,故 D 最擅长生产裤子.
(2)设 A 生产 x 天上衣,B 生产 y 天上衣,则 C、D 共生产 770 条裤子,420 件上衣.
$80x+90y+420=770+100(7-x)+120(7-y)$,$6x+7y=630 \leqslant x=\frac{63-7y}{6} \leqslant 7$,即 $\frac{19}{7}<y \leqslant 7$,
$S=80×\frac{63-7Y}{6}+90y+420=1260-\frac{10}{3}y$,∴当 $y=3$,$x=7$ 时生产衣裤最多,共 2500 套.

8. 设 3 月 1 日是第 0 天,设 3 月 2 日是第 1 天,…,则 B 去图书馆的日子是第 15 天,A 去图书馆的日子是第 7 天,因此,$15k+1=7m$ 或 $15k+2=7m$.当 $15k+1=7m$ 时,$m=2k+\frac{k+1}{7}$,∵m,k 均为非负数,∴$k=6$,$15k=15×6=90$,即 3 月 1 日后 90 天有题设情况发生的一天;再取 $k=13$,$15k=15×13=195$,即 3 月 1 日后 195 天有题设情况发生的一天;当 $15k+2=7m$ 时,$m=2k+\frac{k+2}{7}$,∵m,k 均为非负数,∴$k=5$,$15k=15×5=75$,即 3 月 1 日后 75 天有题设情况发生的一天;再取 $k=12$,$15k=15×12=180$,即 3 月 1 日后 180 天有题设情况发生的一天.综上所述,3 月 1 日以后,A 在 B 后一天或后二天去图书馆第一次发生时,B 去图书馆的日子是 5 月 15 日,第二次则是 5 月 20 日,因此,今天是 5 月 30 日.

第三十讲 阅读理解

1. (1){1,2}不是,{1,4,7}是;
(2)举例:{2,6},{1,7},…均可.

2. ∵$m=2x^2-6xy+5y^2=(x-2y)^2+(x-y)^2$.其中 x,y 是有理数,∴"世博数"$m=p^2+q^2$,(其中 p,q 是任意有理数)只须 $p=x-2y$,$q=x-y$ 即可.∴对于任意的两个"世博数"$a=j^2+k^2$,$b=r^2+i^2$,(其中 j,k,r,i 是任意有理数),则 $ab=(j^2+k^2)(r^2+i^2)=(jr+ki)^2+(ji-kr)^2$ 是"世博数";
(2)$\frac{a}{b}=\frac{j^2+k^2}{r^2+i^2}=\frac{(j^2+k^2)(r^2+i^2)}{(r^2+i^2)^2}$,也是"世博数".

3. (1)是.证明:设 $a>b>1$,$f(a)-f(b)=a+\frac{1}{a}-b-\frac{1}{b}=(a-b)+\frac{b-a}{ab}=(a-b)(1-\frac{1}{ab})>0$,

∴$f(a)>f(b)$,得证；(2)设 $x_1<x_2$,有 $f(x_1)<f(x_2)$,则 $x_1-\frac{a}{2x_1}<x_2-\frac{a}{2x_2}$,∴$x_1-x_2+\frac{x_1-x_2}{2x_1x_2}a=$
$(x_1-x_2)(1+\frac{1}{2x_1x_2}a)<0$,∴$\frac{1}{2x_1x_2}a>-1$,∴$a>-2x_1x_2$,∵$2x_1x_2>1$,∴$-2x_1x_2<-2$,∴$a\geqslant-2$.

4. (1)①2. ②由折叠知：∠ABE＝∠FBE,AB＝BF,∵四边形 ABCD 是平行四边形,∴AE∥BF. ∴∠AEB＝∠FBE,∴∠AEB＝∠ABE,∴AE＝AB,∴AE＝BF. 四边形 ABFE 是平行四边形,∴四边形 ABFE 是菱形.

(2)①如图所示：

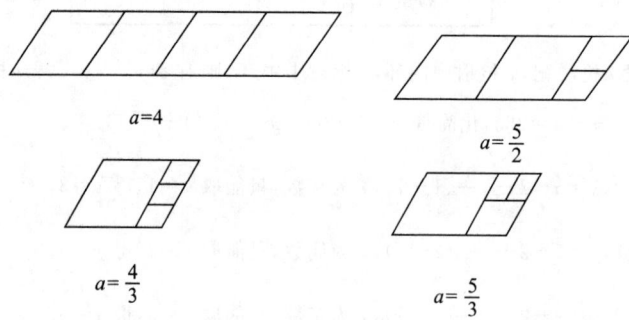

②∵$a=6b+4,b=5r$,∴$a=6×5r+r=31r$. 如图所示,故▱ABCD 是 10 阶准菱形.

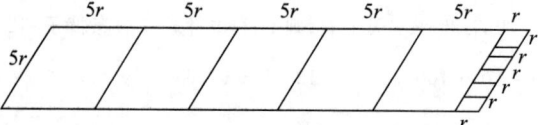

5. (1)画图如下

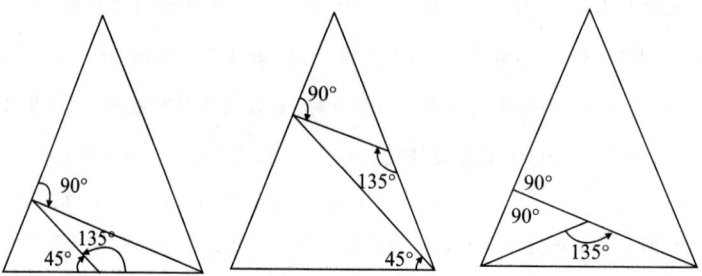

(2)如图

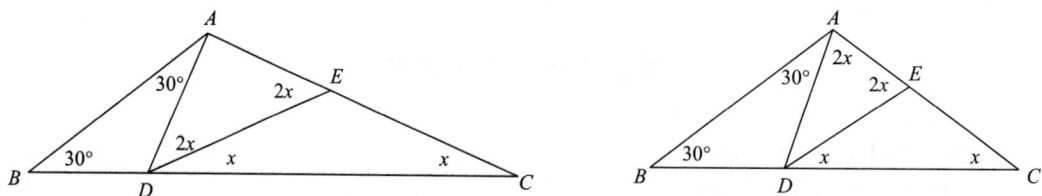

当 $AD=AE$ 时,$2x+x=30+30$,∴$x=20$；当 $AE=DE$ 时,$30+30+2x+x=180$,∴$x=40$；当 $AE=DE$ 时,不存在,∴∠C 的度数是 20°或 40°.

(3)如图,CD,AE 就是所求的三分线,设∠B＝a,那么∠DCB＝∠DCA＝∠EAC＝a,∠ADE＝∠AED＝2a,设 $AE=AD=X$,$BD=CD=Y$,∵△AEC∽△BCD,∴$X:Y=2:3$ 又∵△ACD∽△ABC,∴$2:X=(X+Y):2$,解得 $X=\frac{2}{3}\sqrt{10},Y=\frac{3}{5}\sqrt{10}$,即三分线长分别是 $\frac{2}{3}\sqrt{10}$ 和 $\frac{3}{5}\sqrt{10}$

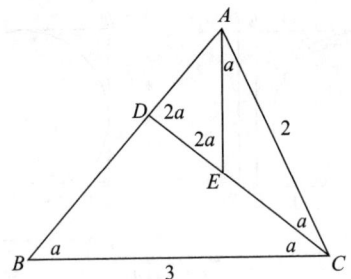

6. (1) $y=200(2x+2\times\frac{400}{x})+250\times2\times\frac{400}{x}+80\times400=400x+\frac{360000}{x}+32000=400(x+\frac{900}{x})+$

$32000\geqslant400\times2\sqrt{x\cdot\frac{900}{x}}+32000=56000$,当且仅当 $x=\frac{900}{x}$,即 $x=30$ 时,总造价最低为 56000

元,此时矩形两邻边长分别为 30 米,$\frac{40}{3}$ 米;

(2) $\frac{400}{a}+16\times\frac{(\frac{a}{20})^2}{a}=\frac{400}{a}+\frac{a}{25}\geqslant2\sqrt{\frac{400}{a}\times\frac{a}{25}}=8$,当且仅当 $\frac{400}{a}=\frac{a}{25}$,即 $a=100$ 时,最快需要 8

小时,此时货车的运行速度为 100 千米/时;(3) $x=7$,最小值 10.

第三十一讲 操作与探究

1. D. 提示:观察发现,三角数都是 3 的倍数,正方形数都是 4 的倍数,所以既是三角形数又是正方形数的一定是 12 的倍数,然后对各选项计算进行判断即可得解.∵ $2010\div12=167\cdots6$,$2012\div12=167$ $\cdots8$,$2014\div12=167\cdots10$,$2016\div12=168$,∴ 2016 既是三角形数又是正方形数.故选 D.

2. A. 提示:由题意得,$AD=\frac{5}{2}$,$BC=5$,$AD_1=AD-DD_1=\frac{15}{8}$,$AD_2=\frac{5\times3^2}{2^5}$,$AD_3=\frac{5\times3^3}{2^7}$,…,$AD_n$ $=\frac{5\times3^n}{2^{2n+1}}$,故 $AP_1=\frac{5}{4}$,$AP_2=\frac{15}{16}$,$AP_3=\frac{5\times3^2}{2^6}$,…,$AP_n=\frac{5\times3^{n-1}}{2^{2n}}$.所以当 $n=6$ 时,$AP_6=\frac{5\times3^5}{2^{12}}$. 故选 A.

3. B. 提示:第 0 次:和=3+9+8=20,第 1 次:和=3+6+9-1+8=25,第 2 次:和=3+3+6+3+9 $-10-1+9+8=30$,可以找到规律每次的和都比上一次多 5 的等差数列,则和 $S(100)=a_0+100d$ $=20+100\times5=520$,故选 B.

4. (1)方案一中圆的半径为 1;

(2)方案二:如图,连 O_1O_2,作 $EO_1\perp AB$ 于 E,设 $O_1E=x$,那么 $(2x)^2=2^2+(3-2x)^2$,解得 $x=\frac{13}{12}$;

方案三:连 OG,∴ $OG\perp CD$,∵ $\angle D=90°$,∴ $OG\parallel DE$,∴ $\triangle OCG\sim\triangle CDE$,∴ $\frac{OG}{OE}=\frac{CG}{CD}$ 设 $OG=$

y,∴ $\frac{y}{2}=\frac{3-y}{3}$,∴ $y=\frac{6}{5}$,∴ 方案三的圆半径较大;

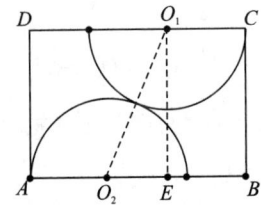 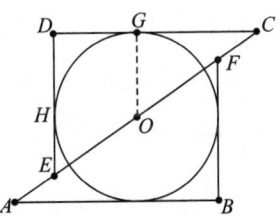

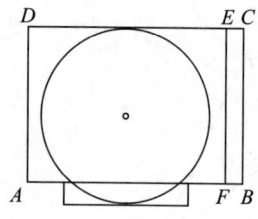 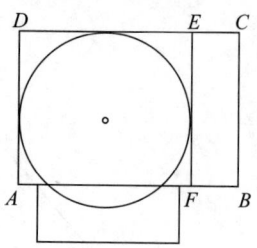

第4题图

(3)①当 $0<x<\dfrac{1}{2}$ 时，$y=\dfrac{x+2}{2}$；当 $\dfrac{1}{2}\leqslant x<1$ 时，$y=\dfrac{3-y}{2}$；

②当 $x=\dfrac{1}{2}$ 时，y 最大，$y_{\max}=\dfrac{5}{4}$.四种方案中，第四种方案圆形桌面的半径最大.

5. (1)若掷得1点，则飞行棋位于 F 处；若掷得2点，则飞行棋位于 G 处；若掷得3点，则飞行棋位于 F 处；若掷得4点，则飞行棋位于 E 处；若掷得5点，则飞行棋位于 D 处；若掷得6点，则飞行棋位于 B 处；故掷骰子一次，飞行棋位于 F 处的可能性最大；

(2)第一次若掷得1~5点，则这轮飞行棋不可能位于 A 处；第一次若掷得6点，则这轮飞行棋位于 B 处.第二次若掷得1~5点，则这轮飞行棋不可能位于 A 处；第二次若掷得6点，则这轮飞行棋位于 E 处，即回到原来位置，显然这轮掷骰子，请说明飞行棋不可能位于 A 处；

(3)第一轮若掷得1点，则飞行棋位于 F 处；第二轮第一次若掷得6点，则飞行棋位于 A 处；(方案不唯一)

(4)不认同.理由：第一次掷得2点概率 $\dfrac{1}{6}$，游戏结束；第一次掷得6点概率 $\dfrac{1}{6}$，也有可能这轮游戏结束，故这轮掷骰子结束游戏的概率大于 $\dfrac{1}{6}$.

6. (1)令 $m^2+3m+6=k^2$（k 为正整数），有：$(2m+3+2k)(2m+3-2k)=-15$，得

$2m+3+2k$	1	3	5	15
$2m+3-2k$	-15	-5	-3	-1

解得 $m=-5,-2,-1,2$，所以，$a=2,b=-5,c=-2$.

(2)对于任意 x,y，操作为 $\dfrac{x+y}{\sqrt{2}},\dfrac{x-y}{\sqrt{2}}$，恒有 $\left(\dfrac{x+y}{\sqrt{2}}\right)^2+\left(\dfrac{x-y}{\sqrt{2}}\right)^2+z^2=x^2+y^2+z^2$，即操作前后的平方和不变，而 $2^2+(-5)^2+(-2)^2\neq 2011$，故不能得到.

7. (Ⅰ)(1)证明：在图(1)中，连接 OE,OF. ∵点 $E、F、G$ 是 $\odot O$ 的切点，∴四边形 $CEOF$ 是正方形，$CE=CF=r_1$. 又∵$AC=3$，$BC=4,AB=5$，∴$AG=AE=3-r_1$，$BG=BF=4-r_1$，$AG+BG=5$.∴$(3-r_1)+(4-r_1)=5$，解得 $r_1=1$. (2)连接 OG,OA 在 $Rt\triangle AOG$ 中，∵$OG=r_1=1,AG=3-r_1=2$，∴$\tan\angle OAG=\dfrac{OG}{AG}=\dfrac{1}{2}$. (Ⅱ)(1)在图(2)中连接 $O_1A、O_2B$，

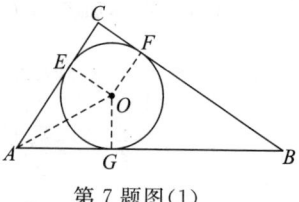

第7题图(1)

作 $O_1D\perp AB$ 交于点 $D、O_2E\perp AB$ 交于点 E. 则 $AO_1、BO_2$ 分别平分 $\angle CAB、\angle ABC$. 由(Ⅰ) $\tan\angle OAG=\dfrac{1}{2}$，知 $\tan\angle O_1AD=\dfrac{1}{2}$，同理可得：$\tan\angle O_2BE=\dfrac{O_2E}{BE}=\dfrac{1}{3}$. ∴$AD=2r_2,DE=2r_2,BE=3r_2$. ∵$AD+DE+BE=5$，∴$r_2=\dfrac{5}{7}$.

(2)如图(3),连接 O_1A、O_nB,作 $O_1D\perp AB$ 交于点 D、$O_2E\perp AB$ 交于点 E、…、$O_nF\perp AB$ 交于点 F. 则 AO_1、BO_2 分别平分 $\angle CAB$、$\angle ABC$. $\tan\angle O_1AD=\dfrac{1}{2}$,$\tan\angle O_nBF=\dfrac{1}{3}$,$\therefore AD=2r_n$,$DE=2r_n$,…,$FB=3r_n$. 又 $\because AD+DE+\cdots+FB=5$,$2r_n+2r_n+\cdots+3r_n=5$,即 $(2n+3)r_n=5$,$\therefore r_n=\dfrac{5}{2n+3}$.

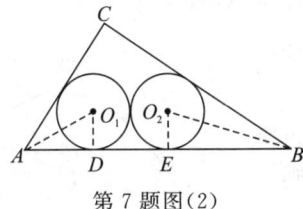
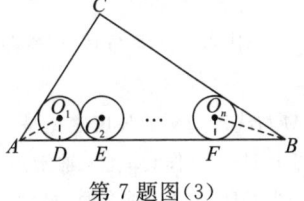

第7题图(2)　　　　第7题图(3)

第三十二讲　函数图像与几何综合

1. (1)当 $m=3$ 时,$y=-x^2+6x$,令 $y=0$ 得 $-x^2+6x=0$,解得,$x_1=0$,$x_2=6$. $\therefore A(6,0)$. 当 $x=1$ 时,$y=5$. $\therefore B(1,5)$. $\because$ 抛物线 $y=-x^2+6x$ 的对称轴为直线 $x=3$,且 B,C 关于对称轴对称,$\therefore BC=4$.

(2)过点 C 作 $CH\perp x$ 轴于点 H 由已知得,$\angle ACP=\angle BCH=90°$,$\therefore\angle ACH=\angle PCB$. 又 $\because\angle AHC=\angle PBC=90°$,$\therefore\triangle AGH\sim\triangle PCB$. $\therefore\dfrac{AH}{CH}=\dfrac{PB}{BC}$. $\because$ 抛物线 $y=-x^2+2mx$ 的对称轴为直线 $x=m$,其中 $m>1$,且 B,C 关于对称轴对称,$\therefore BC=2(m-1)$. $\because B(1,2m-1)$,$P(1,m)$,$\therefore BP=m-1$. 又 $\because A(2m,0)$,$C(2m-1,2m-1)$,$\therefore H(2m-1,0)$. $\therefore AH=1$,$CH=2m-1$,$\therefore\dfrac{1}{2m-1}=\dfrac{m-1}{2(m-1)}$,解得 $m=\dfrac{3}{2}$.

2. (1)由题意得 AB 的中点坐标为 $(-3,0)$,CD 的中点坐标为 $(0,3)$,分别代入 $y=ax^2+b$,得 $\begin{cases}(-3)^2a+b=0\\b=3\end{cases}$,解得,$\begin{cases}a=-1\\b=3\end{cases}$. $\therefore$ 这条抛物线的函数解析式为 $y=-x^2+3$.

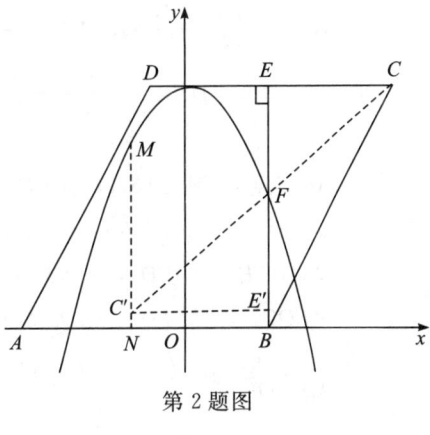

第2题图

(2)①存在. 如图所示,在 Rt$\triangle BCE$ 中,$\angle BEC=90°$,$BE=3$,$BC=2\sqrt{3}$,$\therefore\sin C=\dfrac{BE}{BC}=\dfrac{3}{2\sqrt{3}}=\dfrac{\sqrt{3}}{2}$. $\therefore\angle C=60°$,$\angle CBE=30°$. $\therefore EC=\dfrac{1}{2}BC=\sqrt{3}$,$DE=\sqrt{3}$. 又 $\because AD\parallel BC$,$\therefore\angle ADC+\angle C=180°$. $\therefore\angle ADC=180°-60°=120°$. 要使 $\triangle ADF$ 与 $\triangle DEF$ 相似,则 $\triangle ADF$ 中必有一个角为直角.

（Ⅰ）若 $\angle ADF=90°$,$\angle EDF=120°-90°=30°$. 在 Rt$\triangle DEF$ 中,$DE=\sqrt{3}$,得 $EF=1$,$DF=2$. 又 $\because E(t,3)$,$F(t,-t^2+3)$,$\therefore EF=3-(-t^2+3)=t^2$. $\therefore t^2=1$. $\because t>0$,$\therefore t=1$. 此时 $\dfrac{AD}{DE}=\dfrac{2\sqrt{3}}{\sqrt{3}}=2$,$\dfrac{DF}{EF}=\dfrac{2}{1}=2$,$\therefore\dfrac{AD}{DE}=\dfrac{DF}{EF}$. 又 $\because\angle ADF=\angle DEF$,$\therefore\triangle ADF\sim\triangle DEF$.

215

(Ⅱ)若∠DFA=90°,可证得△DEF∽△FBA,则 $\dfrac{DE}{FB}=\dfrac{EF}{BA}$.设 EF=m,则 FB=3-m.∴ $\dfrac{\sqrt{3}}{3-m}=\dfrac{m}{2\sqrt{3}}$,即 $m^2-3m+6=0$,此方程无实数根.∴此时 t 不存在.

(Ⅲ)由题意得,∠DAF<∠DAB=60°,∴∠DAF≠90°,此时 t 不存在.

综上所述,存在 t=1,使△ADF 与△DEF 相似.② $2\sqrt{6}-\sqrt{3}\leqslant t\leqslant \dfrac{\sqrt{6}}{2}$.

3.(1)把点 A(3,6)代入 y=kx 得:6=3k,即 k=2.∴y=2x.
∴OA= $\sqrt{3^2+6^2}=3\sqrt{5}$.

(2)线段 QM 与线段 QN 的长度之比是一个定值,理由如下:如图 1,过点 Q 作 QG⊥y 轴于点 G,QH⊥x 轴于点 H.①当 QH 与 QM 重合时,显然 QG 与 QN 重合,此时 $\dfrac{QM}{QN}=\dfrac{QH}{QG}=\dfrac{QH}{OH}=\tan\angle AOM=2$.

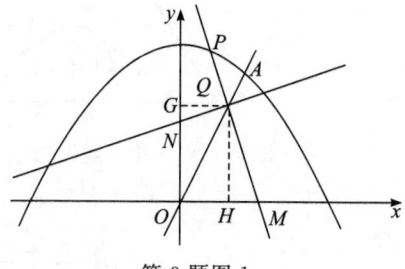
第3题图1

②当 QH 与 QM 不重合时,∵QN⊥QM,QG⊥QH 不妨设点 H,G 分别在 x、y 轴的正半轴上,∴∠MQH=∠GQN.又∵∠QHM=∠QGN=90°,∴△QHM∽△QGN.∴ $\dfrac{QM}{QN}=\dfrac{QH}{QG}=\dfrac{QH}{OH}=\tan\angle AOM=2$.当点 P,Q 在抛物线和直线上不同位置时,同理可得 $\dfrac{QM}{QN}=2$.∴线段 QM 与线段 QN 的长度之比是一个定值.

(3)如图 2,延长 AB 交 x 轴于点 F,过点 F 作 FC⊥OA 于点 C,过点 A 作 AR⊥x 轴于点 R.∵∠AOD=∠BAE,∴AF=OF.
∴OC=AC= $\dfrac{1}{2}$ OA= $\dfrac{5}{2}\sqrt{5}$.∵∠ARO=∠FCO=90°,∠AOR=∠FOC,∴△AOR∽△FOC.
∴ $\dfrac{OF}{OC}=\dfrac{AO}{OR}=\dfrac{3\sqrt{5}}{3}=\sqrt{5}$.∴OF= $\dfrac{5}{2}\sqrt{5}\times\sqrt{5}=\dfrac{15}{2}$.∴点 F($\dfrac{15}{2}$,0).设点 B(x,$-\dfrac{4}{27}x^2+\dfrac{22}{3}x$),过点 B 作 BK⊥

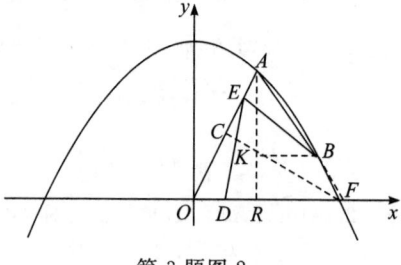
第3题图2

AR 于点 K,则△AKB∽△ARF.∴ $\dfrac{BK}{FR}=\dfrac{AK}{AR}$,即 $\dfrac{x-3}{7.5-3}=\dfrac{6-\left(-\dfrac{4}{27}x^2+\dfrac{22}{3}x\right)}{6}$.解得 $x_1=6$, $x_2=3$(舍去).∴点 B(6,2).∴BK=6-3=3,AK=6-2=4.∴AB=5.在△ABE 与△OED 中,∵∠BAE=∠BED,∴∠ABE+∠AEB=∠DEO+∠AEB.∴∠ABE=∠DEO.∵∠BAE=∠EOD,∴△ABE∽△OED.设 OE=x,则 AE= $3\sqrt{5}-x$ (0<x<$3\sqrt{5}$),由△ABE∽△OED 得 $\dfrac{AE}{AB}=\dfrac{OD}{OE}$,即 $\dfrac{3\sqrt{5}-x}{5}=\dfrac{m}{x}$,∴m= $\dfrac{1}{5}x(3\sqrt{5}-x)=-\dfrac{1}{5}x^2+\dfrac{3\sqrt{5}}{5}x=-\dfrac{1}{5}\left(x-\dfrac{3}{2}\sqrt{5}\right)^2+\dfrac{9}{4}$ (0<x<$3\sqrt{5}$).∴顶点为 $\left(\dfrac{3}{2}\sqrt{5},\dfrac{9}{4}\right)$.如图3,当 m= $\dfrac{9}{4}$ 时,OE=x= $\dfrac{3}{2}\sqrt{5}$,此时 E 点有 1 个;当 0<m<$\dfrac{9}{4}$ 时,任取一个 m 值都对应着两个 x 值,此时 E 点有 2

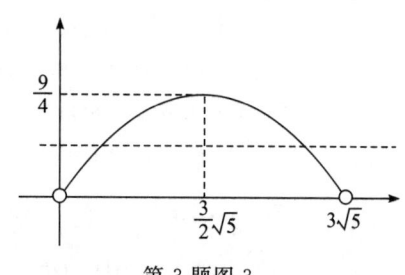
第3题图3

个. ∴当 $m=\dfrac{9}{4}$ 时,E 点只有 1 个,当 $0<m<\dfrac{9}{4}$ 时,E 点有 2 个.

4. (1) ∵二次函数 $y=ax^2+bx+c$ 的图像交 x 轴于 $A(-1,0),B(2,0)$,
∴设该二次函数的解析式为:$y=a(x+1)(x-2)$,将 $x=0,y=-2$ 代入,得 $-2=a(0+1)(0-2)$,解得 $a=1$. ∴抛物线的解析式为 $y=(x+1)(x-2)$,即 $y=x^2-x-2$. (2)设 $OP=x$,则 $PC=PA=x+1$,在 Rt△POC 中,由勾股定理,得 $x^2+2^2=(x+1)^2$,解得,$x=\dfrac{3}{2}$,即 $OP=\dfrac{3}{2}$. (3)①∵△CHM∽△AOC,∴∠MCH=∠CAO.

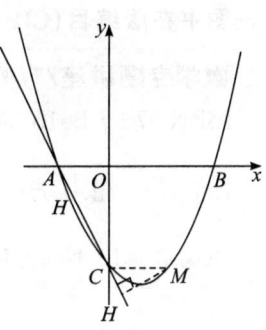

第 4 题图 1

(i)如图 1,当 H 在点 C 下方时,∵∠MCH=∠CAO,∴CM∥x 轴,
∴$y_M=-2$. ∴$x^2-x-2=-2$,解得 $x_1=0$(舍去),$x_2=1$.
∴$M(1,-2)$. (ii)如图 2,当 H 在点 C 上方时,∵∠$M'CH$=∠CAO,∴$PA=PC$. 由(2)得,M' 为直线 CP 与抛物线的另一交点,设直线 CM' 的解析式为 $y=kx-2$,
把 $P(\dfrac{3}{2},0)$ 的坐标代入,得 $\dfrac{3}{2}k-2=0$,解得 $k=\dfrac{4}{3}$.

∴$y=\dfrac{4}{3}x-2$. 由 $\dfrac{4}{3}x-2=x^2-x-2$,解得 $x_1=0$(舍去),$x_2=\dfrac{7}{3}$.
此时 $y=\dfrac{4}{3}\times\dfrac{4}{3}\times\dfrac{7}{3}-2=\dfrac{10}{9}$. ∴$M'(\dfrac{7}{3},\dfrac{10}{9})$. ②在 x 轴上取一点 D,如图 3,过点 D 作 $DE⊥AC$ 于点 E,使 $DE=\dfrac{4}{5}\sqrt{5}$,在 Rt△AOC,$AC=\sqrt{AO^2+CO^2}=\sqrt{1^2+2^2}=\sqrt{5}$. ∵∠$COA$=∠$DEA$=90°,

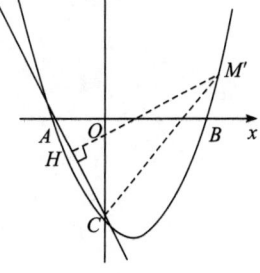

第 4 题图 2

∠OAC=∠EAD,∴△AED∽△AOC,∴$\dfrac{AD}{AC}=\dfrac{DE}{OC}$,即 $\dfrac{AD}{\sqrt{5}}=\dfrac{\frac{4}{5}\sqrt{5}}{2}$,
解得 $AD=2$. ∴$D(1,0)$ 或 $D(-3,0)$.
过点 D 作 DM∥AC,交抛物线于 M,如图 3,则直线 DM 的解析式为:$y=-2x+2$ 或 $y=-2x-6$.
当 $-2x-6=x^2-x-2$ 时,即 $x^2+x+4=0$,方程无实数根,
当 $-2x+2=x^2-x-2$ 时,即 $x^2+x-4=0$,解得
$x_1=\dfrac{-1-\sqrt{17}}{2}$,$x_2=\dfrac{-1+\sqrt{17}}{2}$. ∴点 M 的坐标为
$(\dfrac{-1-\sqrt{17}}{2},3+\sqrt{17})$ 或 $(\dfrac{-1+\sqrt{17}}{2},3-\sqrt{17})$.

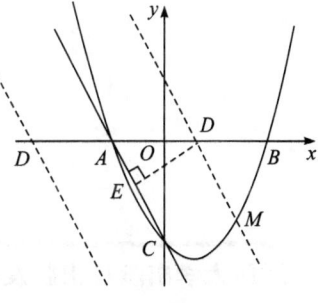

第 4 题图 3

图书在版编目(CIP)数据

数学专题讲座/方德懿,徐小伟编著.—厦门:厦门大学出版社,2015.6
ISBN 978-7-5615-5447-0

Ⅰ.①数… Ⅱ.①方…②徐… Ⅲ.①中学数学课-高中-升学参考资料 Ⅳ.①G634.603

中国版本图书馆 CIP 数据核字(2015)第 056812 号

官方合作网络销售商：

厦门大学出版社出版发行

(地址:厦门市软件园二期望海路 39 号　邮编:361008)
总　编　办　电话:0592-2182177　　传真:0592-2181253
营销中心电话:0592-2184458　　传真:0592-2181365
网址:http://www.xmupress.com
邮箱:xmup @ xmupress.com
厦门市明亮彩印有限公司印刷
2015 年 6 月第 1 版　2015 年 6 月第 1 次印刷
开本:787×1092　1/16　印张:14
字数:342 千字　印数:1～2 500 册
定价:29.00 元
本书如有印装质量问题请直接寄承印厂调换